奈良学園大学社会科学学会研究叢書 2

宮坂純一 著

なぜ企業に倫理を問えるのか

企業道徳的主体論争を読み解く

Buisiness

Ethics

萌書房

はしがき

　企業に倫理あるいは道徳（モラル）を問うことができるのか？　企業不祥事が繰り返し報道されている現実を踏まえて，企業に倫理を問いたい，という思いを持つヒトは多数いることであろう。本書の立場では，そのような思いには理論的に根拠があり，我々は企業に倫理を問うことができる。

　このような（企業に倫理を問う）動きは実は「画期的な」ものである。というのは，倫理あるいは道徳を問うことができるのは自然人に対してだけである，というのが長らく共有されてきた観念であり20世紀では「常識」であったからである。そこには，人工物である企業は倫理（道徳）とは「無縁の」存在である，という理解がある。しかし時代が確実に変わってきた。

　企業に倫理（道徳）を問うことはできないのか，それともできるのか，という問題提起は，もう1つのフレーズで言い換えれば，企業は道徳的主体なのか（Is the corporation a moral agent?）という疑問である。そしてその命題の是非がビジネス・エシックスあるいは企業社会的責任（Corporate Social Responsibility：CSR）と言われる学問領域で問われてきた（今でも問われ続いている）。いわゆる「企業道徳的主体論争」である。

　本書は，冒頭のような常識を問い直す動きに注目し，その問題提起に，「企業道徳的主体論争」を読み解き再構築してその妥当性および現実的意味を検討することによって，応えようとする試みである。

　企業道徳的主体論争は，フレンチ（French, P.）の「コーポレーション〔以下，「企業」と表記することもある〕は道徳的人格である」との問題提起をめぐって，1970年代後半頃から展開されてきた論争である。キーワードは「道徳的主体としての企業」である。この問題は，単に哲学レベルの認識論的な問題であるだけではなく，企業の責任のあり方を特定するという意味できわめて実践的な問題でもあり，基本的な問題である。しかしながら「基本的な」問題であるが故に，賛成者と反対者が入り乱れて幾つかの論点をめぐって議論が行われてきたことが示しているように，難解であり，またある論文で反対者と見なされて

i

いる研究者が他の論文では賛成者と位置づけられているように，かなりの「交通整理」を必要とする厄介な問題でもある。

　筆者は「企業道徳的主体論争」にかなり以前から関心を寄せ幾つかの論攷を発表したことがあるが，その後，この論争をあらためて体系的に整理しようと考えるに至り，論争の流れを追体験しその意味・意義を検証する作業に取り組んできた。切っ掛けとなったのは，これについては拙著『道徳的主体としての現代企業』（晃洋書房，2009年）でも触れたことがあるが，レンネガード著『コーポレート・モラル・エージェンシーと社会における企業の役割』(Rönnegard, D., *Corporate Moral Agency and the Role of the Corporation in Society*, The London School of Economics and Political Science, 2006) との出会いである。

　レンネガードの著作の冒頭に，「企業自体は道徳的主体としての資格を持つものではない。……それ故に，企業は，その構成員とは別個に，道徳的に責任を負えない」，という記述がある。この問題に関しては，確かに厄介な問題であるが，すでに結論が出ている（企業は，幾つかの条件が付くとしても，道徳的責任を問われるという意味で道徳的主体である）との認識を持っていた当時の筆者には，レンネガードの見解は「奇妙に思われる」が，他方で，「新鮮で」あり，好奇心をそそられた。論点を再確認する意味もあり，手元の文献を読みだすと，幾つかの興味深い指摘を見出すことができた。例えば，ファイファー (Pfeiffer, R.) は1990年に「企業は道徳的人格であるとのテーマはかなりの論争をもたらしたが，結論に到達してしない」，と述べていたし (Pfeiffer, R., "The Central Distinction in the Theory of Corporate Moral Personhood", *Journal of Business Ethics*, 9-6, 1990)，ムーア (Moore, G.) は，ビジネス・エシックスの分野で基本的な問題であるにもかかわらずなおざりにされそして結果的には未決着のまま放置されてきた問題として「企業の道徳的ステイタス」問題を挙げている (Moore, G., "Corporate Moral Agency: Review and Inplications", *Journal of Business Ethics*, 21-3, 1999)。何故にそのような事態に陥っていたのであろうか。その理由は，ムーアの認識に従えば，簡単である。それは，この問題が「内在的に複雑であること」に起因している。

　漠然とした感想を抱いていたにすぎなかった筆者が「内在的に複雑であるこ

と」をはっきりと認識したのは，レンネガードの論文「コーポレート・モラル・エージェンシーの誤りを証明できるのは自律性だけである」(Rönnegard, D., "How Autonomy Alone Debunks Corporate Moral Agency", *Business and Professional Ethics Journal*, Volume 32, Issue 1/2, 2013) を読んだ時である。なぜならば，レンネガードが，彼の表現を借りれば，これまで触れられてこなかった「自律性」という概念に注目して，コーポレート・モラル・エージェンシーは誤りであることを証明する，という明確な問題意識のもとで，幾つかの成果を公表していることを知ったからである。その時以降，基本文献を読み解き「企業道徳的主体論争」の意義を改めて考える必要性がある，という気持ちが強くなった。原著者の許可を得て，レンネガード論文を翻訳紹介 (レンネガード／宮坂純一訳「コーポレート・モラル・エージェンシー論の誤りを証明する」『社会科学雑誌』第13巻，2015年) したのはそのためであるし，それを契機にレンネガードから刊行直後の『コーポレート・モラル・エージェンシーの誤り』(Rönnegard, D., *The Fallacy of Corporate Moral Agency* (*Issues in Business Ethics*), Springer, 2015) (pdf file) を贈られ，筆者 (宮坂) の立場を尋ねられるという経緯もあったために，「企業道徳的主体論争」について整理しなければならないという思いがより強まっていった。

　本書はそのような思いの中で生まれた一連の (主要な文献を読み直す) 作業の成果の1つである。ただし，本書の執筆者 (宮坂) は哲学を専攻するものでもなく本格的な訓練を受けているわけではない。したがって，このような (倫理学固有のタームを用いた) 論争にコミットすることには，それ自体として，不向きであることは充分に自覚している。本書は，経営学を専攻してきたものの「1つの」読み方であり，それ以上のものではない。

　本書の構成は以下のようになっている。
　第1章から第8章までの各章では「企業道徳的主体論争」に参加した論者の所説の検討が行われている。論争に関連した主要な論文や著作は1970年代の終わり頃から1980年代の中頃にほぼ公表され，それ以降に発表された論文等は先行研究に対する各論者なりの読み方を文章化したものになっている。その

ために，本書では，フレンチ，ラッド，ダンリー，ワーヘイン，キーリィ，ディジョージ，ドナルドソン，ベラスケスの業績を，1985年までに公表された主要な文献として選び，そしてムーア論文をサーベイ論文に代表させて，それぞれに1つの章を当てている。また論争の流れがより明確に理解できるように本書で言及した「企業道徳的主体論争」参加者の全体像を第8章169ページにて図解している。

　本書では，レンネガードの主張には言及していない。というのは，一連の論争を読み直して「企業道徳的主体論争」にはやはり一定の結論──その具体的な内容の整理が本書の目的である──が出ていることが確認できたからである。さらに付け加えると，自律性の問題は複数の論者（例えば，ワーヘイン）によって論じられている。とはいえ，レンネガードの「新たな」問題提起にはそれなりに検討すべき課題が含まれていることは事実である。しかしそれは，繰り返すが，本書の課題を超えたものであり，別の機会に譲ることになる。

　そして，「企業道徳的主体論争」を整理した第1章から第8章の前後に，序章と終章を配している。これが本書の特徴の1つでもある。

　序章（「道徳的主体としての現代企業」の存在論的意味）は論争が生まれたのはそれなりの理由があったと主張している章である。論争の現実的基盤を「企業の社会的存在としての側面の顕在化」に求め，「社会的存在としての企業」「企業自体が会社を所有していること」「ステイクホルダー企業としての現代企業」をキーワードにして「企業道徳的主体説」が展開される必然性があったことが論じられている。

　逆に，終章（CSRと制度としての資本主義）は「道徳的主体としての企業」の現実の姿を論じた章であり，一方で，CSR経営が行われ，他方で，企業不祥事が多発している現実からその実態を読み解いている。本書の理解では，そのような相矛盾している現象が同時並行で生まれている現実そのものが「現代企業が道徳的主体である」ことを証明するものであり，現代企業は，道徳的主体として，道徳的にプラスの行動をすることもあれば，逆に，道徳的にマイナスの行動をすることもあるのであり，「矛盾する2つの側面を内包した」存在であることが「道徳的主体としての現代企業」の現実的な姿である。

本書は奈良学園大学社会科学学会研究叢書の一冊として刊行されるものである。奈良産業大学創立の時期から奉職してきた1人として大学の歩みには複雑な思いを抱いているが，筆者を研究者として育ててくれた環境には感謝している。いちいちお名前を挙げるのは差し控えるが，現在の会員の先生方だけではなくこれまで同僚として刺激を与えてくださった元会員の先生方，職員の方々そして誰よりも卒業生の方々に深く感謝の意を表する次第である。昔からのご縁もあり出版を引き受けていただき丁寧に仕上げてくださった萌書房の白石徳浩氏にも厚く御礼申し上げる。

　企業倫理への関心が今再び世界的に拡がっている。筆者が過去に著した『ステイクホルダー・マネジメント』(晃洋書房，2000年)と『道徳的主体としての現代企業』(晃洋書房，2009年)が2017年に韓国で翻訳出版されたのはそのような流れを示す1つの出来事であろう。多数の方々のご支援ならびにご協力を経て出版された本書『なぜ企業に倫理を問えるのか』がより多くの人々に読まれそして日本の企業社会のあり方を問い直す一助となり，企業(組織)が，真に社会的な存在として，現実に，より良い方向に(倫理的にポジティブな方向へ)変わっていくことを願っている。

　2017年11月　奈良学園大学図書館にて

宮 坂 純 一

目　　次

はしがき

序章　「道徳的主体としての現代企業」の存在論的意味 ……………… 3
——何故に「企業道徳的主体論争」が生まれたのか？——

本章の趣旨 ……………………………………………………………… 3

1　会社は，人間によってつくり出された
　　「社会的存在としての企業」でもある …………………………… 4

2　会社を所有しているのは会社自体である ……………………… 8

3　会社はストックホルダー企業ではなく
　　ステイクホルダー企業である ……………………………………… 11

4　経営者は会社自体の代理人である ……………………………… 15

5　《道徳的主体としての会社》とは《会社に
　　道徳を問うことができること》である ………………………… 18

第1章　フレンチ「道徳的人格」論 vs. ラッド
「ビジネス＝ゲーム」論 ……………………………………… 25

1　企業道徳的主体説の登場 …………………………………………… 25

　　1-1　フレンチの「道徳的人格」論　26／1-2　オザーの「道徳的
　　主体」論　28

2　企業道徳的主体「否認」説 ………………………………………… 29

第2章　ダンリーのマシン・モデル論 …………………………… 41

1　ダンリーの立場 ……………………………………………………… 41

2　伝統主義者 vs. コーポラティスト ……………………………… 42

vii

3　コーポラティストの責任観への疑義 ……………………………………… 47

　　4　もう 1 つのモデルの提唱 ………………………………………………… 50

第3章　ワーヘインの「企業は派生的な道徳的主体である」論 ……… 55

　　1　企業は道徳的主体ではない？ ………………………………………… 55
　　　　──論文「フォーマル組織，経済的自由そしてモラル・エージェンシー」を読み解く──

　　　　1-1　ワーヘインの立場　55／1-2　ワーヘインに対する評価　66

　　2　道徳的主体としての企業への途 …………………………………… 68
　　　　──『パーソン，権利そして企業』を読み解く──

　　　　2-1　ワーヘインの問題意識　68／2-2　ワーヘインの問題提起
　　　　77

　　3　ワーヘインの道徳的主体論の意味 ………………………………… 87

第4章　キーリィの「非人格としての組織」論 ……………………………… 91

　　1　キーリィの問題提起 …………………………………………………… 91

　　2　組織の意図と組織の目的 …………………………………………… 92

　　3　組織手続きから組織の意図は証明できない ……………………… 93

　　4　組織は奇妙な外見を持つ人格である ……………………………… 98

第5章　ディジョージの「神話崩壊」論・「道徳的行為者」論 ………103

　　1　神話の崩壊 ……………………………………………………………103

　　2　道徳主義的見解 vs. 組織論的見解 ………………………………105

　　3　道徳的行為者としての企業 ………………………………………112

　　4　ディジョージ説の意義 ………………………………………………115

第6章　ドナルドソンの「企業道徳的主体としての条件」論 ……119

　　1　ドナルドソンの現状認識 ……………………………………………119

　　2　道徳的人格説 vs. 構造制約説 ……………………………………122

　　　　2-1　道徳的人格説　122／2-2　構造制約説　125

3　道徳的主体性の条件 ………………………………………………134

　　4　企業の道徳的責任の具体的な内容を理解するための
　　　予備的スキーム ………………………………………………137

　　5　ドナルドソンの見解の現代的意義 …………………………138

第7章　ベラスケスの「企業道徳的主体は誤りである」論 ………145

　　1　ベラスケスの立場 ……………………………………………145

　　　1-1　ベラスケスの基本認識　145／1-2　ベラスケスの「企業道
　　　徳的主体」批判　149

　　2　ベラスケスへの疑問 …………………………………………152

　　3　ベラスケスの主張の含意 ……………………………………156

第8章　総括：企業道徳的主体論争 …………………………………167
　　　　　　──ムーアの文献レビューを踏まえて──

　　本章の趣旨 ………………………………………………………167

　　1　企業道徳的主体性を支持する議論の構造 …………………168

　　　1-1　道徳的人格性と道徳的主体の異同について　170／1-2　企
　　　業は道徳的主体なのであろうか？　174

　　2　企業道徳的主体性に反対する議論の構造 …………………176

　　　2-1　方法論的個人主義と企業道徳的主体性　176／2-2　企業の
　　　目的と企業道徳的主体性　180／2-3　「罪と処罰」と企業道徳的主
　　　体性　181

　　3　企業「派生的な」道徳的主体論の構造 ……………………184

　　4　企業道徳的主体性論争の含意 ………………………………192

終章　CSRと制度としての資本主義 …………………………………199
　　　　　──道徳的主体としての企業の現実──

　　1　CSR推進 vs. 企業不祥事の発生 ……………………………199

　　2　理念としてのCSR ……………………………………………201

目　次　ix

2-1 コー円卓会議で提示された，普遍的価値観としての共生と
人間の尊厳　201／2-2　企業理念として共生を掲げるキヤノン
203

3　CSR の現状に対する様々な評価 ……………………………………206

3-1 「企業は制度的に社会的責任を問われない」論　207／3-2
何故に CSR に対して批判的にならなければならないのか？　209

4　CSR はユートピアなのか ………………………………………………216

*

人名索引　　227

事項索引　　229

なぜ企業に倫理を問えるのか
──企業道徳的主体論争を読み解く──

序章　「道徳的主体としての現代企業」の存在論的意味

——何故に「企業道徳的主体論争」が生まれたのか？——

本章の趣旨

　ビジネス・エシックス関連の学界，特に欧米の学界関係者の間ではいわゆる「企業道徳的主体論争」を契機に「現代企業は道徳的主体である」という問題提起が行われたことはよく知られている。

　　何故に，ヒト（例えば，経営者）ではなく，自然人ではない会社（企業）が道徳的責任を問われるのか？　という疑問に対しては，ビジネス・エシックスの立場からは，「会社では，独自の意思決定構造のもとで，道徳的理性に基づいて意思決定が行われており，会社は，その意思決定過程において，企業行動の具体的な結果を想定して（モラル・イマジネーションを働かせて）政策や規則を統制できるからである」と答える。

　　さらに，何故に（法的な責任だけではなく）「道徳的」責任が問われるのか？　と重ねて訊かれれば，「企業に法人格を付与することは会社に独立した行為主体としてあたかも自然人であるかのように行動する権利を認めることであり，それが故に，会社には，その行動について，暗黙の契約に基づき社会に対して責任があり，しかもその責任の具体的内容は時代の変遷とともに変化する」と答える。

　そして今日では，このような発想・視点が，特に欧米圏の人々の中ではかな

り浸透し受け入れられている。しかしながら，他方で，そのような認識・発想はイデオロギーの産物であり，別言すれば，哲学的誤謬であり，存在論的に間違っていることを押しつけることになり，危険である，との批判もありえるであろう。事実，我が国でも，そのような文脈でビジネス・エシックスの発想に疑問が提示されている。筆者の考えでは，企業はそもそも存在論的に言っても道徳的主体として見なされても仕方がない存在であり——ただし，このことと実際に「道徳的に」行動していることは，後述のごとく，別の事柄である——本章の言葉で表現すれば，会社はその誕生の時に社会的存在としての側面をビルトインされた存在である。

　　本章では株式会社を念頭に置いて論を進めている。したがって，企業を株式会社に代表させており，それを会社というタームで表現している。本章の場合，企業＝株式会社＝会社である。

　本章では，「道徳的主体としての企業」を経営学をはじめとする社会科学のタームとの関連で概念的に整理し「株式会社論」の文脈に沿って位置づける（「道徳的主体としての会社」の存在論的意味を考える）試みが展開されている。より具体的に述べるならば，例えば，「会社は誰のものか？」という問題に即して言えば，「〈会社が道徳的主体である〉ということは〈会社は《会社自体》のものであり，その会社には1つの組織体として独自の意思がある〉ということでもある」，と主張するものである。と同時に，本章は，次章以降で紹介される「企業道徳的主体論争」を跡づける時の本書独自の視点を明示するものであり，何故に論争が生まれたのか？　という問いに対する解答でもある。

1　会社は，人間によってつくり出された「社会的存在としての企業」でもある

　この問題を解くためには，まず第1に「社会的存在としての企業」概念を整理することが必要である。

企業は社会的存在である，という命題はよく知られており，それに類似する
コトバを見聞きする機会が実際にかなりある。[1] ただし，その具体的な内容に関
しては必ずしもコンセンサスがあるわけではない。[2] 〈企業は社会的存在である〉
とはどのような現象を念頭に置いた表現なのであろうか。この点に関して，例
えば，ドラッカー（Drucker, P.）の初期の著作『会社の概念』[3] はそれについて独
自の視点から（会社の社会的存在としての側面を前面に押し出して）アプローチした
代表的な事例であり，1つの手掛かりを与えてくれる。

　あらかじめ述べておくと，本章では，「社会的存在＝社会にその活動が正当
であると認められ受け入れられていること」であり，経済単位としての存在が
社会にどのように受け入れられているか，その様式を示したコトバである，と
して理解している。

　社会の中で生きる（活動する）あらゆるものはその存在の正当性が当該社会に
認められなければ存続することができない。これは会社にも当てはまり，会社
はその活動を通して社会に受け入れなければ存続できない存在である。ここに，
会社の存在理由として，社会との関係という視点から見た「社会的存在」とい
う側面が重要になってくる。これは，会社はどのように活動すればその存在が
正当であるとして社会に受け入れられるのか，という問題であり，会社の目的
と関連した事象でもある。

　会社は，社会的に有益な財貨・サービスを提供することによって初めて利益
を上げることが認められる存在である。この場合，会社にとって直接的な目的
である〈利潤追求〉と間接的な目的（社会の中で存在するために必要な目的）である
〈社会に有益な財貨・サービスの提供〉を区別することが必要であり重要であ
る。会社は，現実の世界では，これらの2つの側面を併せ持った存在であり，
2面性を両立させて初めて継続事業体（ゴーイングコンサーン）として存続できる。

　「利益＝収益－費用」という方程式は前者の側面を例示的に示しており，後
者の側面は会社の定款に「事業目的」として明示されている。

　資本制社会——今日では，市場社会と言われているが——では，個別資本（一
般）が1つの社会制度である株式会社（特殊）の形を取って運動している。そのた

読書ノート1　ドラッカー『会社の概念』を読む

　ドラッカーは，会社は1つの社会的制度である，と明言している。ここには，会社は社会のために人間のために尽くすこと（work）によって社会に受け入れられる，という考えが流れている。その趣旨は，逆説的な表現ではあるが，会社は社会の中に受け入れられなければならない，という彼の見解（文言）によく表れている。つまり，彼の理解によれば，会社は自らの諸法則に従って機能し我々の生活慣習や生活様式の標準を設定しているのであり，そのことによって会社はすでに社会の代表的な制度となっている。それが故に，社会は会社を受け入れざるをえないのである。

　それでは，会社はどのようにして人々のために尽くしているのであろうか。ドラッカーによれば，会社は雇用の機会を提供しているだけではなく，その活動を通して個の尊厳と機会均等というアメリカを支える信条を実現することによって，社会に有益な財を生み出している。この考え方が，最終的には，事業の目的は顧客の創造である，という彼の主張に繋がっていく。

　そして彼は，「会社を個々の株主の所有権の合計以外の何物でもないとする古いお粗末な作り話（crude fiction）」という表現で，会社は株主のものではない，とすでに1940年代に強調している。そして続けて次のように述べている。「慣習的には……会社は一時的なものであり法律的な擬制によってのみ存在していると考えられている」が，「社会的現実としては，株主は会社と特別な関係にある人々の幾つかのグループの1つにすぎないのである。会社の方が永続的であり株主が一時的なのである」，と。ドラッカーによれば，会社は社会制度の1つであり，社会制度的存在として社会的な存在である。

めに現実の株式会社には2面性がある。

　その会社は，コトバで表現すると，「私的な利益の追求を社会的使命として認られている存在」あり，会社は「個別資本の運動としての存在」と「社会的存在」の2つの側面を有する存在である。2つの側面は，「個別資本の運動としての存在（側面）を貫徹しなければその存在を否定される（倒産する）社会的存在であること」および「社会的存在として行動しなければ淘汰されてしまう個別資本の運

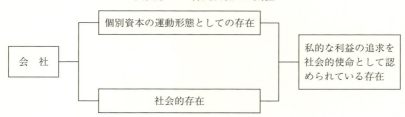

図表序-1 株式会社の2面性

動としての存在であること」が示しているように矛盾するものであり，個別資本の運動として存在することを余儀なくされている社会的存在（逆に言えば，社会的存在として存在することを余儀なくされている個別資本の運動としての存在）である。

　これは，会社が人工的につくり出された（ヒトがある目的のためにつくり出した），言い換えれば，社会的に有益な財・サービスの提供を条件に，利益の追求を認められた，制度であり，何よりも，会社が目的と手段が転倒した資本制社会を象徴的に具現化している装置であることに由来している。

　　筆者はかつて企業の官僚制化との関連で次のように述べたことがある。
　　資本主義企業という組織体は「特異な」存在である。それは「資本の論理」に規定された，基本的には（その生成の当初から），少数者（「頭の労働」）が多数の人々（「手の労働」）を合法的に支配するための，いわば「強制的な」，協働体系（組織）である。何故ならば，資本主義の社会体制がそもそも人間の社会生活にとっては「目的と手段の転倒」の上に築かれた社会体制であるからである。人間の社会生活に必要な生産が社会化され，しかもこの社会的生産が逆に（企業の目的としての）私的な利潤追求の手段となっている。それはまさに「目的の手段化」そのものである。企業はこのような「目的と手段の転倒」を一身に担って形成された組織なのである。[11]

　会社はこのような転倒した社会によってその存在を「保証」された制度であ

序章　「道徳的主体としての現代企業」の存在論的意味　　7

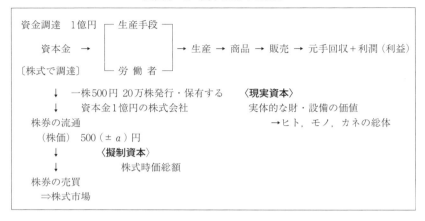

図表序-2　資本運動の2重化

る。というよりも，より正確に言えば，我々が住んでいる社会が（歴史上特殊な発達段階にある）「転倒した」社会であるために，会社はその存在を正当化されたのである。したがって，会社は，資本制社会という歴史的に制約された社会によって正当化されているという意味で，「特殊な」社会的存在である[12]。しかしそれは社会的存在である。その会社の2面性（矛盾している存在）を図解したのが**図表序-1**である。

2　会社を所有しているのは会社自体である

　株式会社では，その設立によって擬制資本が成立し，資本は現実資本と擬制資本の2つの運動形態を取る（資本運動の2重化）（**図表序-2参照**）。かくして，会社には，それぞれの資本に照応して，2つの様式からなる所有構造が生まれる。
　このような会社の所有構造をコトバで表現・整理すると次のようになる。
　株主が「モノとしての会社」（擬制資本）を所有している。
　しかし，その「モノとしての会社」は，設立とともに法人という人格を与えられ権利主体としての存在（「ヒトとしての会社」）へと転化しているために，同時に，「ヒトとしての会社」が会社自体として会社の財産（現実資本）を所有す

読書ノート2　岩井克人『会社はどこへ行くのか』を読む

　岩井克人は，法人名目説と法人実体説の統一的理解を目指して，「モノとしての会社」と「ヒトとしての会社」という考え方を積極的に提示してきた[13]。

　岩井は単なる「企業」(例えば，個人企業や夫婦が所有している八百屋のような小規模な共同企業)と（株式会社に代表される）「会社」を区別して，会社の基本構造を次のように整理している。

　第1に，「会社資産」の所有者は法人としての「会社」であり，第2に，その法人としての「会社」の所有主が「株主」である。「株式会社とは，株主が法人としての会社を所有し，その法人としての会社が会社資産を所有する，という『2重の所有関係』によって構成されている」[14]，と。それを図解したのが**図表序-3**[15]である。

　会社は「ヒトでありモノであるという，そもそも本質的に矛盾した存在である」——これが岩井の基本的な認識である[16]。このような認識に基づいて，彼は，「会社は2階建ての構造をしている」[17]，と把握する。岩井によれば，アメリカ型の会社はこの2階部分を強調した会社のあり方であり，株主がモノとして会社を所有しているように見えているが，逆に，1階部分に注目すると，会社のヒトとしての役割が際立って見えることになり，そうした会社の持つヒトの面を強調したのが日本型の会社のあり方にほかならなのである[18]。

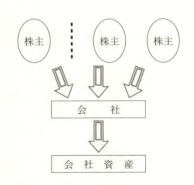

図表序-3　株式会社の仕組み

（出典）岩井克人『会社がこれからどうなるのか』57ページの図を簡素化。

る（会社の財産を所有しているのは，株主・投資家や従業員あるいは経営者等でなく，人工的につくり出された会社そのものである），という構図が成立する。会社（すなわち，実体としての会社＝会社の財産）を誰が所有しているか，という視点から言えば，後者の方が実態を反映した理解であり，株主はあくまでも株券を所有す

序章　「道徳的主体としての現代企業」の存在論的意味　　9

図表序-4　現代の株式会社の構造

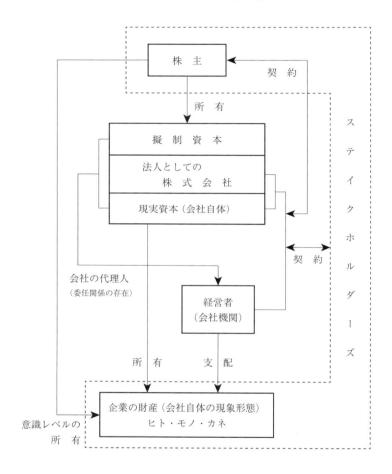

る存在にすぎない。これが会社の所有構造であり，それを図解したのが**図表序-4**である。

3　会社はストックホルダー企業ではなくステイクホルダー企業である

　会社は，法律上，自然人と同じように権利能力を与えられている（法人企業）。株式会社として法人格を与えられるということは存在が社会の中で正当化されることであり，その社会の価値や規範を受け入れて事業を展開することが前提になっている。これが企業の社会化であり，企業が法人格を与えられている以上，法律に従って活動することは当然のことである。ただし，このことは社会化のいわば第1段階であり，今日ではさらなる社会化が進んでいる。というのは，企業が「継続事業体」として生き残るためには，最低限の規範である法律だけではなくそれを超えた社会規範，あるいは，特に，国際的に事業を展開していく場合には，適切な価値観に則って経営を行うこと（経営の道徳性）が要請されるからである。[19]　近年，企業はそのような道徳性（倫理的な存在であること）を強く求められている。つまり，企業の社会化には2段階があり，現在の社会化は2段階目に入っている。

　これは企業社会の変貌を反映した事象である。

　企業活動の展開につれて，一方で，株主・出資者や従業員だけでなく様々な存在がそれに深く巻き込まれていく。しかも他方で，企業が市民社会の一部分を構成する局部的な存在に留まらずそのパワーが大きくなりさらに言えば経済がグローバル化するにつれて，その影響は市民社会全体に及ぶものとなり企業の社会に対する責任は出資者の利益の保障に限定されるものではなくなってくる。このような存在がステイクホルダーと称せられている。現在の株式会社は株主・出資者だけではなくそれを超えた存在（ステイクホルダーズ）の支持を欠くならば存続が不可能になっている。会社の存立基盤が変容したのである。

　企業はステイクホルダーズの利害の調整の場である[20]，という見解が出てくるのはこのためである。その意味で，現代企業は株主の利益を最優先するストックホルダー企業ではなくステイクホルダー企業である。ステイクホルダー企業として見なされざるをえなくなった時に，会社の1つの側面である社会的存在の意味が変容し，自然人と同じように権利主体として法律を超えた社会規範を

読書ノート3＆4　田中一弘「企業は誰のものか」および広瀬幹好「日本企業と経営者の役割」を読む

　広瀬幹好は経営者主権論を拒否して，「会社は，それを構成する諸機関の意思と行為を通じて，会社それ自体のために経営されるべきである」[21]と主張している。広瀬が念頭に置いている経営者主権論は田中一弘のそれであり[22]，広瀬によれば「株主主権と従業員主権を折衷したもの」であり，その内容を検討した広瀬によって「ステイクホルダー主権論」と称されている考え方である[23]。

　田中の主張は次のように要約されるであろう[24]。企業は〈誰〉のために経営されるべきか？　という問いに対しては，色々と答えがありうるが，唯一の正解があるとすれば，それは「顧客のため」をおいてほかにない。しかしそのことは自明のことである。現実的に（「議論の次元が一段下がったところ」で）考えると，「経営者」は〈誰〉のために経営すべきか，という問いが重要である。なぜならば，経営者が実態として現実の企業に支配的な地位を占めているからである。この視点に立つと，〈誰〉に該当するのは〈株主〉と〈従業員〉である。しかしこれは〈株主〉と〈従業員〉の間の二者択一ではなく，両者のバランスをどう取るのかが究極的な問題となる。経営者は株主や従業員からの牽制ではなく自己規律によって，株主と従業員の利害のバランスを取りながら経営しなければならない。

　これに対する広瀬の論評の詳細な紹介はここでは省くが，広瀬の検討内容は少なからざる部分で本章と共有している。ただし，後述のように見解を異にする箇所がある。以下，重要な事柄を確認しておこう。

　田中が主張する（広瀬が命名した）「ステイクホルダー主権論」は，広瀬の評価と同じように，本章の立場では間違いである。しかし，株主と従業員は，田中が主張するように，特殊なステイクホルダーであり，この点では，広瀬の評価には異論がある。

　広瀬は，「ステイクホルダーのためを図ることが会社それ自体のためを図ることになるという」「経営者主権論」を否認している。その根底には，「自然人を考えた場合，利害関係者のためを図ることが自分のためを図ることになるという論理は成り立たない。人間は，第一義的には，利害関係者のためを図るために生きているのではない。自分自身のために生きているのである」[25]，という考え方がある。

これは妥当な見解のように見えるが，本章の立場では，人間についての誤解がある。というのは，人間には「他人のために尽くす」という本能がある，という発想があるからである。[26]これを受け入れるならば，会社が「利害関係者のためを図ること」は，損得勘定の問題ではなく，社会的存在として認知されている以上，会社にはヒトと同じようにこのように行動させざるをえない「運命」がある。つまり，会社が「利害関係者のためを図ること」はいわば「他人のために尽くす」ことの変形としてナチュラルな行動であり，[27]その結果として，会社自体のためになって行動したことになっている，ということである。

　その意味で，会社がステイクホルダーズの利害の調整の場として機能すること（田中の表現を使えば，「利害関係者のためを図ること」）は会社の存在にとって不可欠な行為なのである。しかし，このことは会社自体が会社の財産を所有していることを否定することを意味していない。[28]

守ることへの要請が前面に押し出されるようになった。このような要請はそれまでもなかったわけではないが，現実的には必要でなかったために，いわば水面下に隠れていたものである。それだけのことである。これは，企業社会契約の内容が新たに明示的に書き直された（顕在化）という意味で，大きな転換を意味している。ただし，これは会社がステイクホルダーのものであることを意味していない。

　このような（会社がステイクホルダー企業として見なされる）状況では法律を遵守することだけではステイクホルダーズの利益に応えることは困難である。というのは，法律が会社とステイクホルダーのすべての関係に対応した形で整備されていないからである。これは当たり前のことであり，法律は改めて言うまでもなく後追いなのである。したがって，現実の問題として，法律の制定まで待てないために取りあえず「道徳的」責任という形で会社の責任を問わざるをえない，という状況が生まれてくる——これが実態である。

　法的に責任を問うという行為はそもそも社会規範を遵守するという気持ちがない存在に対しては意味のないことである。法的責任を問うということは道徳的責任を問うということでもある。

序章　「道徳的主体としての現代企業」の存在論的意味　13

現在の会社は現象的にはその性格を変化させている。これは会社が社会的存在として社会に受け入れられる様式が変わり，当初潜在していた側面が顕在してきたということであり，会社が内在的に有している2面性という本質が変化しているわけではない。それ故に，会社はステイクホルダーのものである，という指摘は妥当性を欠いている。

　会社の基本的な性格はその誕生の時から不変である。そのことは，例えば，会社にとっての株主と従業員の存在理由に典型的に示されている。株主は依然として出資者であるし従業員は労働力を提供する唯一の存在（剰余価値を生産する資源）である。会社は誰のモノか，という議論の中で，株主主権論ならびに従業員主権論が提起されてきたことはそのような事情をよく物語っている。株主と従業員が今でも会社のあり方をいわば基底的に決定する要因であることは，例えば，ステイクホルダー・セオリーが近年ではかなりの影響力を持つに至ったが，その精緻化を目指す展開の中で，株主と従業員が，会社をめぐるその他のステイクホルダーとは一線を画するかのごとく——個々のステイクホルダーにはそれぞれに個性があり，その意味では「特殊である」と言いうるのではあるが——「特殊な」ステイクホルダーとして位置づけられてきていることによく表れている。

　田中は伊丹敬之に倣って，株主と従業員をそれぞれ「『逃げない資本』を提供している株主」と「『逃げない労働』を提供している従業員」として位置づけ，「逃げない」という点で，特殊なステイクホルダーとして考えている。[29]

　本章ではそのような解釈によるものではない。ステイクホルダーという言葉は，周知のように，ストックホルダーとの対比で，すなわち，株主もステイクホルダーの「1つ」にすぎないということを主張するために提示されたコトバ（概念）である。そのことを踏まえて，ステイクホルダー・セオリーの立場から株主と従業員の立場・役割を整理すると，次のようになる。

　株主は出資者であり株券を所有しているにすぎないが，議決権の行使によって現実資本の運用に影響を与える（→虚構だとしても所有しているという意識を持ちうる）ことが法律で制度的に保障されている，という点で特殊である。[30]

また，従業員は，一面で，会社と対立する存在であるが，他面で，経営者に繋がるヒトとして会社を代表しその他のステイクホルダーズと対峙する存在である，という特殊なステイクホルダーである。[31]

　しかしながら，会社は株主のもの（株主主権）ではないし，従業員のもの（従業員主権）でもないし，ステイクホルダーのもの（ステイクホルダー主権）あるいは社会のものではないのである。

　会社は会社自体のものである。会社には独自の意志がある。そのために，会社は組織の論理に則って（会社自体の維持・存続を目指して）行動し，その過程で自己組織化され独自の企業文化が生まれていく。このことは，そのような会社の行動を誰も制御することができなくなるということを示唆している。言葉を換えて言えば，ヒトはヒトがつくり出したモノに支配され翻弄されるのであり，それが故に，経営者の役割がきわめて重要になってくる。

4　経営者は会社自体の代理人である

　何故に会社自体が責任を問われるのか？　それは，株主ではなく，会社自体が会社（具体的な内容に即して言えば，会社の実体でもある，ヒト，モノ，カネ，に象徴される会社の財産＝現実資本）を所有しているからである。[32]　会社は，繰り返すが，株主のものでもないし，従業員のものでもないし，社会のものでもない。また，専門経営者は，上記の文脈で言えば，会社を支配しているが，「所有」しているとは言えない。経営者ではなく，会社自体が責任を問われるのはそのためである。しかし，経営者は，（プリンシパル・エージェンシー理論が説くような）株主の代理人でなく，会社自体の代理人であるために，組織人としてその行動に責任を問われる存在である。また，従業員もそのような経営者に連なる組織人として責任を問われることになる。

　株式会社は制度として実在し，法人としての会社が会社自体として会社（具体的な内容に即して言えば，現実資本，つまり，ヒト，モノ，カネに象徴される会社の財産）を所有し，独自の意思決定構造のもとで意思決定を行っているために，

序章　「道徳的主体としての現代企業」の存在論的意味　　15

読書ノート5　中條秀治『株式会社新論』を読む

　株式会社制度を組織論的に（コーポレート・ガバナンスを中心に）検討して，「法人実在説に立つ必要」性を説き，「この立場〔法人実在説の立場〕からは法人そのものの責任という観点が生まれる。……『会社それ自体』の責任を問うことこそ，ゴーイング・コンサーンとしての会社に対して必要な考え方である」，との視点から，「会社それ自体」の責任を問うことの重要性を指摘しているのが中條秀治『株式会社新論』である。[33] 中條の見解には自らが明示しているようにビジネス・エシックスとの共有点がある。[34]

　中條は，会社は誰のものか？　という問いを立て，「株主のもの」，「経営者のもの」，「従業員のもの」という考え方を明確に否定し，そして「社会のもの」という発想には一定の理解を示しつつ，「株主と会社は別の人格であることの意義は大きい」との立場から，[35] 「会社それ自体のもの」という議論の可能性を追求している。

　会社は社会のものか。中條によれば，「会社は公器」であるという言い方はそれなりに正しく，ドラッカーの「制度論的企業観」もその一種である。「子どもは社会のもの」という比喩を引き合いに出して，彼は，「『会社は社会のもの』という考え方は，抽象度を上げた議論としては成立する話であろう」，と述べているが，「しかし」と接続詞で繋いで次のように論じている。「子どもは誰が日々の面倒をみる責任と義務を負っているのかと考えると，一足飛びで『社会のもの』というところにもっていくのは現実的ではない。同様に，会社の目的や権利・義務・責任などを考えるといきなり『社会のものである』というのは観念的に過ぎるような気がする」。[36]

　そして同じ論理で，「会社それ自体のもの」か，と問いかけ答えている。「子どもは生まれた瞬間から……子ども『それ自体』の人格を主張する。……これと同じロジックが，会社という法人にも適用可能である。……法人格の取得により，『会社それ自体』が自然人と同様な権利主体として存在することになる……。つまり『会社それ自体』が契約の当事者となり，法的な権利義務の主体となり，それ自体の財産を持つ。…株主は会社の活動資金を提供するだけである。会社は株主とは別の人格的存在として，会社としての判断で主体的に活動をおこなっている」，と。[37]　株主と会社は別の人格なのである。さらに中條に従えば，「株主とは別の主体として『会社それ自体』を概念化し，さらに会社

機関として経営者を成立させるのが株式会社制度である。『株主』・『会社それ自体』・『経営者』はそれぞれ独立した存在である」[38]。

中條の所説は，会社には2面性があることが明確にされていないこと，つまり現実資本と擬制資本が区別されていないことなど，本章とは若干その立場を異にしているが，本書にとっても示唆的である。経営者に関しては，「経営者は営利を追求するが，株式会社という存在は社会制度として存在を許されているものであり，企業活動を通して社会的貢献を結果として果たす」[39]という考え方に沿って，「経営者は所詮経営を委任された代理人であるにすぎない」[40]という立場を打ち出している。このような経営者の位置づけは経営者を会社自体の代理人とする考え方に通じるものであり，とすれば，それは本書と通底している。

日本においては経営者と会社の関係が民法と会社法によって規定されている。例えば，次のような条文がある。まず，会社法330条では，「株式会社と役員及び会計監査人との関係は，委任に関する規定に従う」とされ，ここから，会社と取締役の間には委任契約が存在し，会社が委任者であり，取締役が受任者である，という関係の存在が指摘される。また，民法644条では，「受任者は，委任の本旨に従い，善良なる管理者の注意をもって委任事務を処理する義務を負う」とされており，ここから，経営者には会社に対する「善管注意義務」がある，と解される。さらには，会社法355条では，「取締役は，法令及び定款並びに株主総会の決議を遵守し，株式会社のため忠実にその職務を行わなければならない」と規定されている。これは，経営者には会社に対する「忠実義務」があることを意味している。

このような条文から，中條は，経営者は「株主」に対してではなく「会社」に対して「善管義務」および「注意義務」を負っていることを強調している[41]。そして次のように続けている。「代表取締役」はもはや「株主の代理」ではなく，「会社を代表するもの」となっている[42]，と。中條のこの文章は「代表権」に拘ったものであるために，「代理」と「代表」を微妙に使い分けられているが，ビジネス・エシックスの議論に馴染んできた筆者の立場から言えば，経営者は株主の代理人ではなく会社自体の代理人である，ということを明示している一文である。

その会社に所属する自然人としてのヒトではなく，会社自体が責任を問われることになるしまた会社自体に責任を問うことができるのである。この場合，会社自体の責任を問うことは組織人としての責任を問うことであり，その会社に所属するヒトも職責に応じて責任を問われることになる。しかも，今日では，その責任の内容は法的な責任だけではなく，それを超えた道徳的責任にまで拡大されてきている。

　これが道徳的主体としての現代企業の意味である。

5　《道徳的主体としての会社》とは《会社に道徳を問うことができること》である

　《道徳的主体としての会社》は，「道徳的な」会社（つまり，会社は，例えば「良い」とか「有徳」とかなどのポジティブな意味で，「道徳的である」ということ）を意味しているのではない。《道徳的主体としての会社》は道徳を問われる会社（会社に道徳を問うことができること）であり，別言すれば，会社は道徳的責任を果たすことを社会から要請される存在である，ということである。

　　さらに付言すれば，会社は道徳的でなければならないというような存在ではなく，また倫理的行動を取っているとか非倫理的行動を取っているとかいう「現実の」あり方とは関係なく，「倫理を問われる」という意味で道徳的存在（道徳的主体）である。したがって，現実に非倫理的行動をしている会社も道徳的主体として行動している──ただし，そのような非倫理的企業は，現在では，倒産する可能性が高いが──のであり，その会社は道徳的存在である。

　それが故に，問われる道徳（倫理）の内容次第で「非」倫理的な会社が出てくることもあれば出てこないこともある。そもそも会社はその誕生の時から──社会に存在を認められて存在しえるという意味で言えば──道徳的な存在なのであり，現実の企業行動を，その時点で要請されている道徳・倫理の内容を「モノサシ」にして，評価すると，倫理的な会社と非倫理的な会社に分けら

れるということだけである。

　会社は，繰り返すことになるが，その誕生の時から道徳的主体なのであり，功利主義という発想があまりにも当然のこととして企業社会内で受け入れられていたために，あえて企業に倫理を問うということがなされてこなかったということだけなのである[43]。ということは，会社は，社会の価値観が大きくシフトする時，その存在意義（→価値前提）を改めて問われる，ということである。そしてこれが企業不祥事と称せられているものに関連してくる。

　何故に，不祥事として「断罪」されるのか。これは，簡潔に言えば，社会的存在としての会社の存立基盤が変化したことの反映である。このことは，ステイクホルダーという視点が導入された経緯を考えると，明瞭に理解されるであろう。というのは，株主と従業員という2つの利害関係者だけではなく，それらを「特殊な」ステイクホルダーとして位置づけて，それ以外の存在もステイクホルダーとして認識しようとする発想が生まれ，資本制社会（市場社会）において会社に倫理を問うということの意味そして企業社会（企業と社会）のあり方を新しい視角から考えることができるようになったからである[44]。20世紀の後半以降世界的な規模で改めて倫理が問われる流れが生まれたのは，そのような概念操作によって，会社の2面性（存在論的に対立する側面があること）が今まで以上に鮮明にかつ明示的に浮上し，その矛盾が表面化したことの1つの結果でもある。

　　チッソの元社長S氏は水俣病患者への補償交渉後，入院先の医院で，企業人としての論理と人間（ヒト）としての思いの「葛藤」を専務に次のように漏らしていたという[45]。「自然人としての」S「が心情的に考える金額は，会社の支払い能力をはなれたのにならざるをえない」。

　　「あとどうすべきかは，国家の判断の範疇にある。会社を全部，国に差し出すから，設備，労働者を活用されたい。私企業のよくする範囲を超えた」。

　　S氏の言葉には，会社が「特殊な」社会的存在であることがよく表れている。そして今日でも記事に掲載されるということは，会社自体が責任を問われること，その代理人が経営者であること，特に会社自体が責任を問われ続けることを示し

ている。

　と同時に，経営者であるＳという人間（ヒト）の中に，組織人格と個人人格の大きな葛藤があったことが読み取れる。[46)]

　経営者は会社自体の代理人として，会社存続の危機（ステイクホルダーズ間の利害の対立の表面化）に陥った時に，何をなすべきなのか。既存の価値前提を放棄し，新たな理念を構築すること——これが組織人としての経営者の「最大の」仕事であり，会社自体への責任が問われていることへの回答ではないだろうか。

　これはミナマタの時代だけではなく現在においても突きつけられている課題である。例えば，2011年3月11日の大震災で東京電力の責任が問われている。これは，コトバにすると誤解を招くことになるが，原発の推進が国策であったことを考えると，「一」企業のレベルを超える問題（原子力ムラの存在の表面化など）であり，我々の日常の価値観（何を重要視し，何を捨てるのか，という選択の問題）に関わる事柄である。

　会社に倫理を問う，という行為は，会社は会社自体のものであり，会社は個人の集合ではなくそこにはそれを超えた意思が働いている，という事象を「倫理」という視点から確認する動きである。

　7ページで述べたように，企業の社会化には2段階があり，現在は第2段階の社会化に入っている。何故に，このような社会化の深化が生じ，あらためて倫理が問われるようになったのか。

　我々の社会は，市民社会が企業社会に浸食されそれらがオーバーラップする形で進展してきた。[47)]だが同時に，他方で，企業社会が市民社会とオーバーラップすればするほど，企業内は「治外法権」の場ではなくなる，という事態も進行する。企業の論理がそのままでは通用しなくなり，情報の開示が要求され，「会社の掟」が破綻する。

　このような社会的存在としての内実が変容する中では，企業が依拠する「基準・規範」も変化せざるをえない。なぜならば，企業は，それが独自の意思決定構造を有している限り，社会が要求する（新しい規範を含めた）社会規範を守る道

徳的主体として見なされても仕方のない存在であるからである。

　会社の行動の結果に対して，誰も（ヒトは）責任を取ることはできないのか？
誰か（ヒト）が責任を取るとすれば，それはいかなる存在であり，その存在
はどのような形で責任を取るのか？，等々。これらが，例えば，今我々に突き
つけられている課題である。

注

1)　例えば，『季刊　ビジネスレビュー』第39巻第3号，1992年のテーマは，社
　　会的存在としての企業である。

2)　広瀬幹好「日本企業と経営者の役割」（関西大学経済・政治研究所調査資料
　　第107号『現代社会における人間関係とリスク』2010年，所収），59ページ。

3)　Drucker, P., *Concept of the Corporation*, John Day Company, 1946. これに
　　ついては，下川浩一訳『現代大企業論（上）（下）』未来社，1966年として，翻
　　訳出版されている。なお，本章では，1993年発行のTransaction Publishers版
　　を利用している。

4)　Drucker, *op. cit.*, p. 130.

5)　Drucker, *op. cit.*, p. 5.

6)　Drucker, *op. cit.*, p. 20. 下川浩一訳『現代大企業論（上）』39ページ参照。

7)　Drucker, *op. cit.*, p. 6. 下川浩一訳『現代大企業論（上）』21ページ参照。

8)　下川浩一訳『現代大企業論（下）』第3章参照。

9)　Drucker, *op. cit.*, p. 20.

10)　Drucker, *op. cit.*, pp. 20-21.

11)　宮坂純一『新版 経営管理の論理』晃洋書房，1998年，139ページ。

12)　法人という装置は「社会的存在」を制度的に象徴している事象である。

13)　岩井克人『会社はこれからどうなるのか』平凡社，2003年および岩井克人
　　『会社はだれのものか』平凡社，2005年。

14)　岩井克人『会社はこれからどうなるのか』57ページ。

15)　同上。

16)　岩井克人『会社はだれのものか』17ページ。

17)　同上書，22ページ。

18)　同上書，22-23ページ。筆者は，会社自体説（会社は会社自体のものであ

る）について片岡信之『現代企業の所有と支配』白桃書房，1992年から多くの
ことを学び，岩井の2著から具体的なイメージをより明確に描けるようになっ
た。

19) これが「ビジネスの没道徳性神話」（The myth of amoral business）の崩壊
と呼ばれている。

20) フリーマン（Freeman, R.）のステイクホルダー・セオリーが代表的な見解
である。彼の最近の著作として，Freeman, R., Harrison, J. & Wics, A., *Managing for Stakeholders. Survival, Reputation and Success*, Yale University
Press, 2007がある。

21) 広瀬幹好「日本企業と経営者の役割」59-68ページ。

22) 田中一弘「企業は誰のものか」（伊藤秀史他『現代の経営理論』 有斐閣，
2008年所収）。

23) 広瀬幹好「日本企業と経営者の役割」68ページ。ただし，この「ステイク
ホルダー主権論」というネーミングには違和感がある。

24) 田中一弘「企業は誰のものか」263-297ページ。

25) 広瀬幹好「日本企業と経営者の役割」65ページ。

26) 滝久雄『貢献する気持ち』紀伊國屋書店，2001年。

27) どのステイクホルダーが，具体的には，「他人」に相当するのか。この場合
にはいかなるステイクホルダーであってもよいのであり，それ故に，「調整の
場」というコトバの持つ意味が大きくなってくる。

28) 田中は，株式会社制度の本質上，経営者が「株主」よりも原理的に（「第零
義的に」）優先してためを図るべき存在として「会社それ自体」があり，第零
義的には会社は会社それ自体のものである（田中一弘「企業は誰のものか」
295ページ），と述べているが，よく理解できない。この主張と田中が基本的
に依拠している伊丹敬之の発想（後述）の間にはかなりの「乖離」があり容易
に繋がらないように考えられる。

29) 田中一弘「企業は誰のものか」270ページ。

30) これについては，宮坂純一『ステイクホルダー行動主義と企業社会』晃洋書
房，2005年，第1章参照。

31) これについては，宮坂純一「ステイクホルダー・セオリーと従業員」（『社会
科学雑誌』第2巻，2011年）参照。

32) 会社によって所有されるのは，商品として売買される労働力である。その労
働力の行使が労働であり，労働は労働力の担い手である従業員を通じてのみ可
能である。そのために，従業員対策としてのHRMが必要になりきわめて重要

になる。従業員が特殊なステイクホルダーとして位置づけられるのにはそれなりの意味がある。

33)　中條秀治『株式会社新論』中京大学経営学部，2005年。

34)　株式会社の倫理問題に関しては法人実在説からのアプローチを採用することが重要な論点となる。……「法人実在説」の立場は企業倫理に関わる研究者や実務家から必要とされている。これは，「会社それ自体」を法的に処分するという議論とからむこれから大切となる論点となる（中條秀治『株式会社新論』194ページ）。

35)　同上書，102ページ。

36)　同上書，100ページ。

37)　同上書，101-102ページ。

38)　同上書，140ページ。

39)　中條は，「会社それ自体」に，3つの側面，すなわち，モノとしての側面，ヒトとしての側面，組織としての側面があることを指摘している（同上書，128ページ）。

40)　同上書，106ページ。

41)　同上書，91ページ。

42)　同上書，93ページ。

43)　本章では，これを企業社会契約の変化と呼んでいる。端的な事例を挙げれば，それは倫理綱領の普及に表れている。企業は倫理綱領を制定し開示しなければならない状況に追い込まれたのだ。もちろん，これがアリバイづくりへと転化し形式化していることも事実であるが，それは別の問題である

44)　ロシア語では，ステイクホルダーが2通りに表記されている。一方で，заинтересованные стороны（利害関心を持つ当事者）としてロシア語のままで表記され，他方で，ビジネス，マーケティング，マネジメントなどのように，欧米諸国の産物として見なされ「外来語」として使われстейкхолдерという表記で用いられている。この事例はステイクホルダーの意味や意義を考える場合に参考になる興味深い事象である。ちなみに，business ethicsに相当するロシア語として，этика бизнесаとделовая этикаがある。

45)　「水俣は問いかける」（『朝日新聞　夕刊』2011年6月21日）。

46)　経営者は，会社自体の代理人として，確かに佐高信が断じるように「人としてとことん悩」（「水俣は問いかける」（『朝日新聞　夕刊』2011年6月23日）むことは必要であろうが，それだけでコトは片付くのであろうか？

47)　これについては，宮坂純一『現代企業のモラル行動』千倉書房，1995年参照。

序章　「道徳的主体としての現代企業」の存在論的意味　　23

第1章　フレンチ「道徳的人格」論vs.ラッド「ビジネス＝ゲーム」論

1　企業道徳的主体説の登場

　ビジネス・エシックス (Business Ethics) という学問領域がある。これは，ビジネスの世界に倫理（特に，宗教倫理学の教え）が持ち込まれるようになってきたという時代の流れの中で，また企業の社会的責任という考え方を源泉として，そして哲学の触媒としての働き（規範哲学の復興）を得て，1985年に，1つの学問として成立した。[1] このビジネス・エシックスは，それが学問として市民権を獲得する過程で，幾つかの重要な概念を生み出している。「道徳的主体としての企業」はその代表的なものであり，その意味をめぐって論争が繰り広げられた。

　本章では，論争の発端となったフレンチ (French, P.) の「企業道徳的主体説」の概要を整理し，その後「企業道徳的主体」を否定するラッド (Ladd, J.) の考え方をまとめる。ただし，問題点を明確にするために，オザー (Ozar, D.) の見解を挿入している。いずれも，特に，フレンチの所説は，あえて簡潔にまとめている。これは，彼が多作でありそれらを限られた字数で要領よく整理することが「困難である」ことも一因しているが，何よりもまず本章に続く章で，彼らの言説が繰り返し引用される構成になっているためであり，この段階ではそのエッセンスを提示するだけに留めておく方が論争全体を理解するには「有効な」方法であろう——逆に言えば，詳細に紹介すると却って煩雑になる——

と判断したためである。

1-1　フレンチの「道徳的人格」論

　企業と人間の類似性に着目した発想は古くからある。その中の1つとして，企業（に代表される組織）主体は明白な意図を有した行為者であり，それが故に，それは道徳原則やルールが適用される完全な対象として見なされるべきである（したがって，企業は自分がしていることあるいは失敗したことに対して道徳的に責任を取りえる），と主張する立場がある。それがコーポレート・モラル・エージェンシー・セオリー（別名，「道徳的人格（モラル・パーソン）としての企業論」）である。この最も純粋なタイプが，1979年に，フレンチによって主張された。企業は単なる「法人」ではなく，企業は「生身の」人間と同じように道徳的主体である，という考え方がそれである[2]。

　フレンチの発想は，簡潔に要約すると，次のような論法からなっている。もし企業が主体であるならば，それは同時に道徳的主体でもある。なぜならば，主体であるモノはすべて道徳的主体であるからである。したがって，企業が果たして主体であるのかを証明することが課題となってくるが，その証明は難しいことではない。というのは，「主体＝意図を持って行動する存在」という方程式がすでにあるからである。そしてこの方程式を前提とするならば，企業は意図を持って行動していると考えられるために，企業は道徳的主体である，という結論が導き出される[3]。

　ここに，フレンチ流の「企業道徳的主体論」が成立するか否かは，冒頭でもすでに触れているが，「企業に意図がある」ということを証明できるか否かにかかっていることが分かる。この点，フレンチの考えでは，企業の行動は企業自身によって意図されたものであり，それ故に，企業は独自の意図を持つ主体（agent）である。なぜならば，すべての企業が企業内意思決定構造（Corporate Internal Decision Structure：CID構造）を有しているという「事実」によって，そのような企業の意図を証明できるからである。

　そのCID構造は2つのものに象徴的に示されている[4]。1つは組織フローチャートであり，もう1つは，真の企業決定は何か，を認識するための手続きであ

る。このようなCID構造はルールという観点からも把握することもできる。意思決定（組織）ルールと（企業の基本的な信念ないしは政策を示す）政策・手続きルール。フレンチによれば，企業の行動に意図があるということは，一定の企業構造のもとで多数の構成員が審議し熟考に熟考を重ねていることそして企業の方針に示されているように企業行動には「理由」が存在していることから必然的に導き出されてくる結論である。

　意思決定機構としてのCID構造を有するが故に，フレンチによれば，企業は主体であり，したがって，「完全な道徳的人格として見なされるべきであり，通常の場合に道徳的人格に付与されている特権，権利そして義務を有することができる」[5]。

　このフレンチの発想に対しては，企業は人間には認められている投票の権利を付与されていない，という点で，人間とは異なる存在である，という単純な批判から，意図の有無によって企業の主体性を認めることはできない，という根本的な批判まで，様々な批判が提起されてきた。特に，企業がその企業のルールに従って行動しているとすれば，そのような行動には（ゲームの規則に従って動いているプレイヤーと同じように）意図があるとは言えないのではないか，という批判，そしてまた，ネズミを獲る猫の行動やソートするコンピュータの動きにはある種の意図が認められるが，それらを道徳的主体として見なすことはできない，という批判は決定的なものである。事実，それらはフレンチの発想の矛盾を示すものとしてよく例示されている[6]。これらの論点を企業道徳的主体論争を追体験することによって整理することが次章以降の目的である。

　それらの論点の中でまず第1に取り上げるべきものは，企業は自然人とどこまで同一視できるのか，という議論である。というのは，フレンチの道徳的主体論の前提には「企業は"生身の人間"と同じように道徳的人格として見なされる」という発想があったからである。その後の論争において道徳的人格と道徳的主体という概念をめぐって議論が展開されていったのは必然的な成り行きであった。

第1章　フレンチ「道徳的人格」論vs.ラッド「ビジネス＝ゲーム」論　　27

1-2 オザーの「道徳的主体」論

　道徳的人格（性）と道徳的主体（性）の相違を，権利問題に注目して，明確に展開したのがオザーである。この問題に関しては，1979年の論文「コーポレーションの道徳的責任」が参照されることもあるが，本章では，1985年の論文「コーポレーションは道徳的権利を有するのか？」を中心に論点を整理する。[7]

　オザーは自らの立場を次のように語っている。「近年数名の研究者（最も著名な人物はラッドである）が，コーポレーション〔以下，「企業」と表記することがある〕は道徳的主体とはなりえない，企業はただ単にそこに巻き込まれているヒトという道徳的主体の複雑な道具であるにすぎない，と論じている。もしこのアプローチに立つならば，企業は道徳的権利も契約上の権利も持つことはありえない……。しかし，フレンチ，スミス（Smith, M.）そして私を含めた多くの研究者たちは，企業を道徳的主体として考えることには意味がある，と論じている。我々は，まさしく，集団的な道徳的主体という概念を用いないならば，そしてまた企業は，通常の状況のもとでは，この事例である，ということ認めないならば，企業に帰属される行為を我々の通常のコトバで適切に記述することは不可能である，と主張してきたのだ」（傍点原文。原文ではイタリック表示）。

　オザーは自分たちの立場を「構成的規則（constitutive rules）アプローチ」と統一的に命名している。その理由は，「コーポレート・モラル・エージェンシー（以下，「企業道徳的主体性」と表記することがある）」概念がフレンチ，スミスそしてオザーによって共同で提起されたわけでもなくまた時期的にもバラバラに展開されてきたという経緯にもかかわらず，彼らは，企業は単独の道徳的主体として見なされる存在である，という点で一致しているからである。何故に，そのような命名が生まれたのか？　それは，第1に，社会的規則の体系が存在し，それによって，個々の人々によって遂行される諸々の行為が，単独の実体としての企業の行為として存在するように，構成されるからである。そして第2に，単独の実体としての企業の行為となるように構成された行為には，個々の人々の行為に見出すことができる自発性や選択ときわめて類似する特徴が見られるからである。

　オザーの独自性は，構成的規則アプローチという共通の枠内で，「企業は，

社会的規則の体系が存在しているために，全体として言えば道徳的主体として存在する。……企業は，それがそれ自体の性質上有している特徴の故に，道徳的主体である，というわけではない」と主張する点にある。道徳的主体の具体的内容に即して言えば，道徳的権利の見直しがオザー説の独自な視点であり，「契約上の権利」がキーワードである。

　オザーは次のように論じている。「企業は協定の力を借りて存在し行動する。企業が有している権利がいかなるものであろうとも，企業は，それらの権利を創り出し生み出した構成的規則のゆえに，それらを有している。そのような規則は，それらが受け入れられているために，すなわち，協定の力を借りてのみ存在する。私〔オザー〕は企業道徳的主体性は正しいと考えているが，そうであるとしても，企業は契約上の権利だけを有しているにすぎない。それ故に，企業は道徳的権利を有するものではない」。ここには，企業が有する権利は社会が必要に迫られて受け入れた社会的な規則に則ってつくり上げた便宜上の権利にすぎない，という理解がある。

　企業は純粋に契約上の存在であり，それ故に，道徳的権利を有するものではない。したがって，企業は道徳的主体であるが，道徳的人格ではない。これがオザーの結論である。

2　企業道徳的主体「否認」説

　「ビジネスは1つのゲームであり，それゆえにモラリティの要求から絶縁されている[8]」。これは実務家たちがよく口にしてきたコトバであるが，このことを1970年代に入って積極的に主張しその根拠を明らかにしようとした人々がいる。これが，フレンチに代表される「道徳的人格説」とは逆に，企業の道徳的主体性を否定するアプローチである。ラッドのアイデアはその代表的な1つであり，「フォーマル組織におけるモラリティと究極の目標としての合理性」("Morality and the Ideal of Rationality in Formal Organizations")（1970年）が彼の考えを明確に示したものとして有名である。

企業の道徳的主体性を明確に否定する論者として，ラッド以外にも，カー（Carr, A.），キーリィ（Keeley, M.）が知られている。本章では，カーについては割愛し，第4章でキーリィを取り上げている。

　この（「企業道徳的主体論争」が始まる契機となった）ラッドの論文は「古典」としての存在となっている。以下，必要に応じてラッドに批判的なヘックマン（Heckman, P.）および他の文献を参照する形で，ラッドの主張を整理しその特徴そして問題点を浮きぼりにしてみたい。

　ラッドによれば[9]，モラリティという言葉は論理的には（企業に代表される）フォーマル組織に当てはまらない（より具体的に言えば，モラリティという言葉はビジネスの目的の達成にとって相応しくない）のであり，道徳基準を組織行動そしてその中の人間の行動に適用することは完全に誤りである。ラッドは，この結論に，ゲームの性質を熟考することによって，達したのであり[10]，言語ゲームという概念（あるいはビジネスをゲームとして見なすこと）がフォーマル組織の特徴を明らかにする「有益な分析道具」となっている[11]。

　言語ゲーム（1anguage-game）とは何か？　それは，ラッドによれば，「言語と行動から構成され織り上げられた全体」として定義されるものであり，「言語ゲームは……フォーマル組織を構成する諸々の命題の抽象的な1セット以上のものである[12]」。これは少々分かりにくい概念であるが，井上達夫の言葉を借りれば[13]，言語ゲームとは共通の目的のために共通の行動計画が一定の（前提条件としての）諸規則に従って遂行（実現）される「儀式共同体」である。したがって，ラッドは，フォーマル組織という特定のゲームの内容がそれに固有な一定の規則（言葉）によって規制されている，ということを強調するために，あえて単なるゲームと言わずに言語ゲームという概念を援用したのではないかと解される。

　言語ゲームは，一般的には，ラッドによれば，次のように説明されている。「ゲームは何をすべきか何をすべきでないかを決定するだけでなく，目標とそれが達成される動きも定めている。そしてより重要なことに，特別な言語ゲームはその中の活動がどのように概念化され規定され正当化され評価されるかも

決定している」，と。その例として取り上げられているのが「チェスの中でgoodな動きとして考えられているもの」である。「我々はどう動けるのか，その結果はどうなるのか，目的は何か，その目的から見てそれはgoodな動きなのか，を決め」ているのは「チェスのルール」である。「結局は，ルールの体系が，ゲーム自体を決めるという論理的な機能を遂行している[14]」。さらに言えば，「ゲームの中で通用している規則や正当化はその活動を論理的に自治的なものとしがちなのであり」，また「いかなる場合でも，ゲームの規則には……一種の神聖さが付きまとうのであり，それによってゲームに従事している人々は」外部からの「批判に対して免疫ができてしまったのである[15]」。

　そしてラッドの解釈では，フォーマル組織という言語ゲームは（チェスや野球のような）他のタイプのゲームの言語ゲームときわめて類似している。そして，活動の自律性とゲームを支配するルールがもたらす免疫性がフォーマル組織にも完全に当てはまっている。以下このことをラッドの主張に沿ってより具体的に検討していくことになるが，そのためにはフォーマル組織について明確なイメージを持っておくことが必要である。

　フォーマル組織とは何か？　ラッドによれば[16]，そのような組織の特徴は，公的な資格（in one's official capacity）としての個人の行動と私的な資格としての個人の行動が明確に区別されていることにある。組織内の個々の意思決定者の決定は個人ではなく組織に属するものであり，その意味で，それは没個人的なものである。この没個人性（個人の置換性）が，フォーマル組織を，その他の社会制度（例えば，ファミリー・コミュニティなど）から区別している。

　フォーマル組織をサイモン（Simon, H.）に依拠して「意思決定構造」と見なすラッドにとって重要なものは「組織に属する決定（あるいは行動）」である。それは，たとえ現実にはそれが一定の個人によってなされるとしても，組織の決定である。彼らは組織のためにそしてそれを代表して決定を行っているのであり，彼らの役割は没個人的なものである。決定は組織の目的に沿って行われるのであり，個人的な関心ないし信念をベースとして行われるのではない――これが組織的な意思決定の論理である。ラッドはそのような決定を社会的決定（あるいは社会的行動）と呼んでいる[17]。

第1章　フレンチ「道徳的人格」論 vs. ラッド「ビジネス＝ゲーム」論　　31

ラッドの社会的決定（社会的行動）概念は次のことを意味している。すなわち，人間は自己のものではない（自分自身に帰属するのではい）決定を行うことができるのだ，と。彼は次のように述べている。フォーマル「組織秩序は，その社会的決定が一個人の意思決定者ではなくむしろ組織に帰属することを要求する。決定は，その組織的効果そしてその組織的目的との関連の観点から，非個人的になされるのであり，職員は，その代理人／主体（agent）として，没個人的な組織秩序に恭順となり自己の選択を捨て去ることを要求される[18]」。

　ラッドにあってはフォーマル組織における目的の意味が特に重要視されている。ラッドによれば，フォーマル組織の「他の社会的組織から区別される」特徴の1つは，それが「特殊な目的を追求するために慎重に構造化され再構造化されている[19]」という点にあり，それが組織的な言語ゲームの本質的側面の1つである。このことは，ラッドによれば，組織の現実の目的が，意思決定をするための，すなわち，組織自体の行動と決定を明確にしかつそれを正当化するための，ベースである，ということを意味している。組織が決定を行い，それを正当化し評価する中で用いられる価値前提を提供すること，それが目的の論理的機能である，と。

　このことは，組織の目標と関連のないことを考慮に入れるという行為はすべて組織的な意思決定プロセスにとって無関係なものとして自動的に排除されることを意味している。ここから，組織の活動（決定）を評価する唯一の基準は，現在与えられた条件のもとで，その目的をいかに効果的に達成するか否かである，との結論が導き出される。これが「合理性」と言われるものである。

　かくして，ゲームにおいては，ラッドによれば，ある決定（行動）を評価する基準は，それが組織目標をいかに有効に達成しているか否かということ（「合理性」）である。ただし，ある決定を行う場合には考慮しなければならない現実的な条件が存在している。それは，組織的意思決定にあたって考慮されなければならない「データ」としての経験上の知識であり，資源，設備，人材の有無などがそれに相当する。ラッドは，それを，組織の機能の上限を定めるという意味で，「機能制約条件」と呼んでいる[20]。

　モラリティ（モラルを考慮に入れること）が組織的な社会的決定にとって何らか

の意味があるものになることがあるとすれば，その「唯一の途」は，それが機能制約条件になることであろう。ラッドによれば，しかしながら，厳密に言えば，そのようなことはありえない。なぜならば，モラリティは経験上の事柄（知識）ではなく，「倫理的な」前提であるからである。言い換えれば，モラリティは，組織的な意思決定の中では，何を動かすかの決定にとって不適切なものとして排除されなければならないものなのである。

　ここには，「社会的決定はモラリティの原則に支配されていないし支配されないのであり，あえて言うならば，それは，個人としての個人の行動を支配しているものとは異なるモラル原則に支配されている」，との理解がある。なぜならば，サイモンも述べているように，「私経営においても，その決定は，公経営と同じように，組織のために設定された目的をその倫理的前提として受け入れなければならないからである」[21]。

　組織の目的にとって関係あるものであるか否か——これが，合理的な意思決定において唯一の適切な原則である。ここから，組織のためにその名前でその代表として決定を行う個々の組織人は組織の目的だけを参照することによって決定しなければならない，ということになる。

　この理論に従えば，組織人 (officers of an organization) である個人（経営する人々）は組織の単なる歯車あるいは道具として機能しているにすぎない存在である。組織の言語ゲームが，彼らがそのように扱われることを要求するのである。なぜならば，少なくとも原則的には，いかなる個人も彼がいなくとも済むからであり，他の者によって置き換えられるからである。個人は，ただ効率を基盤としてまた組織の利益に最もサービスするか否かを基盤として，ある地位に抜擢され，そこに留まり，あるいはそこから解職される。それに関与する人々の個人としての利益や欲求は，それらが機能を制限する条件をつくり出さない限り考慮されないのである。

　かくして，論理的には，組織行為に通常のモラリティ原則に従うことを期待することは正しくないことになる。ラッドによれば，フォーマル組織にあるいは公的な資格で行動するその代表者に，正直であること，勇気を持つこと，思いやりがあること，同情心を持つことあるいは何らかの道徳的資質を持つこと

第1章　フレンチ「道徳的人格」論vs.ラッド「ビジネス＝ゲーム」論　　33

を期待できないし，また期待してはならないのだ。そのような概念はいわば言語ゲームのボキャブラリーの中に入っていないのである（我々はそれらをチェスのボキャブラリーの中にも見出すことができない）。したがって，通常の道徳基準に従えば誤りである行動が組織にとってはそうではないこともあり，時にはまさしくそのことが要求されるかもしれないのである。例えば，秘密主義，スパイ行為，だましなどの行動によって，その組織行動をbadであると見なすことはできない。それらはむしろ正しく適正であり，それらが組織の日的に役立つならば，まさしく「合理的」なのである。フォーマル組織は道徳的人格ではなく道徳的責任を持たない。それゆえに，それは道徳的権利を持っていないのであり，特に，自由あるいは自律性に対して道徳上の権利を有していない。フォーマル組織に対して強制力を行使することには―――個人に対してそのようにすることはbadであるが――道徳的には，badであることは何もないのである。

　これまでの議論の流れに立てば，結論は次のようなものとならざるをえない。「行動は2つのまったく異なり時には両立しえない基準に律せられている。社会的行動は合理的な効率性（効用）という基準に従うが，個人の行動は通常の道徳基準に従う」。そのために「これらの基準の1つの観点から見て正しい行動も他の観点から見れば誤りかもしれないのだ」。「我々自身の経験も，我々の現実の期待や社会的評価がほとんどダブル基準を暗黙のうちに受け入れていることに基づいていることを立証している[22]」，と。今日の高度に組織化され（そして功利主義的な）社会では，多くの人々は，個人として，2重生活を送らざるをえないのであり，「我々は，2つの異なった両立しがたい基準に我々自身を順応させるために，我々の生活を区分しようと試みている。しかしながら，多くの場合，組織的な（あるいは功利主義的な）基準が優勢になりがちなのである[23]」。

　したがって，「個人としての我々の行動は益々社会的行動へと包含されるのであり，我々は我々の決定のためのベースとして社会的基準を用いることになりその基準で我々の行動を評価しがちとなる。その結果，個人自身の決定や行動も人間としての自分自身から独立したものとなり，他のもの，すなわち組織の決定や行動となる。そしてそれらは個人の決定ではなく社会的決定となる[24]」。そのような社会的決定はもはや「彼のもの」ではなく，他のもの，すなわち組

織ないしは社会によって所有されているものに転化している。

　これは，ラッドによれば，マルクス主義の疎外概念が当てはまる1つの現象である。個人は，自己の行動が社会的決定へと転化するにつれて，それから疎外され，他の人々から疎外され，モラリティから疎外される。個人は，アドミニストレータの（あるいは功利主義的な）観点を採ることによってそして自己の行動を失うことによって，人間性を失い道徳を失っていく。モラリティは本質的には個人としての人々の間の関係であり，ヒトは，それを失うことによって，自分自身を失うのである。

　以上のようなラッドの主張に対しては様々な批判がありうるし，また事実行われてきた。そのような批判の検討が次章以降の課題の1つであり，この段階では，その準備作業として，ラッドの主張を，その「問題」点を明確にする意味をも込めて，2つの点で整理しておこう。

　第1は，ラッドの発想に従えば，企業がbadな行動を取ることは論理的にありえないことになる，ということである。ラッドは次のように述べている。「船を浅瀬に乗り上げた海軍士官は軍法会議にかけられる。なぜならば，彼が行ったことは組織目的と一致していないからである。その行動は海軍というよりはむしろ彼に属することになる。他方，組織の目的に沿って村に爆弾を落としすべての村民を殺した士官は，社会的行動，すなわち，個人としての彼ではなく組織に属する行動を遂行している」。したがって，彼の行動は正当なものとして評価される。

　会社の行動（社会的行動）とは，ラッドによれば，会社の目標を視野に入れてその目標の達成に成功することであり，goodかbadかの区別は会社の目標達成によって決定される事柄である。またラッドにあっては，目標の達成に失敗した行動は個人の行動とされるために，会社の目的を達成する行動はいかなるものでもgoodである，ということになる。したがって，ヘックマンの表現に従えば，ラッドの分析では，「すべての企業行動はgoodである，という耐えがたい立場に立つことになる」。

　第2に，ラッドは，我々には企業の目的を批判する能力がない，ということを前提にして，分析を進めている。つまり，ラッドによれば，我々はある行動

が目標と関連しているか否かを評価できるにすぎないのであり，その目標自身を評価できないのである。したがって，次のようにたとえられることになる。「会社の目標は，イースター島のステイタスのように，あたかも空から降ってきたかのようなものであり，無言のそして深遠な女神であり，我々はただ黙って従うだけなのだ[27]」，と。これは，当然のこととして，「企業自体を批判する」根拠を否定することであり，我々からそのような批判能力を奪うことになって[28]しまうことに繋がっていく。

　このラッドの見解は「ビジネス＝ゲーム論」として評価されている。なぜならば，彼は，ビジネスをゲームとして見なすことによってフォーマル組織の特徴を明らかにし，その結果として，モラリティというコトバが論理的には（企業に代表される）フォーマル組織には当てはまらない（正確に言えば，モラリティというコトバはビジネスの目的に相応しくない）こと，したがって，企業を道徳的主体として見なすことはできない，ということを主張したからである。

　また，ラッドの所説では，企業はその構造そのものによってコントロールされ，企業には自由意思が存在しない（道徳上の自由を行使することができない）ということを根拠として，企業が道徳的主体であることが完全に否定されている。そのために，ラッドの見解は後にドナルドソン（Donaldson, T.）によって「構造制約説」として命名されている[29]。

　そのドナルドソンはラッドの見解を次のような形で整理している[30]（詳細は第6章参照）。

（1）　企業はフォーマル組織の一種である。

（2）　フォーマル組織は，定義上，特殊な目標（例えば，利潤）を最大限に達成するために行動しなければならない。

（3）　特殊な目標を最大限に達成するということは道徳規範に従って行動するということを認めないことである。

（4）　道徳規範に従って行動できることは道徳的に主体となるための必要条件である。

（5）　企業は道徳的主体となりえない。

　このようなラッドの立場に対しては，論争の中で少なからざる研究者が異議

を唱えている。例えば，上掲のオザーもその1人であるが，より直接的に反論した人物としてグッドパスター（Goodpaster, K.）[31]が有名である。ただし，本書では，各章編成の関係上グッドパスターの所説が本書の流れと「ズレている」こともあり，彼の所説に1つの章を設けて言及するのではなく，他の研究者の主張を紹介する中で，グッドパスターに触れている。

注

1) DeGeorge, R., "The Status of Business Ethics: Past and Future", *Journal of Business Ethics,* 6-3, 1987.

2) French, P., "The Corporations as Moral Agency", *American Philosophical Quarterly,* 16, 1979. これは，French, P., "Corporate Moral Agency" として，Hoffman, W. & Moore, J. (eds.), *Business Ethics,* McGraw-Hill, 1990に転載されているので，本書ではその論文を利用している。フレンチには，例えば，French, P., *Collective and Corporate Responsibility,* Columbia University Press, 1984; French, P., Nesteruk, J. & Risser, D., *Corporations in the Moral Community,* Holt Rinehart & Winston, 1992; French, P., *Corporate Ethics,* Harcourt Brace, 1995など，多数の著作がある。1995年以降のフレンチの所説については，杉本俊介「企業の道徳的行為者性を巡る論争」『哲学の探究』第34号，2007年参照。また，この論争に関連した邦語文献として，例えば，有岡繁「企業倫理をめぐる法と経営」『山口経済学雑誌』第43巻第6号，1995年；井上兼生「法人と責任——法人企業における道徳的責任の問題を中心として」『千葉大学社会文化科学研究』第6号，2002年；伊勢田哲治「集団的責任論と人格としての企業」『社会哲学研究資料集II』，「21世紀日本の重要諸課題の総合的把握を目指す社会哲学的研究」研究成果報告書，2003年；佐藤暁「企業と道徳性」『東京大学大学院人文社会系研究科・文学部哲学研究室応用倫理・哲学論集』2006年；杉本俊介「企業はそれ自体で道徳的責任主体であるか」日本経営倫理学会経営倫理教育研究部会2011年度例会；杉本俊介「企業の道徳的行為者性を擁護する：デイヴィッド・ゴティエの理論を応用する試み」（http://researchmap.jp/?action=cv_download_main&upload_id=43417 アクセス 2016/02/24）がある。

3) French, "Corporate Moral Agency", pp. 194-208.

4) Werhane, P. & Freeman, R. (eds.), *The Blacwell Encyclopedic Dictionary of Business Ethics,* 1997, pp. 148-151. この箇所はフレンチが執筆してい

る。

5)　French, *op. cit.*, pp. 194.

6)　Donaldson, T., *Corporations and Morality*, Prentice Hall, 1982, pp. 22-23.

7)　Ozar, D., "The Moral Responsibility of Corporations" in Donaldson,T. & Werhane, P. (eds.), *Ethical Issues in Business: A Philosophical Approach*, 1st ed., Prentice Hall, 1979; Ozar, D., "Do the Corporations Have Moral Right", *Journal of Business Ethics*, 4, 1985, pp. 277-281.

8)　Heckman, P., "Business and Games", *Journal of Business Ethics*, 11, 1992, p. 923.

9)　Ladd, J., "Morality and the Ideal of Rationality in Formal Organizations", *The Monist*, 54-4, 1970. この論文は現在DL可能である。ただし，本章では，Donaldson, T. & Werhane, P. (eds.), *Ethical Issues in Business: A Philosophical Approach*, Prentice Hall, 1983に転載された資料を利用している。以下はラッドの主張を本章なりに整理したものであり，特に注記しない場合がある。

10)　Heckman, *op. cit.*, p. 933.

11)　Ladd, *op. cit.*, p. 128.

12)　*Ibid.*

13)　井上達夫『共生の作法』創文社，1991年，252-256ページ。

14)　Ladd, *op. cit.*, p. 127.

15)　Ladd, *op. cit.*, p. 128.

16)　Ladd, *op. cit.*, pp. 129-131.

17)　Ladd, *op. cit.*, p. 130.

18)　*Ibid.*

19)　Ladd, *op. cit.*, p. 133.

20)　Ladd, *op. cit.*, p. 129.

21)　Simon, H., *Administrative Behavior*, 2nd ed., Free Press, 1965, p. 52.

22)　Ladd, *op. cit.*, pp. 133-134.

23)　Ladd, *op. cit.*, p. 134.

24)　Ladd, *op. cit.*, pp. 134-135.

25)　Ladd, *op. cit.*, p. 135.

26)　Heckman, *op. cit.*, p. 937.

27)　*Ibid.*

28)　*Ibid.*

29) Donaldson, T., *Corporations and Morality*.

30) Donaldson, *op. cit.*, p. 21-22.

31) Goodpaster, K. & Matthers, J. Jr., "Can a Coroporation Have a Conscience?", *Harvard Business Review*, 1982 (Jan.-Feb.); Goodpaster, K., "The Concept of Corporate Responsibility", *Journal of Business Ethics*, 2, 1983.

第2章　ダンリーのマシン・モデル論

1　ダンリーの立場

　ダンリー（Danley, J.）の1980年の論文[1]は次のような一文から始まっている。フレンチ（French, P.）が，「コーポレーション〔以下，「企業」と表記することがある〕を，道徳的コミュニティのメンバーとして伝統的に認知されてきた居住者（生物学的な意味で人間）と対等に地位するメンバーとして，受け入れる」立場を支持する論文を公表し，その評判が次第に高まっている，と。このような流れは，ダンリーによれば，「我々が，道徳的責任を企業に合法的に帰することができるという主張を受け入れる」ことを意味する以外の何ものものでもない。フレンチのコトバを使えば，「企業は一人前の道徳的人格として扱われるべきであり，それ故に，普通の状態のもとで，道徳的人格に与えられている特権，権利そして義務をすべて有する」，との理解が一般化しつつある。

　このような流れをダンリーは次のように評価している。現在，リアルな人格への（人種，信条，性，国籍などに基づいた）偏見に対する通常の攻撃に満足せず，別の新しい地平を切り開こうとしている人々がいる。フレンチはその1人であり，しかもフレンチの「闘いは，リアルな人格を超えて，特別な種類の虚構人格（personae fictae），法人，すなわち，企業に対する差別を排除することにまで，広がっている」，と。そして，ダンリーは，そのような現状を踏まえて，この新しい「企業自由化運動」を急いで支持する前に，ちょっと止まり，少し

41

考えてみようではないか，と提案している。

　ダンリーの立場を，彼の文章を引用する形で，あらかじめ紹介すると，次のようになる。「企業は道徳的コミュニティに入れられるべきではない。企業には一人前の道徳的ステイタスを与えるべきではない」。「フレンチから提示されたコーポラティスト構想（corporatist program）は我々の道徳的秩序の論理を深刻な形で乱すことになるだろう。コーポラティストの立場は，実質的には利益をもたらすことはないが」，逆に，「生物学的な人格の二流の市民という状態への格下げを必然的にもたらすことになろう」。

2　伝統主義者vs.コーポラティスト

　我々が，普段，企業は何らかの罪深いあるいは慈善的行為に対して責任がある，と話していること自体は，ダンリーにとっても，疑いのない事実である。ダンリーの疑問はここから始まる。我々は，いかなる意味で，どのタイミングで，そのような事柄を話しているのか？，と。そしてこの点で大いに参考になる解釈が，ダンリーによれば，引き起こされた出来事あるいは事態が主体によって意図されていた場合に，我々は責任を論じている，という理解である。

　責任概念をこの意味で用いて議論するならば，「伝統主義者（traditionalist）はすでに勝利を手中にしているように思われる」——これが（伝統主義者でもある）ダンリーの解釈である。いかなる理屈をこねようとも，「集団という実体は決して意図できるという種類のものではないのである。企業内の個人は意図し切望し悪意を抱くなどできるが，企業はできない。私のような伝統主義者は，人格だけが，すなわち，特別な肉体や精神的な特性を備えた実体だけが道徳的に責任を問われる，と主張する。企業はそれらの特性を欠いている。伝統主義者にとっては，企業が責任を問われると話すことは企業内のある個人が責任を問われるということを言葉を省略して曖昧に話すことである。この点に関しては，この1点だけではあるが，フリードマン（Friedman, M.）が間違っているとは思われない」。

　コーポラティスト（corporatist）たちは，ダンリーによれば，相も変わらず時

代がかった論法をくじけることなく発表し続けてきた。フレンチもその1人であるが，ダンリーはフレンチの議論の細部に踏み込まず，コーポラティストとしての立場の理論展開を次のように評している。「フレンチの理論は」そのような立場を「代表する」ものであり「最も強力なしかも洗練された理論を」展開している，と。「フレンチは集団的責任の領域で多年にわたり業績を積み上げてきた。彼の戦略は"責任"の伝統主義者的分析を受け入れ，ある意味において"意図"を企業に帰属させることができることを示そうとする」ことであった。

　ダンリーの解釈を続ける。「企業の"意図"についてなるほどと思わせるための鍵」として選ばれたのがフレンチが企業内意思決定構造〔以下，「CID構造」と表記する〕と呼んだものであった。CID構造は，企業内のある個人の行動を企業の行動として特徴づけることを可能にする（「ライセンスを与える」）ものである。その見解は複雑であるが，CID構造はお互いに関連ある2つの要因から成り立っている。

(1) 企業のパワー構造内の地位とレベルを示している，組織あるいは責任のフローチャート

(2) 企業の意思決定承認規則

　これらについて，ダンリーはフレンチに倣って次のように説明している。「組織フローチャートは企業の意思決定に文法を提供するし，承認規則はロジックを提供する。組織フローチャートの目的は，企業の決定のためにどの手続きが適用されるのか，誰がその手続きに参加すべきなのか，を示すことである。承認規則には，我々が聞いているところでは，2つのタイプがある。第1の承認規則は手続きを認めたものであり，部分的には，組織チャートに組み込まれているが，それよりも曖昧さがなくなり，総体としては指示である。第2の承認規則は，主として，企業の政策に表現されている」。

　ダンリーの文章をさらに続けてそのまま引用する。「CID構造の面倒な装置を使うと，行為は2つの方法で説明されることになり」，フレンチによって，次のように主張されている。

第2章　ダンリーのマシン・モデル論　43

「その1つは"エグゼクティブXはyをしている"であり，もう1つは"企業C はzをしている"である。企業の行為と個人の行為は異なる特性を有していると 考えられる。というよりも，実際には，それらは，たとえ切り離せないものでは あるとしても，因果関係的に異なる先祖（causal ancestor）を有している」。

そして，この結果は，ダンリーの想定では，以下のようになる。2つの説明 が同一ではないことがコーポラティストとしての立場にとって決定的に重要な 意味を持っている。"企業Cがzをした"ということは"エグゼクティブX， YそしてZがyをすることに投票で決定した"と述べることに，たとえyとz が同じものであったとしても，還元されないのだ。それらが同一ではないもの であるために，恐らくは個人だけに責任を帰することはできないであろう。個 人の行為は企業の行為にとって必要ではあるが，それとまったく相等しいもの ではないのである。

フレンチに従えば，（組織図に記載されている）ヒトが組織図ならびにある承認 規則によって規定されている所定の手続きに従いそしてさらに別の承認規則 （企業の政策）に則って行動している場合に，我々は，その行為を，企業の行為 として，意図的な企業行為として，再記述（redescribe）することができる。

この事例に対して，ダンリーは幾つかの疑問を提起している。まず第1に， フレンチが組織図として何を意味しているのかが明らかではない，と。ダンリ ーの説明を聞くことにしよう。フレンチの事例はビジネスのテキストや企業政 策マニュアルに見られるような，1ページに収まるように整然と整理され記載 された黒い線と箱であるために，ヒトは，一度頭に入れたその図解が当該組織 そのものである，という印象を押し付けられる。もしそうであるとすれば，そ こには重大な問題がある。というのは，ほとんどすべてのヒトが企業の現実が この世のものとは思えない黒い線と箱の世界から逸脱していることを認識して いるからである。フレンチは，多分，企業のマネージャーが行った決定が組織 図と一致していない場合，それは企業の決定ではない，と主張するだろう。

「企業の決定ではない」とすることは「最善の策」かもしれないが，その場 合，多くの決定が厳密には企業の決定ではなくなることになろう。この基準が

使われるならば，行為する企業はほとんどいなくなる。これは，ダンリーの理解では，CID構造がどの行為が企業の行為でありどの行為が企業の行為ではないのかを決定する規範的な基準としての機能を失い始めていることを意味している。それ故に，フレンチは組織図についてよりポジティブな解釈（すなわち，フローチャートが実際の手続きや権力を有するヒトを現実に即して把握していると納得させる解釈）を必要としている。ダンリーによれば，企業内の権力を持ったあるヒトが企業内の他のヒトをして何かを実行させるようにできる（マネジメントできる），あるいは企業外部のヒトに企業の行為として受け入れさせることができる，ということ——これが，ポジティブな解釈では，企業の行為である。しかしながら，CID構造を前提にしている限り，そのように修正することは困難である。この点で，CID構造は，ダンリーの解釈では，ジレンマの中に立たされている。

　ダンリーによれば，他にも（第2の）問題がある。定款（corporate charter）がCID構造の基本的な要因であるとされていることは論を俟たない。近年では，一般的な法人格を付与する設立許可書（incorporation charter）が，そこには組織図の幾つかの側面と少数の承認規則が記載されているが，「合法的な目的」のためにビジネスに従事する企業に対して提示される白紙の用紙（blank tablet）と大差ないものとなっている。これらは甘い承認規則であるが，それでもフレンチの発想では「適切」である。ここで，ダンリーは次のように問題を提起する。「取締役会が非合法的な活動に従事することを全会一致で採択した時，〔非合法的な活動に従事するということ〕以外はCID構造のすべてのアスペクトが守られていた，と仮定しよう。この決定は，定款（CID構造の一部分）によれば，不可能なものである。そのためにこのような行為を企業の行為として記述できない。ここから導き出される結果は，企業は決して非合法的に行動できないことになるのだ，ということである。堕落した人間が罪を犯さないことはありえないことではないという聖アウグスティヌスの教義と異なり，企業が罪を犯すことはありえない，というのがフレンチの教義である」。

　これらは，ダンリーによれば，「フレンチの提案に向けられるであろう多くの疑問の2つにすぎない」。ダンリーは，このように触れた後で，本筋の問題

から注意をそらさないためにも，テクニカルな問題に立ち入ることは自分の趣旨ではない，と断って，下記のように述べている。「議論を進めるために，我々は（我々が個人の行為として特定できるような）個人の行為を企業の意図的な行為として再記述するモデルを受け入れる。フレンチの概念がそれである。これはコーポラティストの立場を確実なものとしているだろうか？　私〔ダンリー〕はそうは考えない。例えば，フレンチはうっかりその手の内を明らかにしているのだが，彼は，"企業内で働く人々ではなく，企業が（企業の）していることについて理由を有している，と述べることには意味がある"ということを"明らかにしなければならない"，と漏らしている。しかしながら，フレンチはより多くのことを明らかにしなければならないのだ。再記述というデバイスによって確実になったことは企業が意図を有していると述べることには意味があるということだけである」(傍点原文)。

　実は，それ以外に，ダンリーによれば，より重要な問題がある。それは，"意図する（intend）"「の意味は，伝統主義者が，"責任"について詳説している時に，また企業は意図を持ちえるということを否定する時に用いている意味と同じなのかそれとも違うのか」，という問題である。これに対するダンリーの見解は以下のようなものである。「伝統主義者は即座にそして明快に主張する。コーポラティストは"意図する"というコトバを曖昧に使っている，と。企業が意図するという意味と生物学的なヒトが意図するという意味は大きく異なっている」。そのために「コーポラティストは，込み入った"意図する"の意味が明確になるような概念装置を構築する必要性に迫られ，この非難に応えるべくさらに進んで基盤を据えてきた。"意図する"の意味が明確に述べられれば述べられるほど，我々が日常的に用いている"意図する"の意味から大きく離れるのだ。"意図する"の意味を構築することの恣意性は，意図を多数のその他の実体（例えば，植物，動物，機械など）に属するものと見なす可能性を考える時に，明らか」である。一方で，意図なるものを帰属させる対象はドンドン拡がっていくが，他方で，「それが，我々が"意図があること"を人間に対して帰属させている時に意味していることと非常に似ている，ということに同意する」人々が少数になっていくのではないのか——これがダンリーの疑問である。

3 コーポラティストの責任観への疑義

　ダンリーは以上のように「コーポラティストは自己の立場を確立することに失敗した」と論じた後で，再び「責任」概念に戻り，本格的に議論を進めている。

　その議論は，「責任を帰せようとする時，多くのことが不安定になっている」，という文章から始まっている。何故に「不安定」なのか？　それは，ダンリーによれば，「責任を負わせることが，責任を分け合うことかあるいは非難することか（賞賛か責任を問うことか）の前奏曲であるからである。責任ある主体が賞賛されるならば，その時にモラル・ゲームは終了する（モラリティがうまく機能していない）。しかし，責任が明確にされ問題の主体がキチンと責任を負わされる時，それは事態の始まりである。この場合には，責任を明確にし嫌悪を表明することは，それ自体として，許容されるあるいは拘束力のある動きへの前奏曲である。最低限に言っても，罪に値する当事者は遺憾の意を表明し深く後悔することを期待される。より重要なことは，その主体が補償を支払うことあるいは罰を受けることを要求されるということである。責任を帰することはこれらの主要な道徳的な動きへと途を開くことなのである」。要するに，ダンリーによれば，「責任概念をどのように理解しようとも」，その理解に，「責任がその他の道徳的な動きとの関連で果たす役割が組み込まれていないならば」，それは「不完全なのである」。

　ダンリーは，また，フレンチの提案を認めると，裁判官が，企業が，いつ，意図的に，事前に考慮し，あらかじめ計画し，理性的に，行為したのかを見極める方法をいまや持っている，ということになるが，それが「気がかり」である，と述べている。なぜならば，フレンチの提案は「伝統主義者の見解を超える利点を提示していないし，実質的には，問題を複雑にしている」からである。ダンリーは自問自答する。「罪を犯したヒトから補償を引き出したり罰する時に生まれる道徳的な動きを考えてみよう。我々はこのような道徳的な動きを法人にどのように適用しようとするのか？　できないだろう」，と。企業は，イギリスの裁判官がよく口にする「蹴り倒すズボンも永遠の罰を科す魂も，確か

第2章　ダンリーのマシン・モデル論　　47

に，フレンチは魂の代わりにCID構造を企業に与えたが，持ちえていないのだ」。

　ダンリーは続けて次のように述べている。「企業を蹴り倒すことも，むちで打つことも，縛り首にすることもできない。企業に属する個人だけが罰を受けることができる。企業の行動に対して，財力に訴えて，あるいは補償を引き出すという処罰はありえるのだろうか？　この方法でも，企業は処罰されないし，補償を支払わない。通常，我々は，株主に対して，目の前の企業犯罪という企業行動に無策であった場合，罰を加える。あるいは企業が財務上の処罰あるいは補償を転嫁できるならば，それを支払うのは，最終的には，消費者である」。さらには，財務的に叩くことの結果が「労働者の削減」あるいは「まったく責任のない」人々の「肩にのし掛かる」こともあろう。「ヒトは，遅かれ早かれ，通常はすぐにだが，企業の行為に対して直接に責任のある個人を処罰するという解決策を思い付いてしまうのだ。ここにも道徳的には厄介な事柄が見られる」。例えば，多くのトップエグゼクティブは保険契約などの特典で護られている。これは補償という点では十分だろうが，抑止力あるいは応報効果という点では無力である。そのために，我々は，これまで検討してきたことを一旦横に置き，「"企業"の内部に踏み込み，個人（株主か，従業員か，代理人か，マネージャーか，取締役か）を処罰するために，これらを詳細に検討する」必要がある——これがダンリーの立場である。

　そのダンリーによれば，「伝統主義者には，この点に関して，ほとんど問題が見られない。伝統主義者は，企業は法的虚構であり，良きことに対しても悪しきことに対しても，他の人格と同じように法律で保護されている，と認識している。しかし同時に，伝統主義者は，このように法的に縛られていることはたかだか企業を法的な目的で取り扱うために有益な方法であるにすぎない，と受け止めている。伝統主義者にとっては，法律が企業内に入り込むことには，道徳的な意味があるのだ」。そして，ダンリーはここから次のような結論を導き出している。「結局，道徳的には，企業は責任が問われない。個人のみが道徳的に責任がある。企業内の人々がその行動（deed）に対して代価を払っている限り，そこには理論的には何ら問題が存在しない」。

それでは，コーポラティストの立場はどのように評価されるものなのであろうか？　コーポラティストの立場を受け入れると，虚構の人格の行動に対して非難の矛先を向けたり激しい道徳的な憤りの拳を振り上げることができるようになるかもしれないこと——これが，ダンリーによれば，唯一の利点である。しかしながら，本来ならば当たり前の道徳的な動きを伴った責任の割り当てに従った時に，その立場の欠点が浮上してくる。例えば，「処罰する方法が見出せないために，そのような動きはまったくブロックされる。あるいは，その動きが真の犯罪人（虚構の道徳的主体）から離れ，組織内の誰か（非虚構の道徳的主体）に向けられる」。フレンチの提案は，ダンリーの解釈では，「受け入れることができない」。なぜならば，それは，一方で，法人は道徳的コミュニティの市民であるとしても「メンバーシップのフルの義務に服従する必要はない，ということに繋がるからである。生物学的なメンバーは二流の市民の地位へと降格され，すべての責任（burden）を肩代わりさせられる」。また，他方でフレンチ流の「"内部に踏み込むこと"も同様に不愉快なものである」。なぜならば，これは「生物学的な主体が企業のために身代わりに犠牲にさせられることを意味している」からである。「この解決策は生物学的な主体を二流の市民の地位へと還元するだけではなく，彼らをスケープゲート〔生けにえの山羊〕へとしてしまう。かくして，企業を道徳的コミュニティとして認めることは責任の属性と結びついた論理をかき乱すことになる」。

　これらに加えて，ダンリーによれば，コーポラティストは別の障害にも直面している。ダンリーの表現をそのまま借りれば，企業の行為を分析しようとする場合に，「企業の"内部に踏み込むこと"が分かりやすいことである，とはとても言えないだ」。ダンリーは次のような疑問を提起している。「フレンチは，個人だけが責任を問われるという伝統主義者の主張に対抗して，企業の行為は企業内の個人の行為とまったく相等しいものではない，と主張している」が，そのような主張の逆はありえるのであろうか？　「個人に彼がしなかったことに対して責任を取らせることは可能なのであろうか？」，と。

　このことに対するダンリーの回答は以下のようになっている。コーポラティストは，個人が「できることは，せいぜい，企業が何かをするようにあるいは

第2章　ダンリーのマシン・モデル論　　49

企業の代わりにしてくれたことに対して支払いをするように投票することである」と述べているようだ。しかし「個人の行為と企業の行為が一致しないという」コーポラティストの「主張は犯人がいない犯罪に手を貸すことになる」。「集団という実体に責任があり，その集団の中の個人の誰もが責任がない」，ということになるかもしれないのだ。極端なケースではなく，「そのようなことがあらゆる企業の行為に当てはめられる」かもしれない。ダンリーにとって「それは受け入れがたいことである」。ダンリーの疑問は続く。コーポラティストは，1人あるいはそれ以上の個人の責任を問うために内部に踏み込むということによって事態を分かりやすくすることはできるのであろうか？，と。

ダンリーの理解では，内部に踏み込むためには，コーポラティストは，立脚点を変更し，個人の行為と企業の行為が等しいものであることを認めるか，あるいは，個人が，非合法的なアンモラルな行動路線に投票で賛意を表明して，不運な企業にその行為に強制的に従わせなければならないことになるということを認めなければならないのである。

4　もう1つのモデルの提唱

ダンリーは，伝統主義者の考え方を擁護する立場からコーポラティストの問題を指摘した後，企業について「もう1つの」モデル（マシン・モデル）を提示している。ダンリーによれば，このモデルは，「コーポラティストのモデルが我々の制度の多くをゆがめることにほぼ成功し，単に法学的な慣用句だけではなく経営学の語彙によっても強固なものとされている」ために，必要である。「幾多のコーポラティストの眼には，企業は有機体であり，多分，生物学的なヒトそっくりに映っていることであろう。企業は脳，神経組織そして筋肉を持ち，動き，繁殖し，拡大し，大きくなり，成長し，時には"脂肪分を切り落とし"，情報を処理し，意思決定している，等々。それは環境に適応している。そのようなメタファーは有益であるかもしれないが，我々は，今，そのメタファーモデルにだまされているという事実を認識することから始めなければならない」。しかし「不幸にも，改革者たちはその言葉やモデルを受け入れること

有益である，と理解してしまった。それは擬人化し非難するためには有益である」。だが「私は，企業に道徳的主体性や人格性を与える多くの試みの背後にそのモデルがあり，後押ししていることを恐れている」。

　そしてダンリーは次のように続けている。「現代の動向を考える異なった視点を提供してくれる……より適切なモデルがある」，と私は主張したいのだ，と。ダンリーの理解では，「企業は有機体と言うよりはむしろ機械に似ている。企業はヒトの発明物であり，ヒトによってデザインされ，修正され，操作されている。企業は多くの機械と同じように，少数者の利益のために少数者によってコントロールされている。企業は，シンプルな，容易に理解できるような組織ではなく，むしろ最新の電子デバイスのような複雑なものである。操作し指示することを学ぶには時間が掛かる」。

　「もし複雑な機械が手に負えなくなりコミュニティをひどく破壊するようになれば，その機械に対して我々が道徳的な憤りや怒りをぶつけているかのように見える事態が生まれる。しかしより適切には，我々の熱情は機械のオペレータにそしてデザイナーに向けられるべきである。機械ではなく，彼らが道徳的に責任を問われるべきなのだ。そのような機械に責任を帰すことはつくり出したものとつくり出されたものを取り違えていることに等しい児戯である。この神秘化はアニミズムの現代版である。まさしくこれは現代の人類学的こちこち頭（anthropological bigotry）の事例である」。

　フレンチはCID構造にあまりにもこだわりすぎている，というのがダンリーのフレンチに対する評価である。

＊　　　＊　　　＊

　最後に，ダンリーの主張を，本章の文脈に沿って，確認する。

Q　ダンリーにとってフレンチはどのような立場なのか？

A　ダンリーは自らを「伝統主義者」と称し，フレンチを「コーポラティスト」として位置づけている。伝統主義者ダンリーの主張を，コーポラティストのフレンチと対比すると，**図表2-1**のように整理される。[2]

第2章　ダンリーのマシン・モデル論　　51

図表2-1　伝統主義者ダンリーの主張

ダンリーの立場	●企業は「一人前の」道徳的主体であるという見解を拒絶する。 ●架空の人格は法的な特質であり道徳的な特質ではない。 ●フレンチは方法論的個人主義を誤って理解している。	
コーポラティズム vs. 伝統主義	コーポラティズム	伝統主義
	企業はコミュニティの法的ならびに道徳的メンバーとして見なされるべきである、という立場（フレンチ） ●主張1；企業は「意図」を有することができる。 ●主張2；（企業を構成する個人ではなく）企業がその行動に対して責任を持ちえる。	ヒト、すなわち、特別な肉体的およびメンタルな特性を備えた実体だけが道徳的に責任を持ちえる、という立場（ダンリー） ●主張1；企業はいかなることも「意図」できない。 ●主張2；企業を構成する個人が究極的には企業の行動に対して責任がある。
コーポラティズム に対する批判	コーポラティストの主要な問題点	
	●CID構造は企業の環境で実際に行われている意思決定のやり方を反映していない。 ●CID構造に意思決定がどのようにして行われいるかが反映されているとしても、それは、どの行動が企業の決定でありどの行動が企業の行動ではないのかを決める規範的な規準として役立たないだろう。 ●CID構造（定款を含む）が企業の行動を決定しているとすれば、結果として、企業は決して違法行為を行えないことになる。	
	コーポラティストの副次的問題点	
	●コーポラティストが用いている"意図する"というコトバの意味は曖昧である。たとえ彼らが伝統主義者と同じような方法で使用していると主張しているとしても。 ●企業が意図する、という時の"意図する"の意味は生物学的なヒトが意図する、という時の"意図する"の意味と大きく異なっている。 ●"意図する"の新しい意味づけが先導役の役割を果たし、我々は、植物、動物そして機械も意図を有している、と語るようになってしまった。	
	意図と責任への疑義	
	●意図がコーポラティストにとって解決の難しい方法で責任とリンクされている。 ●企業に自責の念や後悔の気持ちがあるのか。 ●企業が犯意を持つに至った時期を特定できるのか。 ●実際に処罰できるのか：イギリスの裁判官がよく口にする皮肉「企業には蹴り倒すズボンも永遠の罰を科す魂もない」。	

	フレンチ説が結果としてもたらす諸問題
コーポラティズム に対する批判	● 道徳的な怒りがもっぱら架空の存在に向けられる。 ● 生物学的なメンバーが企業の犯罪に対して処罰されることになれば，彼らは "スケープゴート（生けにえの山羊）" である。 ● 生物学的な人々に彼らがなさなかったことに対して責任を取らせることはできない。 ● 犯人なき犯罪という事態が生じえる。
もう1つのモデル。 マシン・モデル	● 企業は有機体と言うよりはむしろ機械に似ている。企業はヒトの発明物であり，ヒトによってデザインされ，修正され，操作される。企業は多くの機械と同じように，少数者の利益のために少数者によってコントロールされる。 ● 我々の関心は機械のオペレータにそしてデザイナーに向けられるべきである。

注

1) 本章では，ダンリー（Danley, J.）の論文（"Corporate Moral Agency: The Case for Anthropological Bigotry", *Actions and Responsibility: Bowling Green Studies in Applied Philosophy*, 2, 1980）（Hoffman, W. & Moore, J. (eds.), *Business Ethics: Readings and Cases in Corporate Morality*, 2nd ed., McGraw-Hill, 1989に採録）を題材にして，そして1999年に公表された論文（"Corporate Moral Agency"）を適宜参考にして，ダンリーの「企業道徳的主体性」に関する見解を読み解いている。以下の引用においては，逐一引用ページ数を明記していない。なお，後者の論文は，Danley, J., "Corporate Moral Agency", in Frederick, R. (ed.), *A Companion to Business Ethics*, Blackwell, 1999である。

2) これを作成するには以下のウエブが有益であった。http://mvopat.people. ysu.edu/courses/business_ethics/BE_Notes_ethics/BE_Notes/BE6_Corp_ Agency_Danley.pdf/ アクセス 2015/12/28

3) ダンリーによれば，「フレンチは方法論的個人主義の正確な性質についてははっきり知っているわけではなく，彼の批判の対象は変化しているように見える」。例えば，「ある時は，出来事や事象の状態をもっぱら個人の行動という観点から説明する試みを攻撃しているようであり，またある時は，フレンチは道徳的ないしはメタ倫理的立場に異議申し立てを行っている」。ただし，ダンリーにとっては，「方法論的個人主義が何か特別な立場と結びついたものである」ということではなく，むしろ，それが，「コーポレーションは道徳的人格

第2章　ダンリーのマシン・モデル論　53

である，ということを否定する見解である」との理解が「定着」している「事実」の方が重要であり，ダンリーの批判はその事実に向けられている。

第3章　ワーヘインの「企業は派生的な 道徳的主体である」論

1　企業は道徳的主体ではない？
——論文「フォーマル組織，経済的自由そしてモラル・エージェンシー」を読み解く——

1-1　ワーヘインの立場

　ワーヘイン（Werhane, P.）の1980年論文「フォーマル組織，経済的自由そしてモラル・エージェンシー」（"Formal Organizations, Economic Freedom and Moral agency"[1]）は，経済組織，特に，コーポレーション（以下，「企業」と表記することがある）に対して道徳的責任という義務を果たすことを求める社会の期待が高まっている中で，そのような動向は，株主のためにできるだけ多くのお金を稼ぎ出す以外の社会的責任を企業の役員に受け入れることを求めるものであり，我々の自由社会の基盤そのものを完全に掘り崩すことなる，との批判的な態度を鮮明にしたフリードマン（Friedman, M.）の主張を紹介することから始まっている[2]。

　ワーヘインの論文はタイトルから容易に推察できるように，企業の道徳的主体という問題を，フォーマル制度と経済的自由の視点から，考えるものであり，彼女なりの独自な視点が提起されている。ワーヘインの論点をあらかじめ示すと，彼女は次のような立場に立っている[3]。

　第1に，社会には企業に対して道徳的に責任を持たせようという傾向があり，一部の人々が企業は道徳的に説明責任を持つ（accountable）べきであるという

55

ことに同意するかもしれないが，企業は，フォーマル制度として，そのような
説明責任は哲学的に不適当であるように構造化されている。ワーヘインは企業
の道徳的責任を解明するために提起されている提案に対して批判的な立場を明
確にしている。なぜならば，そのような提案は，彼女によれば，企業と他の種
類の制度を混同し，社会的責任概念と道徳的説明責任概念を混同させる方向に
誘導するからである。

　第2に，企業が道徳的主体として構造化されていないという結論は，自由社
会ではビジネスは株主に対してのみ責任を持つというフリードマンの議論を支
持するものではないこと。これは，ワーヘインによれば，社会的責任と道徳的
説明責任が互換性のある概念ではなく，利潤極大化と社会的責任が企業の相対
立し合う機能ではない，ということから導き出される論点である。

　後段においても触れることになるが，ワーヘインの理解では，フリードマン
の自由社会という考えは道徳的説明責任という観念を含むものであり，コーポ
レート・モラル・エージェンシー（以下，「企業道徳的主体性」と表記することがあ
る）は私的な自由企業社会が正しく機能するための条件である。それ故に，ワ
ーヘインは企業の立場に立って次のように問題提起している。「経済的自由と
自律性が重要であるならば，企業は制度的な道徳的主体という考えがいかなる
ことを引き起こすのかを詳細に分析し研究したくなるだろう」，と。

＊　　　＊　　　＊

　ワーヘインによれば，現代の数多くの哲学研究者が企業に道徳的責任を求め
ることは適切であるという議論を正当化しようと努力している。オザー（Ozar,
D.）（1979）もその1人であり（第1章参照），彼は，「企業の道徳的責任」という
タイトルの論文にて，「企業は単独の個人（individual）である，ないしは個人
としてしばしば扱われている。したがって，個々の人間と同じく，企業は道徳
的に責任を負うべきである」，という主張を定立しようと試みている[4]。この試
みのためにオザーが取った手法は企業をクラブや国家というような他の種類の
制度と比較することであった。オザーは述べている。「企業は，クラブや国家
と同じように，単独の個別的な実体として行動する。企業は個人として法的な

ステイタスを有している。そしてそれらの種類の制度はそれぞれが規則ないし
は定款を有し，その規則がそれらの行動を支配し，そのために個人として見な
されている」，と。その規則モデル（rule model）が，それら実体が主体である
ことを暗に意味している。これが，ワーヘインによれば，オザーの主張である。
我々はヒトという主体に道徳的に責任を取ることを求めている→クラブや国家
に道徳的に責任を取ることを求めている→企業のような規則に支配されている
制度にも，道徳的に責任を取ることを求めることができる，という論理である。

　これに対して，ワーヘインは疑問を投げかける。オザーがその論文にて提起
した問題は，ワーヘインの解釈に従えば，我々は企業を個人として扱っている
のか否かとか，企業は規則に支配された行動を実践しているのか否か，という
ものではない。それは，「規則に支配されたすべての行動は道徳的主体を意味
するものであり，それ故に，企業は，クラブや国家と同じように，道徳的に責
任ある個人として活動している，と言えるのであろうか」（傍点原文）という事
柄に関わってくる問題である。ワーヘインによれば，企業とクラブや国家との
間には重要な相違がある。制度的な規則や目的の役割の構造的な相違，制度的
な規則や目的の役割自体の相違，メンバーシップの相違，制度とそのメンバー
の関係の相違など。これらの相違は，企業が，クラブや国家と同じように，道
徳的な個人である，とのアナロジーを展開することを不可能にするのではない
だろうか。これがワーヘインの疑問である。

　オザーはおおよそ次のように述べている。クラブや国家とそのメンバーや市
民の関係は企業と従業員の関係とは異なっている。クラブや国家は個人あるい
は個人の集団の幸福のために制度化されるものであり，それがそれらの制度の
目的の本質的な部分を構成している。クラブや国家は概してそのメンバーのた
めに構想され，それら制度の規則等の多くは，すべてではないとしてもそのメ
ンバーにあるいはメンバーの権利や行動に適用される。しかしながら，現代の
企業は，主として，企業にとっては外的なブツ的目的の達成のために制度化さ
れた経済的制度である。企業の規則や指針はこれらの目的を効果的に最大化す
ることを目指している。「規則に従う」ということは，企業の活動においては，
できるだけ効果的にそして生産的に企業の目的達成を最大にすることを意味し

第3章　ワーヘインの「企業は派生的な道徳的主体である」論　　57

ている。この意味で，企業は組織にとって外的な没人格的な目的を達成するために構造化されたフォーマル組織なのである。

これに対して，ラッド（Ladd, J.）は，論文「フォーマル組織におけるモラリティと究極の目標としての合理性」[5]において，企業はオザーとは別の意味でフォーマル組織である，と論じている。彼の主張は，ワーヘインの理解に依拠すると，おおよそ以下のようになる。

企業の従業員は企業の没人格的なメンバーである。従業員は企業が成功したりあるいは失敗する時の手段の1つであり，企業が活動する時に目指す目的ではない。企業そしてクラブや国家では，メンバーの多くの活動は，企業の政策，定款や規約によって規制されている。ただし，クラブや国家の規則や目的はメンバーや市民に構造的に関連づけられているが，企業の目的やカンパニーガイドラインは従業員と関連しているわけではない。企業では，規則は道徳的な処方箋というよりはむしろ作業指図書として機能している。というのは，企業の活動では，規則を無視することは自分の仕事をしないことを意味するからである。

現代の企業では従業員の権利は企業にとって外的な制度（例えば，労組，政府，法律）によって決められている。企業の構造においては，事業の制度的な部分として具体化されているような従業員の権利はほとんど存在しない。また，クラブや国家の行動について話す場合には，事実が示しているように，そのメンバーや市民の権利（あるいは権利が存在しないこと）が重要な問題となっている。しかるに，企業従業員の権利は，それが企業の成功に貢献する場合に限り，問題になるにすぎない。クラブのメンバーあるいは市民として，我々は，少なくとも原則としてではあるが，規則，目的あるいはクラブや国の行動に対して抗議する権利を有しているのであり，その時，我々はそれが正しくないのか不適当なのかを考える。企業では，従業員はそのような権利を持っていない。そのような抗議は不適切なものとして見なされ，従業員は経済的活動を破壊したとして糾弾され，解雇されることもあるだろう。

それでは株主はどのような位置づけにあるのであろうか？　株主は，企業の所有主として，企業との間に，クラブのメンバーとクラブの関係とどこか類似

した関係を有している，と通常考えられているようだ。なぜならば，企業の目的の1つは株主の所得を最大にすることであるからである。しかし，これは事実（case）ではない。多くの株主は企業の従業員でもなければ取締役会のメンバーでもないために，企業において生じる事柄に対してほとんどあるいはまったく責任がない。彼らは企業の目的を定立したりそれらを実現したりあるいは批判したりすることはないのであり，ここから，株主は何らかの意思決定を行っているのか否かという疑問が生じてくる。現実には，株主は，たまたま株券を保持することになった抽象的なオーナー集団である。

　クラブや国家はクラブや国家がそのメンバーそれぞれに責任を持つように構造化されている。そしてそのメンバーは，例えば，クラブによって規定された一定の権利を有している。さらに言えば，クラブや国家のメンバーはそのクラブや国家の活動に対して道徳的に責任がある，あるいは責任を問われる。一例を挙げると，我々は全体としてのドイツ国家に第2次世界大戦中のナチスの行為に対して，たとえ多くのドイツ人がナチスではなかったとしても，責任を問う傾向がある。しかしながら，GEの組み立てラインの労働者に1960年代のGEの違法な価格協定政策に対して責任を求めることは不合理であろう。クラブや国家に対してそしてそのメンバーに対して道徳的責任を帰することはありうるかもしれないが，企業に道徳的主体という属性を帰することは，企業とそのメンバーや株主とのきわめて抽象的で没個人的な関係を考えると，大いに疑問である。

　ラッドは，上述のように，ワーヘインの読み方に従えば，「企業は実に機械のごとく組み立てられている」，と述べている。企業の規則と業務手続きは外的な経済的目的を達成するために制定されているのであり，決して従業員との関係の中で定められたものではないのである。このことは，個々の従業員が，機械の部品のように，企業の目的達成において重要な役割を果たしているが，身体の弱い従業員あるいは反体制分子は，正常に動作しない部品のように，企業の作業効率を最大化するために交換されてしまうことを意味している。これらのことから言えることは，「企業の活動は規則に支配されたものではあるが，それらの規則は，没人格的な業務手続きとして，企業が道徳的主体であること

第3章　ワーヘインの「企業は派生的な道徳的主体である」論　　59

を暗示しているというよりはむしろそれを締め出している」，ということである。「機械に道徳的責任を帰することがばかげたことであるのとまったく同じように，企業という組織，その構造と目的が，企業に道徳的責任を帰することは意味がない，ということを暗示している」。

　そしてワーヘインは，「企業，クラブそして国家の相違が幾つかの興味深い現象の主な原因となっている」，と論じている。「最近まで，我々は，企業を道徳的責任を有する存在として扱ってこなかった。ここ10年間に，政府が，雇用均等委員会，労働安全衛生法，証券取引委員会，連邦取引委員会などを通じて，コーポレート・モラリティについて法律を制定したが，それは，一部には，我々が主として経済的活動として理解してきたことの社会的および倫理的意味について企業や社会がこれまで認識していなかったことの結果であり，一部には，企業が構造化されている方法に起因する認識不足である。制度としての企業自体が道徳的に責任があるとはいかなることを意味しているのかを理解していなかったのだ。企業は自身を道徳的な個人として自己認識していなかった。またそのような自己意識に欠けていたのは，経済制度として，道徳的規則や道徳的行動をフォーマルなコーポレート行動としてカウントしていなかったためでもある」。かくして，「企業が，不道徳な存在であるとか道徳的に責任ある行動に相応しい規則を展開していないとして批判されることはない，と主張する」のは当然であろうということになる。「なぜならば，それらの種類の規則は，組織構造にとって，企業従業員の役割にとって，企業制度の目的にとって，相応しくないからである」。

＊　　　＊　　　＊

　ワーヘインは次のように続けている。「企業の責任という考えは社会的責任というタームで説明されるかもしれない。企業は社会に対して一種の責任を有している，としばしば主張されている。そしてその時には，我々は企業に，企業がフォーマルな制度として構造化されているにもかかわらず，そのような責任を帰することができるのであり，そのような責任は"道徳的な説明責任"として定義できるものである，と主張されているのだ」，と。

このような立場に立つワーヘインが注目しているのがグッドパスター（Good-paster, K.）である。グッドパスターは，「企業と機械を比較することはあまりにも静的（static）でありあまりにも狭すぎる」，と述べている。グッドパスターによれば，企業は機械よりもむしろ有機体のごとく機能している。なぜならば，企業は様々なフィードバック・メカニズムを介して社会と相互に作用し合っているからである。このモデルが企業についての記述的なものであるならば，企業は，例えば，地域社会からの批判に反応して道徳的な目的を選ぶことを期待されてもおかしくない「場（space）」として位置づけられることになろう。

　このような「フォーマル組織は道徳的目的を選ぶかもしれない存在である」という考え方は，ワーヘインによれば，ドナルドソン（Donaldson, T.）によってより一層積極的に発展させられた。これに関するドナルドソンの基本的な主張は，「企業は，経済的な目的を追求する場合でも，社会から課せられた道徳的な制約条件にしばしば反応する」，というものである。さらに言えば，ドナルドソンは，「企業のようなフォーマルな制度が道徳的な目的を選ぶことができると示唆することは不可能ではないだけではなく，きわめて望ましいことである」，と指摘している。そのような目的は，事業活動の目的となるように，企業の構造内に制度化されうるのだ，と。例えば，質の高いマイノリティ採用施策はその一例であり，これは決して経済的な利益をあきらめることに繋がらないだろう。

　グッドパスターとドナルドソンは，ワーヘインの解釈に従えば，企業の概念を豊かなものにし（enhance），我々が通常「道徳」というラベルを貼り付けている目的をフォーマル組織が選ぶことが不可能ではないことを示したのであった。だがワーヘインは「しかしながら」と続けている。グッドパスターとドナルドソンは「企業は，クラブや国家そしてヒト個人と同じように，道徳的主体であることを示すことに成功しなかった，と私は言いたいのだ」，と。ワーヘインは彼女の立場を次のように述べている。「企業は，企業に社会的に責任があるとのラベルを貼り付けることができるように，社会的なフィードバックに反応して道徳的な目的を選んだりあるいはコーポレート目的として道徳的と認められる行動を制度化しているかもしれないが，これはモラル・エージェンシ

第3章　ワーヘインの「企業は派生的な道徳的主体である」論　　61

ー〔以下,「道徳的主体性」と表記することがある〕とは異なるし,道徳的主体性を
フォーマル制度に帰属させることはできない」,と。

*　　*　　*

ワーヘインは自説をよりよく説明するために,次のような架空の事例を挙げ
ている。

ロボットとコンピュータだけによって操作されている企業があるとする。こ
れをロボトロンと呼ぶ。この組織は定款を定め法人格を与えられ,他の企業と
同じように操業している。資産を所有し,生産物を製造し,マーケティングを
展開し,他の企業や顧客と取引し,陳腐化した設備をリプレースし,新しい生
産ラインを発達させ,委任勧誘状を書き,SECの要請に応えるなど。株主が
存在し,ロボトロンは配当金を支払っている。ロボトロン「本社」を訪れた者
だけがロボトロンには人間の従業員が存在していないことを知っている。その
ような企業を汚染対策デバイスや安全な生産物などのような社会的期待からの
フィードバックに反応するようにプログラム化することは可能である。実際に,
人々は,ロボトロンは「ヨーロッパ向けアメリカ救済物資発送協会」(Cooper-
ative for American Remittances to Europe : CARE)のようなコーポレート
目的として貴重な道徳的目的を制度化している組織である,と想像していた。

そしてワーヘインはロボトロンを以下のように論評している。

この企業はグッドパスターとドナルドソンが指摘したすべての要件を満たし
ている。ロボトロンは社会的期待に応え,政府機関の要求に従い,操業の中に
道徳的目標を制度化し,経済的観点から効率的に生産的に事業を展開している。
しかし,ロボトロンは,ワーヘインの見解では,道徳的に責任を問われないの
である。なぜならば,それが道徳的主体ではないからである。企業が道徳的主
体性を欠いているのはそこにヒトという従業員を欠いていることの単なる結果
ではない。たとえ「ロボトロンにヒトという従業員がいるとしても,ロボトロ
ンとコンピュータの関係はロボトロンとヒト従業員の関係と同じであろう」
(傍点原文)というのがワーヘインの見解である。なぜならば,フォーマル組織
としてのロボトロンの構造が変わらないままであるからであり,そこでは,ヒ

トではない従業員が行う意思決定は制度的な決定から成り立っているし，非効率的な従業員は，時代遅れのコンピュータのように，リプレースされるだろう。ここから，企業が，例えば，CAREのような道徳的目的を達成する時のヒトあるいはコンピュータ従業員の役割と，電球あるいは航空機を生産する時の役割は同じであろう，という解釈が成立することになる。

ただし，ワーヘインによれば，最後の論点は入念な検討を必要とする。彼女は次のように述べている。「私が言わんとすることは，制度的目的の質的価値によってその制度が道徳的主体か否かが必ずしも決定されない，ということである」，と。

ワーヘインの主張を聞いてみよう。「CAREは高く賞賛されるべき目的を有しており，従業員の多くはロボットではない。しかし，CAREはフォーマル組織である。制度，制度の構造そして制度としての目的と従業員の関係は没人格的な関係である。これが何故にこのようになるのかと言えば，それは，企業のオペレータがすべて，ヒトであろうとロボットであろうと，それ自身が単なるオペレータであるからである。彼らは，自分自身のものではない目的を達成するだけにすぎない，制度の部品である。彼らが企業目的の成功裏達成に影響を与える場合にのみ，彼らの選択が重要になる。たとえCAREであったとしても，企業はメンバーのために存在するのではなく，従業員にほとんどあるいはまったく関係がない目的の成功裏達成のために存在しているのである。従業員がその目的を実現しているにもかかわらず……」。

「それが故に」，とワーヘインは続けている。「ある人々は企業や他のフォーマル組織に道徳的な目的を課し，それらの制度が道徳的目的を事業手続きの一部分として企業の構造内に制度化しようとするのかもしれない……。そのような企業は社会的に責任ある制度であり，社会はそのような行動を賞賛すべきである」。だがここからワーヘインは「しかし」と続ける。「私は，このようなケースでさえも，論をさらに進めて，これらの企業が道徳的に責任ある制度である，とは主張できない，と言いたいのだ。社会的責任は必ずしも道徳的責任を意味していないのである。企業は，道徳的主体として行動するようには構造化されていない。コーポレートメンバー（従業員，ロボット，株主）と企業の規則

第3章　ワーヘインの「企業は派生的な道徳的主体である」論　　63

や目的との関係〔の性格，すなわち，没人格的な性格〕，そして企業と従業員の間に互恵的な関係が欠落していることがそのような主体性 (agency) を不可能にしている」。

　ワーヘインは，「企業が道徳的主体となるためには何を必要とするのかを解明することは論文の範囲を越えている」と断りつつも，次のように述べている。「私は，ロボトロンのような企業が社会的に責任ある組織として活動できるということであるならば，フォーマル組織の目的を変えるとしても，そのことだけでは，それ自体として，主体としての制度の道徳性を変えるものではない，というとは明らかである，と言いたいのだ」，と。「コーポレート道徳的主体性を達成するためには，簡単に言えば，企業構造を内部的に変革することが必要なのである。つまり，企業と，その目的，そしてより重要なことだが，メンバー従業員との関係を，ラジカルに変革しなければならない。組織内の個人の役割にロボトロンとの類似性の痕跡が残っているようではダメなのである」。

＊　　　＊　　　＊

　論文の最後で，ワーヘインは，冒頭でも触れたように，企業の道徳的主体と経済的自由の関連について論じている。

　企業はここしばらくの間高度に成功した経済的制度として事業を展開してきたが，ワーヘインによれば，この「企業が道徳的に責任ある主体として構造化されていないという事実は企業にとって不快な (offensive) ことではなかったかもしれないのである」。彼女はその理由を次のように説明している。「そのような制度〔企業〕は，道徳的主体性が経済的成功のために必要であるとは決して考えてこなかった。道徳的主体性問題が，何故に，ビジネス企業にとって重要なのであろうか？」　以下の行で，私〔ワーヘイン〕は，「経済的自由と自律性には道徳的主体性が必要である，という主張を展開したいと思う」。「これをフォーマル組織に適用すると，もし企業が社会的あるいは国家の制約なしに自由に事業を展開したいと望むならばそしてこの事業形態が，エコノミストが示唆するように，地域社会の経済生活を豊かにするのであれば，企業も道徳的主体性という考えを真剣に取り上げようと思うのではないだろうか，という話になろ

う」。

　さらに続けてワーヘインの主張を聞くことにしよう。「フリードマンは，経済的自由が政治的自由の必要条件である，と論じている。フリードマンは，経済的自由について述べる時，それぞれに自己の目的を追求し市場で自由にお互いに競争する自律的な私的に所有された経済的企業から構成された社会を念頭に置いている。この社会では，政府は経済的活動においてほとんどあるいはまったくその役割を果たすことなく，政治的パワーと経済成功は別物である。フリードマンによれば，そのような社会では，経済的自由がそして政治的自由が広く行き渡っている。フリードマンをして利潤極大化と社会的責任は両立しがたい企業の目的であるという主張へと駆り立てたのは，経済的自由という概念が彼の中にあったからであった」。だがワーヘインによれば，フリードマンが描く理想的な自由企業は2つの点で不完全である。第1に，社会的責任はフォーマル組織の行動と相入れないものではないこと。ワーヘインによれば，「企業は社会的に責任ある存在になりえるし，コーポレート目的として道徳的目的を取り入れるかもしれないし，それによって高収益性の企業になりうるのだ」。

　第2に，フリードマンが企業の道徳的責任を論点としては考えていなかったこと。ワーヘインの理解に従えば，「フリードマンは，道徳的主体性はフォーマルな経済制度には当てはまらない，と論じただろう」，と推察できるのであるが，ここに，問題が生じてくる。なぜならば，「道徳的主体性が当てはまら・・・・・・・・ないとされる，自由で自律的な制度としての企業，というフリードマンの概念の中に，矛盾が見られるからである」（傍点原文）。ワーヘインは，この矛盾は上述のコンピュータ企業であるロボトロンを再度検討することによって明確に例示できるだろう，と述べ，以下のように説明している。

　ロボトロンが有毒物質の製造を始めたとする。その物質はそれに触れたヒトが誰であろうとも有害な物質である。社会的メカニズムがロボトロンのプログラムの展開に介入し，製造技術を変え，有害物質のそれ以上の製造を禁止した。このケースでは，ワーヘインの発想に基づくと，「誰もロボトロンの道徳的無責任を責めないであろう。それはたまたま社会的に受け入れられない物質を製造しただけなのである。また我々は，社会を，ロボトロンの権利や自由に干渉

第3章　ワーヘインの「企業は派生的な道徳的主体である」論　　65

したとして、責めないであろう。なぜならば、ロボトロンは、非人間から成り立つフォーマル組織として、権利も自由も持っていないからである」。さらにワーヘインの解釈に立てば、「非人格的に活動しているフォーマル組織はいずれも、原理的には、ロボトロンと同じ状況に置かれている」ことになる。したがって、「それ〔非人格的に活動しているフォーマル組織〕は道徳的責任という概念を理解していないし、道徳的主体として行動していないので、そのような制度は自由で自律的な主体として取り扱われることを期待できないだろう。また社会もそのような組織に要求を押しつけることに対して良心の呵責を覚えるべきではない」のである。これがワーヘインの立場である。

かくして、ワーヘイン流に考えると、「経済的自由という概念が筋が通っているものであるならば、そして、フリードマンが示唆しているように、そのような自由が政治的自由の必要条件であるならば、道徳的主体という考えを経済制度に適用することは非常に重要なことになってくる」。「企業に自由で非道徳的に行動することを期待することは筋が通らない話しなのである」。なぜならば、「自由と道徳的主体は相伴う事象であり、他方の結果を受け入れることなくある1つを要求することは矛盾している」からである。

1-2 ワーヘインに対する評価

ワーヘインが論文「フォーマル組織、経済的自由そしてモラル・エージェンシー」で展開してきたことを、彼女のコトバをそのまま引用してまとめると以下のようになる。ワーヘインは、「すべての企業が自らを道徳的主体として再構造化すべきである、と主張しているのではない」し、「経済的自由が政治的自由の条件であるとのフリードマンの主張に同意しているわけではない（不同意なわけでもない）」。彼女が言いたかったことは、「自由と自律性が道徳的主体性を意味していること」、「道徳的主体性はフォーマル組織としての企業には当てはまらないこと」である。「経済的自由が重要であり、企業が社会的制約なしに事業を展開しようと欲するならば、自らを道徳的に説明責任を持てる制度として再構造化するには何が必要なのかを検討しなければならない」——これがワーヘインが繰り返し主張している事柄である。

企業道徳的主体論争の過程でワーヘインに寄せられた評価は2つに分かれる。その1つは，こちらの方が「通説的な」評価だと思われるのだが，ワーヘインはフレンチを批判し，いわばラッドに与し，「企業は道徳的主体となりえない」と主張している，との評価である。例えば，キーリィ（Keeley, M.）によれば[8]，「道徳的主体性を企業に帰着させる試みを攻撃した代表的な研究者がラッドとワーヘインである」。これは，本章でも繰り返し紹介しているように，ワーヘインが「企業は道徳的主体として構造化されていない」と明確に述べているからであろう。ちなみに，ドナルドソンも「構造制約説」の代表者として，ラッド，キーリィとワーヘインを挙げている。

　これに対して，真っ向から対立する見解が提起されている。レンネガード（Rönnegard, D.）は次のように述べている。企業道徳的主体性（CMA）という「テーマに携わった多くの研究者は，長い間，CMAの様々な概念をどちらかと言えば支持してきた（例えば，ディジョージ，ドナルドソン，ダビンクとスミス（Dubbink, W. & Smith, J.），フレンチ（French, P.），グッドパスター，マニング（Manning, R.），ムーア（Moore, G.），オザー，フィリップス（Phillips, M.），シーブナイトとクルケ（Seabnight, M. & Kurke, L.），ソアレス（Soares, C.），ワーヘイン）。例外は，ラッドとベラスケス（Velasquez, M.）である」[9]，と。ワーヘインは「企業道徳的主体説」に与する研究者として学説史的に位置づけられている。

　何故に，このような「相対立している」かのような評価がワーヘインに対して行われているのであろうか？　それを解く鍵はワーヘイン独自の「第2次的な道徳的主体」という概念にある。このタームは，確かにその存在を想像させる記述が見られたが，1980年論文では使われていなかったものであり，1985年の著作において明示的に提示された概念であった。

　したがって，この「第2次的な道徳的主体」概念の検討が必要になってくる。具体的には，1980年段階では「不明であった」意味・内容の解明が要請されるであろうし，さらにはそれと関連して，それがいわゆる「ザインとしての第2次的な道徳的主体」なのか，それとも「ゾレンとしての第2次的な道徳的主体」なのか，ということも気になってくる。このような問題も含めて，ワーヘインの企業の道徳的主体に関する見解について，節を改めて，1985年の著作

第3章　ワーヘインの「企業は派生的な道徳的主体である」論　67

『パーソン，　権利そして企業』(Werhane, P., *Persons, Rights and Corporations,* Prentice Hall) に聞くことにする。

2　道徳的主体としての企業への途
——『パーソン，権利そして企業』を読み解く——

2-1　ワーヘインの問題意識

　ワーヘインがその著作『パーソン，権利そして企業』の執筆において念頭に置いていた問題意識は次の2つであった。[10]

　第1に，企業は権利と責任を有しており，第2次的な (secondary) 道徳的主体として説明責任を持ちえるのではないのか，ということを論じなければならないだろうという意識。企業は伝統的には必ずしも第2次的な道徳的主体として行動してきたわけではなかった。それ故に，ワーヘインのコトバを借用すると，「道徳意識 (moral awareness)〔道徳的主体として自覚していること〕が企業の活動そしてそのキャラクターのアクティブでノーマルなさらには習慣としての一部分となるように，企業はいかに事業を展開したらよいのであろうか？」，を検討してみたいという問題意識が生まれてくる。

　ワーヘインは次のように自分の問題意識を文章化している。「企業は独特な機能的実体である。企業は第2次的な道徳的主体性として見なすことができるような意図するシステムである。企業は個々人の主要な行動の結果であるにすぎないが，企業の"行動"は単にそれらの個々人の行動の集合的な結果として再記述されるものではない。企業の少なくとも幾つかの行動や意図はその性質上分配できないものであるために，企業は1つの集まりあるいは集合体"以上の何か (something more)"であるが，その"以上の何か"は物質的な知覚できる現象ではないし，ましてや精神的な現象ではない。企業は，むしろ，その構成メンバーに依存しているが，それとははっきりと異なる，単位として機能している。企業は第2次的に行動できるために，第2次的な道徳的主体であると言えるが，道徳的に自律しているわけではない。企業は，ヒトと同じように，その統制下にある行動に対し

68

て，道徳的に責任があるし責任を取るべきである」(p.59)。

▶方法論的集団主義

ワーヘインの上述のような発想の根底には「方法論的集団主義」，しかも，彼女独自の「方法論的集団主義」が横たわっている。「企業がリアルな独立した個人ではないと論じることは自動的に集団的な企業としての行動を排除するものではない」，と。「企業の“行動”は構成メンバーや外部の代理人に依存している——それらを欠くならば，そもそも企業の活動が存在しない——ために，企業のいわゆるすべての“行動”は「その行動を始めた個人の行動として再記述されるかもしれない。企業の集合理論 (aggregate theory) を主張する人々の立場がまさにそれである」。「しかし，これは事実を誇張している」——これがワーヘインの立場である。

企業の行動のすべてをその組織のために働くあるいはそれを所有する個々人の行動に還元しないことにはより重要な理由が存在する，とワーヘインは主張している。何故に，彼女は還元しないのか？　それは「還元できないからである」。彼女はその理由として「企業の必ずしもすべての“行動”が個人の行動として再記述されない」ことを挙げている。集団行動に貢献しているすべての個人が行為者自身ではないかもしれないが，「集団的なコーポレート行動」としての現象が存在している，と。これが，彼女のタームを借りれば，「第2次的な集団的行動」である。

▶第2次的行動の理論

ワーヘインは個人の行動を「第1次的な (primary) 行動」として捉えている。その意味で，企業の個々の構成メンバーやその企業に代わって働いている外部の代理人の行動は第1次的な行動として位置づけられるものである。しかし，ワーヘインによれば，たとえ個人の行動であったとしても，すべての行動が第1次的な行動ではない。しばしば，我々もそうであるが，個人は他のヒトを雇って自分のために行動してもらうことがある。ワーヘインが挙げている事例を借りると，「私は，不動産業者に依頼し，夏の期間，誰かに自宅を貸した。私は賃貸人だったわけであるが，私はこれを行うために必要な行動を取らなかっ

た〔ワーヘインが直接借り手を見つけ貸したわけではなかったという意味〕。私の行動は若干の哲学者たちが呼んでいるところの"第2次的な"行動である」。

このケースでは，ワーヘインは家をレンタルするために必要な行動を取ったわけではなかったが，賃貸そのものはワーヘインに帰属し，何か不都合な事態が生じた場合には，ワーヘインの責任となる。問題は，不動産業者が「レンタルに関連したすべての道徳的責任を」免除されない，ということにある。

上述のことを企業に当てはめると，次のように書き改められる。「企業に帰属する活動がすべて個人の第1次的な結果である場合にのみ，企業の活動について語ることに意味があるのだ，と果たして言えるのであろうか？」，と。企業の行動は一連の第1次的な個々人の行動によって生み出された第2次的な行動である。さらに言えば，第1次的な活動が企業の活動に寄与するのは，それが「企業の活動が生まれるために必要な場合に限られる」(傍点原文)。それ故に，我々は，例えば，「フォードがピント〔自動車の車種〕をつくったという時，第1次的な行動の集まりに言及しているのであり，企業"行動"全体を理解しようとするならば，それは第2次的な行動でなければならないことになる」。「一般的に，集団が"行動している"，と言えるとすれば，その"行動"は必ず2次的な行動を指しているのである」。

しかしながら，ワーヘインの立場では，企業の行動を第2次的な行動として記述することには何かおかしな点がある。それはオーソライズの視点である。ワーヘインの上記の例に戻ると，ワーヘインの代理人として行動した不動産業者はワーヘインによって彼女の家をレンタルすることをオーソライズされていたのであった。「しかし，企業が個人ではなく，したがって，自律的に行動できないのであるならば，企業はどのようにして第1次的な行動の正当性を認めている（オーソライズしている）――オーソライズは行動するために必要である――と考えられているのであろうか？」。

ワーヘインによれば，「個人の第1次的な行動と第2次的な行動」の関係をそのまま組織に当てはめることには無理がある。「企業の第2次的な行動は個人の第2次的な行動に比べると遥かに複雑なのである」。

▶集団的な第2次的行動

第2次的な行動にとって必要不可欠な第1次的な行動を承認する個人的な存

在（オーソライザー）が，企業の中には，たとえ存在しなくとも，企業の構造と業務によって集団的な第2次的行動という現象は生じる，というのがワーヘインの主張である。彼女の説明は以下のように展開される。「企業の設立許可書や設立者が最初の企業目的を設定し，企業としての組織の事業を始める。設立許可書と業務細則が目的と権限のプロセスを明確に記述している。企業内で生じる複雑な意思決定過程の中で目的が変化し，企業の"人格"あるいは"性格"が発達する。これは，一部には，構成メンバーによる当初の設立許可書の解釈の仕方によるものであり，取締役会や経営陣の指示であることもあるし，市場の圧力によることもある。構成メンバーは，目的の観点から，設立許可書や指示を解釈して，行動する。たとえ目的や指示が曖昧であり没人格的であるとしても，構成メンバーの行動は目的志向的なものである。構成メンバーは，企業のために行動し，あたかも〔ワーヘインの〕不動産業者のように，企業の没人格的な目的のために第1次的な行動を遂行する」。この場合，その目的が「没人格的」として形容されているのは，それが，設立許可書の中で匿名で記述されているとか，取締役会，経営者，委員会そして市場によってラジカルに変更されるとか，個人としての著者にまで遡れないような没人格的ないしは匿名的な性格のもとで定立されているためである。

　とすれば，ワーヘインの不動産業者の行動と企業の行動の相違はどこにあるのであろうか？　その相違は，「前者においては，アクター（不動産業者）が個人〔ワーヘイン〕のために行動していた」のに対して，「後者では，構成メンバーが人間ではない設立許可書や目的のためにあるいはビジネスの規範や性格に従って行動している」し，最初のケースでは，不動産業者やワーヘインがワーヘインのためになされた行動に責任があるが，企業行動の少なくとも幾つかの事例では，構成メンバーが「人間ではない"主体"（agent）のために文字通り行動している」ことにある。

　ワーヘインは続けて次のように述べている。「最終的な活動は——これは確かに没個人的な目的のためになされた個人の第1次的行動が結合され並び替えられたものであるが——決して元々の個人的な仕事の単なる総和ではない。これは個人の行動の匿名性のためであり，個々人の行動が企業の他の個人や部署

の行動を通して変化する方法やそれぞれの活動レベルで目的が統合される方法が匿名であるためである」。これらは，ワーヘインによれば，「個々の構成メンバーの行動を箇条書きにするだけでは，企業の"行動"理由を説明できない」（傍点原文）ことを意味している。

　それ故に，「企業の"行動"あるいは政策は，集団自身がたとえその行動を文字通りオーソライズしていないとしても，集団に帰属する，第2次的な，行動である」。その理由は，「企業の"行動"が，設立許可書，目的，取締役会や経営陣の指示によって，"企業の指示"として解釈されている」からである。「それらの資料あるいは目的自体が，様々な構成メンバーや市場によって解釈され変更されるという，一連の連続的な没個人的な過程を経ている」ために，したがって，「オーソライズ・プロセスの没個人的な性格のために，集団的な第2次的行動は個人的な第2次的行動とまったく相等しいものではないのである」。しかしながら，ワーヘインによれば，「構成メンバーがいかにして集団のために行動しているのかを理解するためには，第1次的な行動と第2次的な行動を区別することが有益なのであり」，その「違い」によって，「企業"行動"と呼ばれているものが第2次的な行動であることを説明」できることになる。

▶再配分されない企業"行動"

　我々はしばしば，「企業の構成メンバーや代理人ではなく，企業が，その"行動"に対して，たとえその行動が企業自体が遂行できない第2次的な行動であるにもかかわらず，第1次的に責任がある」，と主張するが，それは何故なのであろうか？　その問いに答えてくれるのが，ワーヘインによれば，集団的な第2次的行動という考え方である。というのは，「企業の第2次的な行動が真に集団的行動であるからである」。これは，その第2次的な行動が没個人的な"オーソリティ"によって権威づけられ没個人的な"オーソリティ"のために働く構成メンバーによって形式的に中立の立場から遂行されるために，必ずしも，すべての第2次的な行動を，再び，それを生み出す原因となった人々のせいにすることができない，ということを意味している。彼女の表現を借りれば，企業の行動は再配分されない，ということである。そこには，第2次的な行動には個人的行動は必要であるが，それだけではなく，トータルとしての個人的な

行動が企業の代理として行われることが第2次的な行動にとっては本質的な意義を持っている，との解釈がある。個人的なインプットは，変換され，他の構成メンバーや代理人のインプットとミックスされ，企業の「指示」として解釈され，その結果として，必ずしもそうではないこともあるが，集団的な行動がその構成メンバーの第1次的行動とは異なるものとなるのであり，「確かに原則的ではあるが，責められるはずのない一連の第1次的な行動が，結果的には，企業の非道徳的な"行動"として現象することがありえる」のである。ワーヘインによれば，上記のことを踏まえるならば，「企業の"行動"は集団的な第2次的行動である。なぜならば，その行動は構成メンバーの行動を単位として再記述されえない，という根拠があるからである[11]」。

▶意図するシステムとしての企業

　企業の行動を「制度的な集団的"行動"として記述することは企業の意図性を理解する時に有益である」，というのがワーヘインの立場である。「企業は意図するシステムである，すなわち，それは，フレンチが暗示したように，意図的な行動を示している」，と。そして，彼女は，「しかし」，と続ける。「我々が集団的な意図性について語る時，誰も，フレンチの立場が想定しているように，企業が考え，望み，信じる，ないしは，文字通りに意図を有している，と言わないであろう。そのような意図を有するための身体的な実体が存在しないのだ」(傍点原文)。ワーヘインによれば，「むしろ，企業の意図するシステムとは，取締役会，株主総会の株主，マネージャー，従業員などの意思決定手続きの総和を，弁護士や会計士などの外部の代理人のアドバイスと結びつけたものであり，それらが一緒になって集団的なコーポレート"意図"を形成し，それが，企業の"意思決定"，企業の"行動"として現れるのである」。

　ただし注意すべきことがある。それは，「企業の意思決定過程に貢献する構成メンバーと外部の代理人の意図だけが第1次的な意図として見なされ，そこから第2次的な意図システムが機能する」ことである。これはいわば特殊な意図するシステムであり，「企業の構造，その目的，そして企業の行動に関連すると見なされる選択的な (selective) 意思決定過程の中でのみ機能する」。ワーヘインの解釈では，「企業は選択的な意図するシステムである。なぜならば，

第3章　ワーヘインの「企業は派生的な道徳的主体である」論　　73

すべての構成メンバーあるいは代理人の意図ではなく，企業の"行動"におい
て役割を果たしている意図だけが企業の"意図"に貢献しているからである」。

かくして，ワーヘインによれば，「企業は"行動"する"意図するシステム"
であるために，企業が，法のもとで，疑似人格として扱われているという事実
は驚くべきことではない。しかしながら，企業がヒトの特性の幾つかを備えて
いるとしても，それは第1次的な行動を遂行するために必要な自律性を欠いて
いる。自律性は完全な人格性を認めるために必要な条件の1つなのである」。
この事実〔自律性の欠落〕とコーポレート的な意図するシステムの選択性が企業
をヒトと完全に同一視することを妨げる」。

▶企業道徳的主体性と道徳的責任

企業の"意図性"および企業の"行動"について語ることが，ワーヘインの発
想に従えば，「コーポレート道徳的主体性と道徳的責任」という考え方を展開
するために重要である。つまり，「企業の"行動"はワーヘインが第2次的な行
動と名づけたものであるために，企業は独立した道徳的主体ではない。自律的
な主体の自由な選択として見なされる個人の行動とは異なり，企業の"行動"
は企業の代わりに行動する構成メンバーや代理人の一連の選択の1つの結果な
のである」。「企業が"行動"すると言えることができるとしても，その場合に
は，企業は第2次的な行動を遂行している，ということを意味しているにすぎ
ないのだ」——これがワーヘインの認識である。

第2次的な行動は企業に帰属されるものであるために，企業はしばしばそれ
らの行動に対して責任を問われる。このことには，ワーヘインによれば，理由
は不要である。なぜならば，第2次的な行動が集団的行動であるならば，その
第2次的な行動を個人に再び帰せられないからである。さらに言えば，第2次
的な行動は，派生的ではあるが，ヒトの行動であるために，道徳的でありえる
し非道徳的な行動となることもありえるのであり，我々もそれぞれに応じて評
価している。「集団的な第2次的行動は，かくして，たとえ行為者としての企
業（Actor-Corporation）が存在していなくとも，その起源の故に，賞賛されるこ
ともあれば非難されることもあるのである」。

企業は，それ故に，「第2次的な道徳的主体」として見なされる存在である。

しかし、「この，道徳的主体としての形態」は，企業が，それを欠くならば，意思決定において道徳的な判断を考慮できないしまた考慮しない，構成メンバーの道徳的インプットに依存している。ワーヘインの表現を借りれば，「企業は常に道徳的圧力に"ポジティブに"反応しているわけではないしネガティブに応答しているわけではないのである。なぜならば，コーポレート道徳的主体性は企業の構成メンバーの道徳的インプットから独立していないからである。ヒトの道徳的リアクションが集団的な道徳的リアクションに必要なのである（しかし必ずしも十分条件ではない）」。企業の道徳的"行動"と"応答性"の種類と程度は第1次的な構成メンバーの道徳的行動とリアクションの種類と程度に掛かっている，というのがワーヘインの主張である。

　企業に道徳的応答性が欠けている第2の理由は，ワーヘインによれば，企業内の個人が当該会社内で発達してきた習慣や規範を身につけしばしばそれを優先させていることに求められる。例えば，ある企業が道徳的な意思決定を習慣的に避けるような"人格性"を持っているとすれば，この態度は個々人によって強化され，彼らはただ役割責任の枠内でしか行動しないであろう。企業の道徳的意思決定の活性化は，企業内の意思決定の性格，すなわち，「個々人が企業内において自らの役割責任をより幅広い道徳的観点に対してどのようにウエイトづけをするのか，構成メンバーの意図，役割責任そして行動がどのようにブレンドされ企業の第2次的な活動を形成していくのか，に掛かっている」のである。ただし現実には，ワーヘインの解釈に従えば，「不幸にも，役割責任はほとんど道徳的指示を含んではいない。そのために，外部からの企業に対する道徳的圧力は必ずしも個々人の行動を混ぜ合わせ企業としての道徳的応答を形成する方向への引き金にはならないのであり」，「企業がしばしば機械に喩えられるのは，決して，不可思議なことではないである」。

　企業は，しばしば，道徳的に中立的なスタンスに立っているように見えるし，必ずしも道徳的な"要請"を認識しているわけではないが，ワーヘインの立場では，企業は人々から構成された第2次的な集団であるために，「道徳的主体として"行動"できるのであり，それ故に，道徳的に責任を持ちうる存在である」（傍点原文）。しかしながら，「企業の道徳意識は企業の構成メンバーの道徳

第3章　ワーヘインの「企業は派生的な道徳的主体である」論　　75

的インプットに掛かっている」——これが重要な視点である。

　以上が，ワーヘインの「企業は第2次的な道徳的主体である」説の内容である。

　第2に，企業の権利は個人の権利に由来し，それと関連し，それに依存している，という発想。これは，他方で，雇用は，従業員の権利が問題となる文脈では，生産手段をコントロールしている人々に依存している，ということを意味している。このコントロールは，全般的に見て，企業の手中にある。したがって，企業の権利が一般的には2次的な要求であり，従業員の権利が主要な権利であるとしても，結果的には，その従業員の権利が作業域において発展するか否かは企業内の雇用関係のあり方に掛かっていることになる。そして従業員と企業双方の権利はその役割責任とともにお互いに相互依存の関係にある。ワーヘインによれば，「これが抽象的レベルで事実ならば，その相互関係を，現代の企業の中で，お互いの権利がそれぞれに尊敬される形で，いかにして，実践的に制度化できるのか？」(傍点原文)。さらには，「そのような相互尊敬が企業内で自発的に発達していくのか？」——これが問題になってくる (p. 161)。

　ワーヘインは，上述の2つの疑問に対して，「企業の道徳的活動の制度化は構成メンバー (constituent) の道徳的活動に依存している」との立場から，第1の問題と関連させて，次のような独自の解釈を提示している。企業を構成する人々の間に強力な道徳的相関関係が存在して初めて「平等な従業員と従業員の権利が実現」し「企業の道徳意識が発達する」，と。

　そしてワーヘインは，企業の道徳的活動の発達に関してはすでに多量の示唆が与えられているとの理解に従って，その幾つかを検討し，1つのモデル (一方で，企業の中で従業員の権利が認められ，他方で，現代の自由企業経済の中で企業の自由と自律性を守る，フレームワーク) を提示している。それは，言い換えると，一方で，「企業に道徳的活動を発達させることを要求し，同時に他方で，構成メンバーと企業の双方の道徳的権利を尊敬し向上させることを意図した設計図」(傍点原文) である。

2-2　ワーヘインの問題提起

2-2-1　既存のモデル

　ワーヘインは，自己の立場（すなわち，企業とその構成メンバーの相互関係を再構築し企業の道徳的活動を発達させる途を展望する立場）から，これまでに提示されてきた（企業の社会的責任のあり方に関連した）「改革」案を整理して，それらを17タイプに分類した後で，企業内に道徳的主体性を制度化するという「新たな」方向を描き出している。彼女自身が提起しているモデルに聞く前に，17タイプの発想の内容を確認しておこう。それらの特徴は，ワーヘインの立場に沿って文章化すると，以下のように整理される。

▶マクロレベルのモデル

　まず第1は全体としての経済をモデルチェンジする構想であり，これには，真に規制されていないレッセフェール的な私的自由企業状態へと経済を復元すること，法令と規制機関を介して企業の規制を続けさらにはより強化することが入る。

　①　規制されていない自由企業

　これはレッセフェール的な自由企業に立ち戻ることを提唱するものであり，フリードマン（Friedman, M.）に代表される。この見解によれば，規制から解放された私的企業体制は企業そしてその構成メンバーの自由と自律性を保護するのであり，そのような体制が，規制に時間とお金を費やす代わりに，経済成長への投資を可能にし，税金を減らし，利用可能な資本を増やし，規制緩和によって競争が高まり成長を刺激し，その成長がジョブ・マーケットを拡大し，賃金を引き上げ，生活水準を高める。また，この制度のもとでは道徳的権利が保護される，とも主張されている。なぜならば，他人の自由と対立する積極的な権利を奨励することなく支配されないという消極的な自由に対する基本的な道徳的権利を確立するからである。

　他方で，このシナリオのビジネスの将来に対する問題点として，現代のビジネスライフの最も重要な側面が看過され，しばしば無視されていることが，ワーヘインによって，指摘されている。それは「企業とその人的構成メンバーの関係」である。ここには，政治的な権利が社会において制度化されたとしても，

第3章　ワーヘインの「企業は派生的な道徳的主体である」論　　77

そのことが「社会の至る所でそれらの権利が認知され敬意を払われることを保証しない」，という理解がある。ワーヘインは，「この国では，政治的な権利が作業域にまで波及していない」として，次の事実をその事例として挙げている。任意雇用をめぐる議論では，その支持者たちは道徳的権利を「重要視していないように思われる」，と。

　ワーヘインによれば，「公平な社会」は「道徳的権利に対して心から敬意を払う社会」であり，そのような社会となるためには「道徳的権利が信奉されなければならないのである」。しかし，「レッセフェール経済に復帰する提案で無視されているのはまさにこの権利の拡充（proliferation）」なのであり，「すべての基本的な道徳的権利は単なる消極的権利にすぎない」，と主張されているのだ。

　②　規制と法律制定

　上記の構想とは逆に，フリードマンの立場を拒否する改革案がある。それは，ワーヘインによれば，フリードマン構想は「従業員の権利を無視し，規制されていないビジネスのネガティブな結果（虚偽の広告，危険な製品の製造，汚染，天然資源の浪費など）を止めることはできない」，ということを根拠に展開されている。我々は，「これらの敏感な領域において，ビジネスを規制すべきであ」り，それは，「公的な利害との関連で偏見のない客観的なビジネス観を持つために，政府によってなされなければならない」，と。この議論の1つのバージョンに従えば，「我々は，従業員の権利をつくり出し保護しそして社会を企業の間違った行動から護るために，法律の制定を必要としている」。

　しかし同時に，「この（規制が社会的問題を解決するだろうという）見解は」，ワーヘインによれば，「若干の性急な仮定に基づいている」。第1に，「ビジネスは，過去に道徳的な誤りを犯してきたために，道徳的責任を果たすことができないのであり，それ故に，法律および偏りのない政府機関によって規制されなければならない」，と。しかし，これには，ワーヘインの立場から言えば，疑問がある。なぜならば，問題は，「道徳的責任を果たすことができるのかできないのか」にあるのではなく，「この道徳的なアクティビティをいかにして認め，奨励し，活性化するのか」にあるからである。また第2に，「政府機関が，

常に，無私に，公平に，客観的に，効率的に，機能する」，と仮定されている。しかし，「歴史はこの仮定を裏切ってきた。政府規制は非効率的であり，コストが……莫大なものになっている」。さらに第3に，「規制と法的制裁は企業の道徳的活動をより強化しないのであり，企業は法律の文言に従うという形で新しい規制に反応するにすぎないのだ」（傍点原文）。

　「この提案は，企業の行動を表面的には改善するが，コストが高くつき，企業の道徳的活動を高めたり，企業内の使用者-従業員関係を強化することにはほとんど役立たないのである」。

▶ミクロレベルのモデル

　第2は，ミクロレベルの改革の制度化を志向するアプローチである。このタイプはかなり多数の人々によって提唱されてきており，ワーヘインによれば，経済制度の変革と比べると，むしろより実り多い，企業の道徳的発達に対するアプローチである。ただし，その内容は，「企業を外部から法的に強制し行動を制約する」から「メカニズムを自発的に再構築する」まで，多岐にわたっている。

《外からの制約》

　　③　すべての企業を，あるいはすべてのビッグ企業を連邦の設立許可のもとに置き，企業の「ライフ」を制限する
　　④　「独立の団体」を設立してビジネスを規制する
　　⑤　企業を外部の監査（外部の社会的監査）に委ねる
　　⑥　企業を外部監視者（guardian）に委ね，企業の行動をコントロールさせるあるいは企業を再構築させる
　　⑦　できるだけ，規制に代えて，企業法的責任（liability）やその他のマーケットインセンティブを導入する

　これらの提案は，⑦を除いて，企業の活動を外部から統制するものであり，そのような統制を欠いた場合でも企業は責任を持って行動できるかもしれない，という可能性を検討することなく提案されている。ワーヘインによれば，「連邦の設立許可や企業に対する制限は実現可能であるが，それらが企業の性格を変えるという保証はどこにもない。しかも企業が設立許可のもとに置かれたり，

第3章　ワーヘインの「企業は派生的な道徳的主体である」論　　79

政府が市場に介入するならば，その時，政治的統制から自由であった少しの自律性がすべて確実に消え去ることになる」。もし企業が自由と自律性の権利について幾ばくかの要求を持っているならば，「それらはこのスキームのもとでは失われるだろう」——これがワーヘインの見通しである。

《内からの改革》

⑧　経営判断ルールの行使を法制化し，企業が倫理的に問題のある事象を解決する際に経営判断ルールを行使して誠実に行動できるようにする

⑨　企業内に標準的な業務手続きの一部分として内部社会監査あるいはその他の評価手法を制度化する

⑩　公的な企業活動開示方法を開発し，企業の意思決定者に自らの活動に対して法的に責任を持たせる

これらはいずれも，企業の意思決定は公的なものであるべきであり，意思決定者はその決定に対して法的に責任を取らなければならない，との提案である。ワーヘインによれば，企業の構成メンバーに公的にそして法的に責任を取らせるこれらの方法は企業の中に道徳的責任に対する関心を喚起するには効果的な方法である。なぜならば，それらは，企業の意思決定の多くを担っている人々に向けられているからである。「しかし，社会監査は実施するのが困難であり，開示はしばしば規制することが難しく，そのような過程を合法化することは政府の大幅な干渉なしにはありえないことである。また他方で，この種の私的なあるいは自発的なプログラムは，企業内に責任説明メカニズムとしてビルトインされている場合にのみ，成功裏に遂行される代物である」。

《取締役会改革》

⑪　取締役会を，組合代表，教会，有識者，その他利害関係のない人々などの外部取締役が大多数を占めるように，構成することを要求する

⑫　取締役会の上位に倫理委員会や監査委員会を設置するように要求する

⑪および⑫は「興味深い」提案である。なぜならば，ワーヘインの理解に従えば，それらは，「道徳的なインプットが企業の道徳的応答の必要条件である」，ということを示唆しているからである。「外部のあるいは中立の取締役が企業に新しい道徳的発想を持ち込み，倫理委員会が取締役会に対してこの役割を強

く求める」事態が生まれ，「ローレベルの従業員や組合役員が取締役会のメンバーとなり，大きな社会的課題だけではなく労働者の権利も企業の道徳的考慮最前線に躍り出る」ことがあるのだ。

⑪および⑫の問題点は，第1に，そのような「取締役会の変革がしばしば法律で文章化されている道徳的義務を念頭に置いており，必ずしも道徳的な行動を保証しないこと」，第2に，「これらが，しばしば，企業の道徳的アクティビティを高めるステップに<ruby>す<rt>・</rt></ruby><ruby>ぎ<rt>・</rt></ruby><ruby>な<rt>・</rt></ruby><ruby>い<rt>・</rt></ruby><ruby>も<rt>・</rt></ruby><ruby>の<rt>・</rt></ruby><ruby>で<rt>・</rt></ruby>あること」（傍点原文）にある。これは，ワーヘインによれば，「取締役会が取り組むのが大きな社会的課題であり，企業の内的なアクティビティに焦点を合わせることがなく，従業員の権利や使用者─従業員関係の向上に向けた刺激剤として機能しない」，という限界から生じる問題である。

《特殊な内部からの倫理的プログラム》

⑬　モラルエクセレンスを最優先関心事項とする強力な道徳的なキャラクターをCEOに据えることを要求する

⑭　企業内に，パブリックな，社会的なあるいは従業員の利益を代表する職位を制度化する。例えば，オンブズマン，社会的責任担当副社長，常勤倫理学者

⑮　企業内に，倫理的責任トレーニングプログラムを制度化する

⑯　従業員向けの倫理綱領を策定する

⑰　個々の企業ごとに権利規約あるいは権利の章典を採択するように働きかける

企業の道徳意識を制度化する最も理想的だが困難な手段が，ワーヘインの考えでは，企業内で自発的に内部から改革することである。「管理職が部下に命令したり報告を聞いたりするだけでなく現場に出て部下と一緒になって」道徳的なリーダーシップを発揮することはその1つである。これは「重要ではある」が，「企業が道徳的に変革するための十分条件ではない。なぜならば，道徳的な変革が真に効果的なものになるためにはすべてのレベルの意思決定を巻き込まなければならないからである」。また，「オンブズマン，倫理学者のような人々を任命する措置も，彼らに倫理的課題に企業として応答する充分なパワ

ーが与えられている場合に，効力を発揮する」。同じように，「倫理トレーニングプログラムは，教えられた事柄が実際に企業の行動の中で実施された場合に，有益である」。ワーヘインによれば，「この“～の場合に”が問題なのであり」，「この領域で，提案を具体化している」「コーポレト改革者はほとんど存在しない」のである。

　すでにかなりの数の企業が従業員行動向けの倫理綱領を制定しているが，ワーヘインによれば，この綱領には2つの問題がある。第1に，綱領では，従業員は何を許可されていないかは記載されているが，従業員の権利が述べられていない。第2に，綱領は法令として見なされ，従業員は企業や社会に対する自分たちの責任を明確に受け止めるというよりはむしろ文書の文言内で行動するようになる。

　企業内の従業員権利に特別に焦点を当てているのが⑰であり，従業員，経営者，株主などの権利が詳細に記述されている。この「権利の章典」提案の問題点は，ワーヘインによれば，従業員の要求を無視して，権利が書き出されていることにある。

　「権利の章典」が制定されるならば，そこには従業員と使用者双方の並列の（parallel）権利が含まれるべきである――これがワーヘインの持論である。「権利の章典は従業員―使用者関係の理想であるが，権利の章典をただ有しているだけでは作業域でその権利に敬意が払われることを保障しない」のであり，それがしばしば「高圧的な，専門家にしか分からない法律用語」として見なされ，「真の改革を実施しない言い訳として使われている」のが1つの現実なのである。

　以上が17タイプの概要である。

2-2-2　オルタナティブなモデル――企業構成メンバーモデル――

　道徳を最優先関心事項とする強いCEOを据え，オンブズマン，倫理学者の常駐化，倫理綱領や権利の章典の制定を通じて，倫理意識プログラムを展開し従業員権利を保護すれば，ワーヘインの解釈に従えば，企業の道徳的キャラクターを発達させることに貢献するかもしれないが，それらはすべて（トップから組織全体に徐々に染み透らなければならない）「トップダウン」メカニズムであ

る。ということは，そのメカニズムは「企業内のすべての個人がそれらから倫理的"ベネフィット"を受け取ること」や「組織全体の道徳的アクティビティおよび道徳的キャラクターの発達」を保証しないということである。さらに言えば，これらの提案の幾つかは，それを具体化させるためには「効果的な政府規制を必要とする」，という問題も抱えている。

　ワーヘインは，既存のモデルを上記のように論評して，「もう1つの」企業道徳的主体性モデルを提示している。それは，「道徳的アクティビティがビジネスのすべてのレベルで活発化され，従業員と使用者の権利が外部の強制や政府の介入なしに自由にそして自発的に実現される」モデルである。ただし，その「モデルは個人の道徳的人格性モデルとあらゆる点で等しいものとはならない。なぜならば，そのような経済的組織の特殊なしかも本質的な特徴である目的—手段構造を，利潤志向制度としてのそれを制度破壊することなしに，誰も解体できないからである」。

　さらに続けてワーヘインは次のように述べている。「企業を，人間以上の道徳的人格性を企業に付与する方向で，人格化しようとは思わないだろう」，と。ワーヘインの提案は，彼女によれば，「道徳的な熟慮が意思決定のナチュラルな部分であり，組織のすべての構成メンバーが，企業の経済的機能や存在意義を破壊することなく，自律的な人格として取り扱われる，道徳的アクティビティの1つの理想」の具体化を目指した「挑戦」である。ワーヘイン・モデルは，その構想によれば，一方で，企業を「存続可能な利潤獲得組織として保ち」，他方で，「企業のすべてのレベルで有意義な仕事をするために必要な参画的管理と自発的構造を具現化するフレームワーク」を提示している。

　付言すると，確かに「独立した取締役会，強い信念を持ったCEO，オンブズマン，倫理綱領そして権利の章典は」ワーヘインの「フレームワークを支えてくれるだろう」が，「企業内で道徳的主体性が継続的に習慣的に機能する」ようになるとすれば，それは「道徳的アクティビティが企業のすべての活動レベルで生じる」時だけなのであり，ワーヘイン提案は「この決定的な次元を考慮している」——これがワーヘインの自己評価である。ただし，作業域における従業員の権利を考慮しつつ企業内で道徳的アクティビティを活性化させるた

第3章　ワーヘインの「企業は派生的な道徳的主体である」論　　83

めには，ワーヘインによれば，以下の3つの条件が必要である。

(1) 企業と構成メンバーの関係に次のような変化が生じなければならない。

(a)企業が個々の個人メンバーによってラジカルに改善される

(b)個々の個人メンバーにはそれぞれのビジネス行動に対して説明責任がある

(c)企業には従業員を含めてすべての構成メンバーに対して説明責任がある

(2) 企業の目的と構成メンバーの行動の関係にも変化が生じなければならない。

(3) 上記の変化の結果として，企業の目的の選択と達成が構成メンバーに対して経済的効果だけではなく道徳的効果も及ばさなければならない。

3つの条件についてワーヘインから詳細に聞くことにする。

ワーヘインは，3つの条件について解説する前に，これまでの代表的な定義について次のように触れている。我々は，「道徳的人格としての企業の定義を批判する際に，そのような定義が，企業が，個人と比べるとかなり大きく，あるいは時々個人を」犠牲にして，「その自由を行使できるように，企業に都合の良いようにあまりにも多くの権利を与えてきた，と指摘されていたことを思い出すだろう」→そして逆に，「企業をフォーマル組織として」見なす「第2の定義は，組織の中の従業員の役割を，会社の生産性と利潤性に対する非人格的な貢献者として規定」している→この定義に対しては，「従業員は企業の意思決定に経済的だけではなく道徳的にもしばしば貢献するという事実を無視している」，と批判されてきた，と。企業の上記の2つの定義では，いずれにしても，「個人という構成メンバーはせいぜい企業の活動において2次的な役割を果たしている」と想定されていたのである。

これに対して，ワーヘインの立場は異なっている。彼女は「企業を，個人という構成メンバーがそれぞれ決定的な役割を果たすように，制度化する」ことを提唱しているのであり，そのように提唱する「第1の理由」として，「個人という構成メンバーがパーソンであり，パーソンは当然のこととして相応しい尊厳と尊敬に値することを考慮している」ことを挙げている。また第2の理由として次のように述べている。「もし我々のように企業を集団（collective）とし

て記述することが正しいならば，企業の道徳的アクティビティはいかなるものであれすべてその構成メンバーの道徳的アクティビティに依存している。構成メンバーの道徳的（不道徳的）インプット（従業員行動の質）はそのまま企業の道徳的（不道徳的）決定にそしてその行動にポジティブにあるいはネガティブに影響を与える。それ故に，誰を解雇し雇っておくのかが重要な事柄となる。ヒトの経済的生産性と道徳的インプット（従業員の働き方）の双方が企業の利潤性とキャラクターに大きく作用するのだ」（傍点原文）。

条件1（b）と1（c）は従業員—使用者関係の相互的関係の性質を分析することによって導き出されたものである。その要点は，「従業員に企業について考え判断することを認めずに，誰も従業員に責任を取らせそして道徳的に責任を取らせることはできない」，ということにある。

条件2と条件3について，ワーヘインは，それらを「自由企業組織に要求すること」は「不可思議に思われるかもしれない」が，それらの条件は「従業員—使用者関係を実質的により一層拡大した」結果である，と述べている。従業員に作業域での道徳的権利が認められるならば，従業員は，企業は「彼らの」組織である，という意識が持てるように，企業に統合されることになろう，と。「企業の決定は従業員の決定であり，企業の目的は従業員の目的となるべきなのである」。「さもなくば，従業員—使用者関係は悪化の一途を辿り，充分に統合され機能する組織の成立は不可能になろう。さらに言えば，企業が道徳的に説明責任を問われるならば，構成メンバーも道徳的に説明責任を問われ，企業の方向を選択し変える際に重要な役割を果たさなければならないのである」。「目的を構成メンバーから"距離を置いて"没人格的に設定することは，構成メンバーを企業の目標，指示そして活動から"距離を置いた"位置に留めておくことである」。ワーヘインによれば，「そのような状況のもとでは構成メンバーの道徳的参加は生まれないし，構成メンバーが企業活動の道徳的発達にポジティブに貢献することはない」のだ。

このような条件1ならびに条件2と条件3はどのようにして達成されるのか？ ワーヘインによれば，企業の道徳的アクティビティを確立するためには，企業と従業員の関係が，個々の個人が組織に意味のある影響を及ぼすように，

再構築されなければならない。そのようなモデルでは，企業の従業員はクラブのメンバーや一国の市民と似たような存在になる。すべてのレベルで雇用が重要な事柄になる。雇用される従業員には組織に経済的だけではなく道徳的にもコミットすることが期待される。言い換えると，「構成メンバーは企業の"アクティビティ"を道徳的に受け入れられるものとして理解するか，あるいは少なくともアクティビティを構成メンバーに道徳的に受け入れられるものへと転化させる変革を反論せずに受け入れ」なければならないのである。そして，企業には，逆に，（企業から見て）長期間にわたって雇用し続けその能力を発達させたいと思う人々だけを採用することを期待されている。簡潔に言えば，双方向の期待を組み込みそれらを実現する途を探ること——これが必要である，ということである。

　ワーヘインがこの方向に向けて重要視しているのが「参画的マネジメント」である。「オフィス，工場，部署の管理にできるだけ多くのヒトを巻き込むことを目指した参画的マネジメントを展開して企業を再組織化すべきである」，と。確かに「すべてのヒトが参加することを望まないだろうし，そうするスキルを持っていない人々もいるだろう」。しかし，ワーヘインの立場に立てば，「それを望む人々に対してはその機会を利用できるようにするべき」なのである。

　企業の性質を変えなければ企業の目的構造を変えることはできないかもしれないが，構成メンバーと企業の目的の関係を，その目的が構成メンバーにとって道徳的に意味があるように，変えることはできる——これがワーヘインの立場である。彼女によれば，「企業は組織の意思決定プロセスに」に関わる人々に「納得される目的を達成するために存在している」。さらに言えば，「企業の目的は構成メンバーのウエルフェアと同一ではないし，そのようになることを期待するのは無理な相談である」。言い換えれば，その目的は，むしろ，構成メンバーが雇用され続け経済的報酬を獲得し，あるいは配当金を受け取る，手段」なのであり，それが達成される時に，構成メンバーにとって，企業の目的が初めて「道徳的に意味あるものとなる」，という論理がそこには横たわっている。

3 ワーヘイン道徳的主体論の意味

ワーヘインの見解は，本章（宮坂）の理解に従えば，以下のように（問答形式を取れば）整理される。

Q1 ワーヘインの立場は「企業道徳的主体論争」史上においてどのように位置づけられるのであろうか？

A1 ワーヘインは企業の主体性を「第1次的なもの」と「第2次的なもの」に分けている。このような理解に立つと，企業は，第1次的な意味では，道徳的主体ではないが，第2次的な道徳的主体として見なされる実体である。

したがって，前者の部分を見ると，ワーヘインは「構造制約説」に与するとして見なされ，後者に注目すると，「企業道徳的主体説」に属する研究者として評価される。

Q2 ワーヘインは，何故に，企業は，第1次的な意味では，道徳的主体ではない，と考えたのか？

A2 ワーヘインによれば，企業は，それがフォーマル制度であることによって，道徳的主体と見なされない存在である，というのではなく，企業という組織，その構造と目的が，企業に道徳的責任を帰することは意味がない，という状態を生み出しているのである。すなわち，企業のメンバー（従業員，株主など）と企業の規則や目的との関係の性格が没人格的なものであること，特に，企業と従業員の間に互恵的な関係が欠落していることが企業に主体性（agency）という属性を付与することを不可能にしている。

Q3 ワーヘインは，何故に，企業は第2次的な道徳的主体である，と考えたのか？

A3 「第2次的（secondary）」に先行するコトバは「第1次的（primary）」である。ワーヘインによれば，企業の構成メンバーの個々の行動（第1次的な行動）の単なる総和ではなく，「それ以上の何か」があり，彼女はそれを「派生的な」行動として位置づけている。その「第2次的な行動」はいわば「第1次的な行動」から相対的に独立したものであり，そこには主体性

第3章 ワーヘインの「企業は派生的な道徳的主体である」論 87

が見られる，という解釈である。

　「企業は，ヒトと同じように，その統制下にある行動に対して，道徳的
に責任があるし責任を取るべきである」——これがワーヘインの基本的な
立場であり，以下のような論理から組み立てられている。

　　方法論的集団主義（集団的なコーポレート行動としての現象が存在している。
これは第2次的な集団的行動である）→集団的な第2次的行動（企業の行動は，
集団自身がたとえその行動を文字通りオーソライズしていないとしても，集団に帰
属する，第2次的な行動である。企業の第2次的な行動は真に集団的行動である）
→再配分されない企業行動（第2次的な行動は没個人的な《オーソリティ》によ
って権威づけられ没個人的な《オーソリティ》のために働く構成メンバーによって
形式的に中立の立場から遂行されるために，必ずしも，すべての第2次的な行動を，
再び，それを生み出す原因となった人々のせいにすることができない）→意図す
るシステムとしての企業（コーポレーションの意思決定過程に貢献する構成メン
バーと外部の代理人の意図だけが第1次的な意図として見なされ，そこから第2次
的な意図システムが機能する。企業は，企業の構造，その目的，そして企業の行動
に関連すると見なされる選択的な（selective）意思決定過程の中でのみ機能する，
いわば特殊な意図するシステムである）→企業道徳的主体性と道徳的責任（第2
次的な行動は企業に帰属されるものであるために，企業はそれらの行動に対して責
任を問われる。企業は人々から構成された第2次的な集団であるために，道徳的主
体として行動できるのであり，それ故に，道徳的に責任を持ちうる存在である）。

Q4　「企業は第2次的な道徳的主体である」という命題はザインかそれとも
ゾレンか？

A4　ワーヘインには「ザイン／ゾレン」という発想はない。

　「企業は，第2次的な道徳的主体として，道徳的責任を問われる」とい
うのがワーヘインの立場である。ただし，企業は常に道徳的圧力に"ポジ
ティブに"反応しているわけではないしネガティブに応答しているわけで
はないのであり，「道徳的」であったり「不道徳的」であったりするのが
現実である。どちらが表面化するのかは企業の構成メンバー（特に，従業
員）の道徳的インプット（どのような資質の人が従業員となるのか，そして彼ら

が「倫理的に」行動するのかそれとも「非倫理的に」行動するのか）に掛かっている。

　ワーヘインが，企業の道徳的アクティビティ（道徳的行動）を確立するためにも，企業と従業員の関係の変革を強く提起しているのはそのためであり，「参画的管理」を提唱し，そのあり方を具体的に展望している。

Q5　ワーヘインは自由主義経済体制とCSRの関連をどのように捉えているのか？

A5　ワーヘインによれば，自由主義経済体制を維持するためには規律（道徳）が必要である。

注

　1)　本章は，ワーヘイン（Werhane, P.）の論文（"Formal Organizations, Economic Freedom and Moral Agency", *The Journal of Value Inquiry*, Volume 14, Issue1, 1980）および彼女の著作（Werhane, P., *Persons, Rights and Corporations*, Prentice Hall, 1985）の中で展開されている所説を取り上げている。ワーヘインの業績一覧がウエブから入手できる（http://www.corporate-ethics.org/pdf/cv-werhane.pdf#search=%27Werhane%2CP.1980%27 アクセス 2017/03/27）。

　2)　Friedman, M., *Capitalism and Freedom*, University of Chicago press, 1962.

　3)　以下の行論ではWerhane, P., "Formal Organizations, Economic Freedom and Moral Agency" からの引用が頻繁に行われている関係上，逐一該当ページを明記していない。

　4)　Ozar, D., "The Moral Responsibility of Corporations", in Donaldson, T. & Werhane, P. (eds.), *Ethical Issues in Business: A Philosophical Approach*, Prentice Hall, 1979.

　5)　Ladd, J., "Morality and the Ideal of Rationality in Formal Organizations", *The Monist*, 54, 1970, pp. 488-516.

　6)　Goodpaster, K., "Morality and Organizations", paper originally presented at the Pacific Division Meetings, American Philosophical Association, 1978.

　7)　Donaldson, T., "Moral Change and the Corporation", Proceedings of the Bentley College Second National Conference on Business Ethics, 1979.

8) Keeley, M., "Organizations as Non-persons", *The Journal of Value Inquiry*, 15-2, 1981, pp. 149-155

9) Rönnegard, D., "How Autonomy Alone Debunks Corporate Moral Agency", *Business and Professional Ethics Journal*, Volume 32-1/2, 2013.

10) 以下に紹介検討したワーヘインの主張はWerhane, P., *Persons, Rights and Corporations*, Prentice Hall, 1985において展開されているものである。煩雑さを避けるために，逐一該当ページを明示していない。なお，ここで列挙されている論者の論文等は以下のものである。DeGeorge, R., "Can Corporations Have Moral Responsibilities?," *University of Dayton Review*, 5, 1981; Donaldson, T., *Corporations and Morality*, Prentice Hall, 1982; Dubbink, W. & Smith, J., "A Political Account of Corporate Moral Responsibility", *Ethical Theory and Moral Practice*, 14, 2011; French, P., *Collective and Corporate Responsibility*, Columbia University Press, 1984; Goodpaster, K., "The Concept of Corporate Responsibility", *Journal of Business Ethics*, 2, 1983; Manning, R., "Corporate Responsibility and Corporate Personhood", *Journal of Business Ethics*, 3, 1984; Moore, G., "Corporate Moral Agency: Review and Implications", *Journal of Business Ethics*, 21, 1999; Ozar, D., "Do Corporations Have Moral Rights?", *Journal of Business Ethics*, 4, 1985; Phillips, M., "Corporate Moral Personhood and Three Conceptions of the Corporation", *Business Ethics Quarterly*, 2, 1992; Seabright, M. & Kurke, L., "Organizational Ontology and the Moral Status of the Corporation", *Business Ethics Quarterly*, 7-4, 1997; Soares, C., "Corporate Versus Individual Moral Responsibility", *Journal of Business Ethics*, 46, 2003; Werhane, P., *Persons, Rights, and Corporations*, Prentice Hall, 1985; Ladd, J., "Morality and the Ideal of Rationality in Formal Organizations", *The Monist*, 54, 1970; Velasquez, M., "Why Corporations Are Not Morally Responsible for Anything They Do?", *Business and Professional Ethics Journal*, 2, 1983; Velasquez, M., "Debunking Corporate Moral Responsibility", *Business Ethics Quarterly*, 13, 2003.

11) ただし，ワーヘインによれば，すべての企業がこのタイプではない。コーポレーション内の「個人にトレースできる幾つかの"行為"が存在する。それらは，非常に小さな企業やワンマンで独裁的なエグゼクティブに経営されている企業の中で，確かに，存在している」(Werhane, *Persons, Rights and Corporations*, p. 56)。

第4章 キーリィの「非人格として の組織」論

1 キーリィの問題提起

　1981年に，キーリィ（Keeley, M.）が，道徳的な議論が活発になっている現状を歓迎しつつも，組織論者の1人として，道徳哲学領域で展開され始めていた1つの流れに疑問を提起した。[1]その流れとは組織の社会的責任を分析するために組織を道徳的人格として見なすことであった。キーリィによれば，「道徳的人格アプローチが近年の論文において，例えば，フレンチ（French, P.）やオザー（Ozar, D.）（1979）によって展開され」，「彼らが高まってきた企業の説明責任を支える議論を構築している」ために，「そのような主張は好奇心をそそる」ものとして受け入れられるようになってきた。だが，キーリィのコトバを借りると，それは「有益ではない（unhelpful）議論」である。というのは，社会学的な伝統を踏まえると，「組織論者は，長い間，コーポレーション（以下，「企業」と表記することがある）を一種の人格として見なしてきたが，その観点が，社会的に魅力的な示唆を与えることができないことも原因して，疑問視されている」[2]からである。それ故に，今の時点で〔1980年代初め〕，組織人格性がそもそも企業の説明責任という問題の原因だったのかそれとも解決策だったのかを解明することが興味深い課題として浮かび上がってくる。

　このような問題意識のもとで，人格性を組織に帰属させる論理に焦点を合わせ，それを実践に移すと，結果的には，道徳的に不都合なことが生じる，と論

91

評したのが，キーリィの論文「非人格（non-person）としての組織」である。以下，キーリィの主張の要点を整理する。

2　組織の意図と組織の目的

　道徳的主体性を企業に帰着させる試みを攻撃した代表的な研究者が，キーリィによれば，ラッド（Ladd, J.）とワーヘイン（Werhane, P.）である。彼らは，企業は人格あるいは有機体というよりはむしろ機械のようなものである，すなわち，企業は特殊な目的を効果的に達成するための非人格的な集合体であり，その目標に対立する道徳的行為は組織の観点からすれば単純に非合理的である，と主張した[3]。このような議論は，キーリィによれば，あまり説得的ではない。なぜならば，ラッドやワーヘインは，企業道徳的主体論が構築されるベースとなる特性，すなわち，意図性という特性が組織に存在することを認めているからである。キーリィの立場から言えば，道徳的人格説に対してより強力に反論したいならば，組織は意図あるいは目標をまったく有していない、ということを示すことが必要であり，その作業を通して説得的に反論できることになる。

　このようなキーリィの視点から言えば，フレンチの論文は組織のステイタスを道徳的人格として認める時に生じてしまう不可思議な動きが取り込まれている1つの例である。「フレンチは，組織は，それが道徳的人格として見なされるためには，単に法人格ではなく，メタフィジカルな人格として規定されなければならない，ともっともらしく論じている。そしてこのことが，今度は，組織が自分自身の行為を"意図"できる，ということを示すことを要求したのである」。そしてこのような「不可思議なことは」，フレンチにあっては，「組織の意図の発明」（傍点原文）へと繋がり，それが個人の相互作用を社会的な存在へと変換するものである」，とされたのであった。他方，「組織論者は集団的な意図あるいは目標について充分に説明しようと努めてきたが，成功したとは言えない」状態が続いてきた[4]。キーリィの理解では，彼らの失敗は組織人格性を弁護したことと関連している。

　この問題を明らかにするためには，キーリィによれば，3つの概念（組織のた

めの目的，組織の目的，組織の結果）を区別することが有益である。組織のための目的は組織のアウトカム（組織行動を通してもたらされた事態）に対する人々の選好である。組織の目的は組織自身が意図するアウトカムである（傍点原文。以下同様）。組織の結果は共同の行動の結果である。我々は，組織の参加者に質問することによって第1のものは特定化できるだろうし，行動を観察することによって第3のものも特定できるかもしれない。しかし，第2の「組織の目的」は，キーリィの解釈では，社会人の信念の中に見られるものであり，何らかの手段によって特定化することは不可能である。事実，真の組織的な目的や意図を明確にできないとすれば，それらが存在していると見せ掛ける，あるいは組織が重要な点でヒトと似ていると考えさせる，特徴・特質が存在していないのである。

3　組織手続きから組織の意図は証明できない

かつては，キーリィの理解に従えば，組織論者は目的は何ら問題なく明確に提示できるものである，と考えていた。目的は，公式的な資料や組織を代表する人々の声明（例えば，定款，アニュアルレポート，経営者の公式声明）に見出すことができる，と。しかしながら，今日では，そのような「公式的な目的」は誤解を招く恐れがある，と一般的には見られている[5]。なぜならば，「それらは特別な参加者から社会的に賛同を得たり彼らのコミットメントを確保するためにしばしば出されるものであり[6]，組織の諸活動の真の性格を必ずしも反映していない」からである。キーリィのコトバをそのまま借りれば，「幾つかの公式声明は"進歩は我々の最も重要な産物である"というような理想を盛り込んだ毒にならない架空のものであり，他のものはより腹黒く……，ある会社はほとんどありえない最新の目的を提示したり，地球に住んでいるほぼすべての人々の夢を実現する組織である，と主張している」企業もある。いずれにせよ，そのような報告書には「疑問の余地がある」。その作成者の視野がいかなるものであろうとも，「組織の参加者によって示された目的は基本的には組織のために参加者が考えた目的を記述したものである（決して作成者のものではない）」（傍点

第4章　キーリィの「非人格としての組織」論　　93

原文）。キーリィの立場では，そこに記されている目的が，参加者の誰かがそのように述べたものにすぎないという事実を超えて，組織の真の目的である，と言うためには，さらなる証拠が必要なのである。

　組織のための目的と組織の目的を区別するという問題に提示されてきた通例の解決策は，キーリィの理解に従えば，「現実の組織の活動を直視し，それらの活動から，それらが支持している"現実の"ないしは"業務上の"目的は何なのかを推察する」ことである。そしてキーリィによれば，フレンチとラッドは，まさにこの流れに則って，組織の手続きを観察すれば，それはゲームの規則に類似しているために，その手続きから組織の意図を抽出できる，と示したのであった。しかし，キーリィの立場から言えば，「実際には，できないのだ」。なぜなのだろうか。それは，「組織の活動を分析する場合に2つの問題がしばしば混同されている」からである。「1つは組織行動と非組織行動を区別することであり，もう1つは組織行動から組織の意図を抽出することである」。このことに関して，キーリィは，業務上の手続きを観察することは第1の障害に対しては有益かもしれないが，第2に対しては役立たないであろう，と次のように説明している。「組織への参加者の行動を観察したとする。規則的なものから偶発的なものに至るまで様々なパフォーマンスが観察されるだろう。我々はそれらの幾つかを組織的なパフォーマンスと名づける。例えば，上司への報告書の準備や送信など。逆に，非組織的なあるいは個人的なパフォーマンスと名づけたいものもある。私的な電話など」。「分析の単位として組織に注目するならば，我々はこれらの2つを区別する方法を持たなければならない」。そこで，「多くの場合（すべてではないが），組織図，職務記述書，製造指図書，業務習慣などに見られる，組織の規則，手続きを参照して，我々はそのような区別を行っている」。しかしながら，そのような手続きは「組織行動を特定化することには役立つかもしれないが，その行動から組織の意図を抽出する」（傍点原文）ことは容易ではない。真の組織の意図とは何なのであろうか？

　キーリィの説明をさらに聞くことにする。ここで，「ラッドとフレンチが用いたゲームとの類似性を考えてみよう。我々がゲームの規則（すなわち，組織手続き）を知っているならば，どの行為がゲーム（すなわち，組織行動）において有

効なのかを容易に特定することができる。そして，通常，それらの規則から，様々な参加者がゲームで何を意図しどのような状態で終わろうとしているのか（すなわち，組織のための目的）を推察することができる。しかし，ゲームの規則はゲーム自体が意図していることを明らかにしてくれるわけではない。実際のところ，ゲーム自体が何かを意図している，と言ったとしてもほとんど意味がないだろう。ゲームに類似した特徴から組織の意図を推察することが非論理的であることはラッドの言説においても明示されていたことであり，彼は，キングをチェックメイトすることがチェスの規則に内在するものではないように，組織の目的はその活動に本来備わっているのではない，と述べている[8]」（傍点原文）。

　ここで一旦キーリィの立場を確認しておこう。彼によれば，このような「類似性は，組織が自分自身の目的を持っている，というラッドやフレンチの主張を支持するようには思われない」。「チェスにおいてチェックメイトするという目的は明らかにそのゲームが達成しようと試みあるいは意図している何かではないのだ。それは参加者が協力して達成しようとする共通の（shared）目的ではないのである。むしろ，1人の参加者にはブラックキングをチェックメイトすることが目的であり，別の参加者にはホワイトキングをチェックメイトすることが目的であり，2人はお互いに同意した規則の中で別々の目的に向かって動いている。同じことが組織にも見られ，業務手続きあるいはゲームの規則はそれ自体では正真正銘の組織目的を伴っていないのである」（傍点原文）。

　キーリィは次のように自分の立場を明確にしている。「私はゲームとの類似性をあまりも遠ざけ，組織の参加者は，普通は，チェスのように競争的な個人的な目的というよりもむしろ共通の組織目的を達成するために協働しているのだ，と主張しているように思われるだろう。この点では，例えば，フレンチも，企業では参加者の多様な目的が（参加者個々人の意図とは異なる）長期にわたる企業目的に融合されている，と論じているが[9]，フレンチは，このように主張する時に，1つのポピュラーな社会学的論点に大きく依拠していた。それは，組織は個人の集合体“以上の”何かであり，組織は，ある意味では，調整された実体として行動できる，という命題である。企業の役員が，例えば，カルテルに

参加する方向に向けて企業の舵取りを始めたとしよう。これは単に個人の行動ではなく企業の行動として記述されるものである。このような性格づけは，多分，正確である。しかし，フレンチは，我々がもう一歩踏み込んでそのような行動企業の意図を伴っていることを認めないならば，我々を，"人間中心の偏見に陥っている"として告発するであろう。彼は，オルタナティブな，擬人化された，組織行動観が正当化されている，とは述べていないのだ」(傍点原文)。

　続けて，キーリィに聞くと，「組織が幾つかの自分自身の特性を有していることは」公平に見て「明白である」。しかしながら，組織に「意図性が存在する」ということに関しては，疑う余地がないとは言えないのである。彼は次のような事例を挙げる。「組織は，ヒトの相互作用のシステムとして，イベントを展開し組織に帰属する結果（例えば，利潤)」を生み出す。組織の結果は個々人の行動の集合的な結果"以上のもの"である。それは，単に行動しているヒトの様式ではなく人々が一緒に行動する方法」の違いに「よって生じたという点で，真に集団的な特質である。別の言い方をすると，人々の動機は行動に影響を与えるが，彼らの現実の協働的な行動（組織）は動機から独立した結果を生み出すことになる，ということである」。それ故に，我々は，「イベントが共同で生み出したものあるいは結果を，その時に個人が組織の手続きに従って行動しているために，組織の行動として描くのである」。しかしながら，「組織がそのように行動しているという事実から」，言い換えると，「ある結果を生み出しているという」(傍点原文) 事柄をもって，「組織がある結果を意図して行動できると主張することは大きなジャンプ (leap) である。後者の主張を確立するためには，組織によって意図された結果（組織の目的）とその他の結果を区別できなければならないのである」(傍点原文)。「このことは，参加している個々人の意図に言及することなくして，不可能であろう」——これがキーリィの主張である。

　以上のことを，企業を念頭に置いて，説明し直すと，次のように文章化されることになる。「組織の結果には，利潤，赤字，財貨，サービス，給与，成長，汚染物質，職業病，人種差別などがあろう。それらはすべて組織行動（組織の規則あるいは手続きに則った行動）によって生み出されたものであるが，我々はそ

のうちの幾つかだけを“組織目的”として呼びたいし，他のものは目的達成のための“コスト”として考えたい。しかし，どれが目的であり，どれがコストなのであろうか？　不幸にも，これに関して，業務上の手続きは曖昧であり」，「それだけに」頼ることは難しい。「ある人々は，例えば，製造業務を利潤ジェネレイター（generator）として見なすだろう。その場合，給与はそのコストに入る。またある人々はその業務を給与ジェネレイターとして見なすだろう。この場合，利潤がそのコストに入る。そして，組織はどちらが正しいか語れないのである」（傍点原文）。というのは，「利潤も給与も目的かもしれないという点では，それぞれの立場は，部分的には，正しい」からである。しかも，「通常，そのような議論を解決する組織的な基準が存在していないのだ」。「組織は，行動の体系として，ある結果を（それ自身のサバイバルを含めて）他の結果よりも優先させること自体ができないようになっている」（傍点原文）。ということは，「目的を特定するということはヒトの好みに掛かっている」ことを意味している。「我々が普通“組織目的”と呼んでいるものは組織行動の潜在的な結果なのであり，それらは少なくとも参加している何人かの個人のための目的である。例えば，それは，利潤，給与，製造物であり，決して，汚染物質，職業病ではないだろう。フレンチ　もラッドもそしていかなる組織論者も，私〔キーリィ〕の知識では，組織目的を（そこに参加している人々の意図である）組織の結果から区別する基準を提示してこなかった」（傍点原文）。

　キーリィ自身の要約をそのまま引用すると次のようになる。「組織の結果と組織のための目的は一般的に特定することができるが，組織の独自（independent）目的は存在しないのだ。組織目的を組織の活動から導き出すためには，まず前者を想定することが必要である。フレンチがしたことはまさにこのことであった。フレンチは組織目的を識別するためにゲームの規則を提示したが，それは，結局のところ，手続きをそのまま記述したものではなくそれ以上のものだったのである」（傍点原文）。例えば，“確立されたコーポレート政策”がその事例であり，企業の目的が定款やアニュアルレポートに記載されている。そして「それらに沿った行動が企業によって意図されたものとして見なされているのである。かくして，我々は，出発点，すなわち，（組織のための目的にすぎ

第4章　キーリィの「非人格としての組織」論　　97

ない）公式の目的に戻ることになる」（傍点原文）。

　キーリィの要約はさらに次のように続いている。「すでに述べたように，声明としての公式の目的は狭いものもあれば包括的なものもある。しかし，いずれにしても，組織のための目的を組織の目的と呼ぶことは欺瞞である，と私〔キーリィ〕は考える。後者が複雑な組織においては明らかに存在しないことに関しては，一定の合意が存在している」（傍点原文）。小規模の組織は例外として，「大きな組織では，組織のための目的は多様であり対立さえしている」（傍点原文）。それ故，私たちは「目的について語る時，誰の目的について語っているのか，株主のための目的なのか，従業員のための目的なのか，消費者のための目的なのかなどを確認することが重要である。集団的目的という考え方は組織分析をきわめて単純化したものなのである」（傍点原文）。

4　組織は奇妙な外見を持つ人格である

　集団に個人的な意図と類似するものが存在することを指摘できないとすれば，組織は奇妙な外見を持つ（strange-looking）人格である。組織はメタフィジカルな人格には見えないし，道徳人格にも見えない。しかしながら，これは，組織について道徳的な判断をできない，ということを意味するものではない。例えば，組織Xが，人格としてとは言わないまでも，社会的システムとして，道徳的な見地から，組織Yよりも好ましい，と論じることは充分に論理的である。これは，ゲームとの類似性で考えると分かりやすい。ゲームがそれ自体として責任を持って行動しているのかを尋ねることは奇妙なことであるが，それが公平なのか，正しいのかを尋ねることは合理的なことである。多分，ホッケーのような潜在的に暴力的なゲームであろうとも，それが有害な行為に対してペナルティを科している限りにおいて，ペナルティを科していないゲームよりは，道徳的に好ましい，と言えるだろう。同じように組織の場合でも，関係者に対する有害な結果を最小限に抑えている組織は，道徳的見地から，好まれることになろう[11]。

　キーリィによれば，上記の事例で想定している組織イメージは「トラスト

(trust)」概念に沿ったものである。つまり，組織はパワーと資源の集合体であり，組織に要求を提示し参加している諸個人のウェルフェアを促進するために存在している，と解釈される。これとは対照的に，道徳的人格アプローチは，一方で，組織に責任を認めているが，同時に他方で，組織に，組織のウェルフェアを追求するための法外な権利を与えている。そのことは，フレンチが，「企業は個人の野望や決定を企業のニーズやサバイバルに従属させなければならない」[12]，とのドラッカー (Drucker, P.) の文言を引用していることに現れている。このような「従属」というコトバは魅力的なものではないが，現実には，社会的人格説を体現している組織論では典型的に見られるコトバである。ただし，キーリィによれば，一連の哲学者たちはこの見解に社会的責任を付け加えているのであり，彼らには，そうではない他の多くの人々に比べると，企業の説明責任を正当化するつもりがない。例えば，道徳的人格アプローチを標榜するオザーがその事例であり，彼は，企業は，ヒトに適用される条件と同じものが適用されるならば，すなわち，意思決定するものが組織行動の有害な結果を予測できなかったならば，道徳的責任を容赦されるだろう，と言外に述べている[13]。しかしながら，キーリィの判断では，我々は組織に人間と同じような弁護の権利を与えることによって重大な企業責任が矮小化されるような途を選択すべきではないのである。

　道徳的人格アプローチの危険性は，企業に多くの権利を付与する割には，企業の説明責任という点で，我々が得ることが少なくなること，にある。これがキーリィの総括である。

＊　　　＊　　　＊

　上記のことを踏まえると，キーリィの見解は，本章 (宮坂) の理解に従えば，以下のように (問答形式を取れば) 整理される。

Q1　キーリィの基本的な立場はどこにあるのか？

A1　キーリィは，組織を道徳的人格として見なすことに反対である。この点で，キーリィは，ラッドやワーヘインと同じ立場に立っている。

Q2　キーリィとラッドやワーヘインとの違いはどこにあるのか？

A2 キーリィによれば，ラッドやワーヘインは組織に意図性という特色が
あることを認めているが，キーリィは，組織は意図をまったく有していな
い，と主張している。

企業は意図を有していないために，道徳的人格ではないのだ，と。

Q3 組織論者としてのキーリィの論理展開の独自性はどこにあるのか？

A3 キーリィは，組織の目的と組織のための目的を区別している。公式の
目的は利害関係者が組織のために考え出したものであり，それは組織の目
的ではない，と。

ラッドやワーヘインにもこのような問題意識があり，組織の現実の活動
から組織目的を推察しようとして，その手掛かりを組織の規則（手続き）に
求めた。しかし，手続き（規則）から組織目的を導き出すことには無理が
あった。手続きに従って行動して生じるものはあくまでも結果であり，そ
れは組織の目的ではない。

キーリィの立場では，組織独自の目的は存在しないのであり，そのこと
を踏まえると，組織に意図が備わっているとは言いがたい。

注

1) Keeley, M., "Organizations as Non-persons", *The Journal of Value Inqui-ry*, 15-2, 1981; French, P., "The Corporation as a Moral Person", *American Philosophical Quarterly*, 16, 1979; Ozar, D., "The Moral Responsibility of Corporations", in Donaldson, T. & Werhane, P. (eds.), *Ethical Issues in Business,* Prentice Hall, 1979, pp. 294-300.

2) Keeley, M., "Organizational Analogy: A Comparison of Organismic and Social Contact Models", *Administrative Science Quarterly*, 25, 1980.

3) Ladd, L., "Morality and the Ideal of Rationality in Formal Organizations", *The Monist*, 54, 1970; Werhane, P., "Formal Organizations, Economic Free-dom and Moral Agency", *Journal of Value Inquiry*, 14, 1980.

4) Georgiou, P., "The Goal Paradigm and Notes toward a Counter Para-digm", *Administrative Science Quarterly*, 18, 1973; Keeley, M., "A Social-Jus-tice Approach to Organizational Evaluation", *Administrative Science Quar-terly*, 23, 1978.

5) Perrow, C., "The Analysis of Goals in Complex Organizations", *American Sociological Review*, 26, 1961; Hall, R., *Organizations*, 2nd ed., Prentice Hall, 1977.

6) キーリィの論文で使われている「参加者」は「メンバー」よりも幅広い概念であり，今日の言葉で言えば，ステイクホルダーに該当する。

7) Hall, *op. cit.*, pp. 71-77.

8) Ladd, *op. cit.*, p. 495.

9) French, *op. cit.*, p. 214.

10) *Ibid.*

11) Keeley, "A Social-Justice Approach".

12) French, *op. cit.*, p. 213.

13) Ozar, *op. cit.*, pp. 297-298.

第5章　ディジョージの「神話崩壊」論・「道徳的行為者」論

1　神話の崩壊

　企業はヒトにとってつくり出された「装置」である。人々が経済生活および社会生活を「幸せに」送ることを目的として設立されたのが企業（コーポレーション）である。しかし株式会社に代表されるコーポレーション（以下，「企業」と表記することがある）が大規模化し，次第に，特に，株式の分散化，所有と経営の分離などとして形容される事態が出現するにつれて，そのパワーを制御することが難しくなってきた。そしてさらに20世紀後半以降，公害などの「意図せざる結果」が企業活動の副産物（随伴的結果）として生み出されるようになると，その傾向がさらに強まり，企業に対してそれまでとは「異なった」眼が向けられるようになった。ディジョージ（DeGeorge, R.）は，このような「現実」を「1つの」神話の崩壊として捉えている[1]。

　ディジョージによれば，アメリカには長い間1つの固定観念が存在していた。それは「経済活動と倫理は背を向け合う」という古いことわざに代表されるものである。彼は，その「観念」を，「ビジネスは道徳とは無関係である，とする神話」（The myth of amoral business）（「ビジネスの没道徳性」神話）と呼んでいる[2]。経済活動に従事している人々は倫理や道徳に関心を持っていない，すなわち，ビジネスと道徳は無関係である――これが神話の内容である。ただしここで注意すべきことがある。それは，この「ビジネスは道徳とは無関係である」

103

ということは，ビジネスが非道徳的であるとか不道徳であるということを意味しているのではなく，ビジネスの世界に道徳を持ち込むことは適切ではないということを意味しているにすぎない，という点である。

　この神話は，ディジョージによれば，アメリカの経済活動のあり方，アメリカ・ビジネスに従事している人々の姿，多くの人々がビジネスに抱いているイメージを「ある程度」正確に反映していたものであり，「多くの人々がビジネスとはこんなものだと引き続き思いたがっているその心理」を表している。だがこのような（アメリカのビジネスの世界の真理の一面をつき表面的な現象をうまく拾い上げてきた）固定観念は，他方で，現象の多くの側面を覆い隠していたのであり，今や崩壊しつつある――これがディジョージの基本認識である。というのは，この神話の崩壊が，基本的には，3つの「事実」によって確認されるからである。ディジョージの言葉を借りれば，第1に，経済スキャンデルの報道があり，その報道に対して一般のかなり鋭い反応が見られるということ，第2に，環境保護団体，消費者団体というグループが育っており，一般の支援もかなり根強いこと，そして第3に，経済活動への関心が議会や各種の記事などで表明され，倫理綱領の実現が目指されている，という事実――以上がその証拠である。

　神話崩壊は，言い換えれば，企業に社会的責任を問う流れとも連動する現象であった。しかしながら他方で，このような流れを「拒否する」言説も表面化する。例えば，1962年にフリードマン（Friedman, M.）によって『資本主義と自由』（*Capitalism and Freedom*）の中で展開された「株主のためにできるだけ多くのお金を稼ぐ以外の社会的責任はない」との論説はその種の言説を代表するものであり，今日でも，よく引用されている。本章が焦点を合わせている「企業は道徳的主体である（The corporation is a moral agent.）」という命題をめぐる論争は，ある意味では，この時期に必然的に生じた，時代の「産物」だったのである。

　ディジョージの1981年論文はこのことを象徴的に示す内容となっている。

2　道徳主義的見解vs.組織論的見解

　ディジョージの論文「企業は道徳的責任を持ちえるのか？」は「英米の哲学関連の文献において，道徳的責任を集団……に帰属させる動きが大きくなっているにもかかわらず，集団的な道徳的責任が相対的にあまり論じられていないのは驚くべきことである」，という文章で始まっている。「集団的な道徳的責任を」誰に帰属させるのかという問題「には多くの課題がある」が，「私〔ディジョージ〕は，企業に関連させて，集団的責任」を論じていく，と。ただし，ディジョージによれば，企業を題材として集団的責任を議論することは特別な問題を生み出すことになる。なぜならば，「企業は特殊な種類の実体であるからである」。

　ディジョージは，このような認識のもとで，1819年にマーシャル（Marshall, J.）裁判長によって与えられた企業定義を「古典的な定義」として俎上に載せる。それは，「企業は，眼に見えない，触れることのできない，法律のもくろみの中でのみ存続する，人工的な存在である。企業は法律の単なる創造物であるために，それは，創造物であることを証明する文書（character）によって与えられた，より明確に言えば，その存在そのものに付随して生じる，特性（property）を有しているにすぎない。例えば，企業がつくり出された目的を最もよく達成するように考え出されたものがそのような特性である」，というものである。

　この定義から何が言えるのか？　ディジョージは，「企業は自然人ではない。企業は自然人の特性を有していない。企業は自然人のすべての自由もすべての責任（liability）も有していない」，と述べ，次のように続けている。「これらがミニマムな法的事実であり，企業に関心を抱くすべての理論はそのことを充分に知り考慮しなければならない」，と。

　ディジョージの上述の文章から，彼が，企業と自然人は異なっている→企業と自然人の属性がそれぞれ異なっているのは当然である，ということを前提にして，議論を進めようとしていることが理解される。この認識は，後で再度確認することになろうが，企業道徳的主体論争を検証する場合に，必要な視点で

第5章　ディジョージの「神話崩壊」論・「道徳的行為者」論　　105

あり重要な視点である。

ディジョージの主張を読み解く作業を続ける。

私〔ディジョージ〕が分析を始めようとしている「企業の道徳的責任に関しては，現在，2つの見解が存在している。……それぞれともある意味では不完全であるが，いずれも重要な問題を提起しており，解明することが必要である」——これがディジョージの1981年当時の認識である。彼は，第1の見解を「組織論的見解（Organizational View）」と呼び，第2のものを「道徳的主義的見解（Moralistic View）」と名づけている。

　　ディジョージによれば，アメリカには，すでに述べたように，長い間1つの固定観念（「ビジネスの没道徳性」神話）が存在していた。ディジョージは，著作『ビジネス・エシックス（*Business Ethics*）』において，組織論的見解はこの神話の1つの変形である，と述べている。彼によれば，組織論的見解は，「1つには，ビジネスの社会的責任に関心を持つ環境保護主義者や消費者グループから提起された多数の道徳的要求に対する1つのリアクションとして発達してきた」のであった。[3]

組織論的見解は，ディジョージの解釈に従えば，「企業の法学的な定義から出発しその幾つかの含意を敷衍している。組織に関する文献は莫大な量におよび，企業の組織論的見解は社会学者と組織論者によって展開されてきた」。ただし，「彼らによって発達させられた企業の見方は，理論家や多くのビジネスマン及び労働者に受け入れられたが，ユニバーサルに受け入れられているわけではない」。

ディジョージが述べている組織論的見解の内容は以下のようなものである。組織論的見解によれば，「企業はある限定された目的（利潤，生産，サービスの提供など）のために設立された法的な実体である。それはそれらの課題を遂行するために組織されている。それは，マーシャル裁判長が述べたように，その証明書が企業に授けた特性のみを有しているにすぎない。それは自然人ではなく，すべて法的目的のためにのみ存在する人格である。企業が自然人ではないために，それが機能するならば，それはヒトという代理人（agent）を必要とする。

しかしながら，そのヒトという代理人は，企業の一部として行動する時，自己の私的な能力を有する自然な個人としての自分自身のために行動するのではない。彼らは企業の目的を遂行するために企業の没個人的な代理人として行動する。企業内で働くヒトはそれぞれ組織の目的に応じて遂行しなければならない役割を有している。それぞれのヒトは他のヒトに置き換えられる。企業は，個々の従業員が個人的な人生では持ちえない"永遠に続く多能性を秘めた命と限定された責任という恩恵"を与えられている」。そして「個々のヒトは，企業のために行動する時，自分自身のためではなく企業のために行動するのだ。彼の行動が彼に割り当てられた適切なタスクの一部であり企業の目的に従っている限り，その行動は企業の行動であり，その時に生じた責任は企業の責任である。個人が企業を欺き，操作し，あるいは企業の目的と彼の役割に反する方法で行動する時，彼は個人的に責任を負うことになる。しかし，これらは，彼が，企業の代理人としてではなく，自分自身の権利のもとでヒトとして，遂行した，行為である」。

　この後，次のような文章が続いている。組織論的見解に従えば，「企業は法人（legal person）にすぎない。それは道徳的人格ではない。それ故に，それを道徳のタームで語ることはカテゴリーミスを犯すことである。それは企業をそうではないタイプの実体として誤認することである。さらに言えば，従業員は企業の没人格的な代理人として行動し自分自身の権利で行動しているのではないために，彼らにその行動に対して道徳的責任を帰属させることも間違いである。これは，彼らの自然人であり道徳的人格としての地位と没個人的な法的な役割を混乱させることになる。個人は，企業内では，自己の道徳的見解を企業の目的よりも優先させてはならないのである。企業が財貨と利潤を生み出すために設立されているならば，若干のメンバーが株主に配当金を支払うよりもチャリティに利潤を寄付することによってより多くの善がなされる，と感じているとしても，彼らは，企業の代理人としては，自己の道徳的気質に従う権利を与えられていないのだ。そのようにすることよって，彼らは企業の資産の不適切な使用に対して個人として法的な責任を問われることになろう。それ故に，組織論的見解は，道徳的責任が企業の行動に対して企業に割り当てられること

は適切ではないし，企業の代理人に対して，彼らが企業の代理人として行動したとして，割り当てられることも不適切である，と主張する。企業は，法的実体として，法的に拘束されるし法的な責任も問われる存在である。しかし，それらは，論理的には，道徳的な責任を問われない，あるいは，道徳的責任を有していない。なぜならば，企業は道徳的主体ではないし，道徳的実体でもないからである」。

　そして，ディジョージによれば，上述のような説明から，「若干の組織論者は，モラリティは企業の関心事ではない，との結論をくだしている」。「法律には従わなければならないが，道徳的関心事が企業の構造に占める場所はないだろう」，と。ディジョージが繰り返し述べているところによれば，「この見解は，企業の多くのマネージャーやオーナーだけではなく，多くの労働者の中にも受け入れられている」。彼らにとって「企業および企業内の人々の法的責任を論じることは適切であるが，個人的であれ集団的であれ道徳的責任について語ることは不適切なのである」。

　他方で，ディジョージが道徳的主義的見解と呼んだ考え方を支持する人々にとっては，「これらの結論はただただ道徳的にとんでもないことである」。組織論的見解は「明らかに基本的に誤っているし危険で」ある。「組織内の個人は企業に雇われているというだけで道徳的人格であることを捨て去るわけではないし，企業も……道徳的評価や批判から免責されることにはならない」。組織論的見解に立つ人々は「モラリティの性質を理解」できていないし「すべてのヒトの活動が道徳的評価の対象になることを理解でき」ていない。「法人格を付与（incorporation）されても道徳的に免責されることにはならないのである」。

　ディジョージは自己の立場を次のように説明している。「人々が企業や他の類似組織並びに集団的実体を道徳的に評価しているという事実は道徳的主義的見解にとって有利である」。「もしxをすることが不道徳であるならば，それは，個人によってなされようとも企業によってなされたものであっても不道徳である」。そのような判断と異なることを「主張することは法的には心地よいが，広く行き渡っている道徳的な実践を考慮していない」。（企業についてのすべての道徳的判断は間違っているとほのめかしている）組織論的見解と（人々は企業の行動を

108

道徳的に判断しているという事実をうまく考慮している）道徳的主義的見解のどちら
を選択するのかと言われれば，「私〔ディジョージ〕には後者の方がより好まし
いと思われる」。「我々は，組織論的見解には部分的に欠陥があることを，欠陥
があるということがそれが完全に間違っているということを意味するものでは
ないとしても，認めなければならないだろう。付け加えると，道徳的主義的見
解が企業は自然人と同じ意味で道徳的主体であると主張するならば，それもま
た間違いである」。

　　殺人は道徳的に非難される行為である。この場合，殺人請負会社がその目的を
　追求する時道徳的に責任を問われないのか？　広告会社は，法律で許されている
　ならば，いくらうそをついてもその広告に対して道徳的に責任を問われないの
　か？　ディジョージの理解に従えば，「道徳」という言葉を企業に適用すること
　はカテゴリーミスではなく，企業に代表される法的存在も道徳的評価や道徳上の
　批判から免れえないのであり，法人化することによって道徳的に免除されないの
　だ。

ディジョージは決して組織論的見解が完全に誤りであると主張しているわけ
ではない。彼によれば，その部分的な欠陥の存在を認め，それをいかにして取
り除くことができるのか，を検討しなければならないのである。また他方で，
道徳主義的見解も，それが会社は自然人と同じ意味でそして同じ方法で道徳的
主体である，と主張するならば，それは誤りである。ディジョージによれば，
企業は，感情，情感，良心などを持った道徳的主体ではない。我々が企業の道
徳的感情・良心の呵責・道徳的な恥について述べるとしても，それは「比喩
的」表現にすぎないのである。ただ企業は道徳的責任を問われるのであり，企
業には道徳的責任がある (pp. 60-61)。
　ディジョージはおおよそ次のように述べている。
　我々は企業内の個人については何も知らないしまた通常そのことに特に関心
を持っていない。我々が問題にしているのは「企業のパブリックな顔」である。
企業の行動は社会とその構成員に影響を与えているために，企業は全体として

第5章　ディジョージの「神話崩壊」論・「道徳的行為者」論　　109

どのように行動したかについて評価される。これは，企業が外部から1つの存在として見なされていることを示している。そしてこのことは，ディジョージによれば全体としての企業の行動が道徳的観点から評価されることを意味しているのであり，企業の行動を道徳的観点から評価することは単に有益であるだけでなく，企業自身に（法的責任と同じように）道徳的責任があるとすることは，たとえ企業が道徳的な感情を持たなくとも，完全に論理的なことなのである。

　ただし，企業に道徳的責任を問うことができるとしても大きな問題が残っている。それは，企業に対する道徳的責任とは，企業を1つの存在として外部から見ている企業外部の人々によって，企業に課せられるものであるが，内部的には，企業は1人の自然人としての単一性を保持していないために，内部の諸々の多くの個人が企業のために行動して初めて企業が行動することになる，という「事実」である。これが，ディジョージによれば，自然人の道徳的責任と企業の道徳的責任の重要な相違点である（pp. 62-63）。

　ディジョージの基本的な認識は，企業に道徳的責任を問うということは，その内部のものによって集団責任が追及され明確にされるということである，という点にある。すなわち，企業が道徳的責任を引き受けるということはその内部の人間がそれを自覚するということなのであり，ディジョージは次のように述べている。「組織体に属するメンバーが適切な道徳的責任を引き受ける時にのみ，道徳的責任が完全に果たされたと言うことができる。道徳的責任というのは究極的にはモラリティそのものと同様に，自己に課せられ，自己によって受容されるべきものである[4]」。

　しかしながら，企業には外部から見て道徳的責任がある，とされる中で，企業内部の誰がそれに対して責任を持つのであろうか。まさにこれが問題となってくる。ここに，冒頭で述べた「集団的な道徳的責任」という発想が重要な意味を持ってくる。

　ディジョージによれば，企業の行動に対して内的に道徳的責任を負う形態として，5つのモデルが考えられる。

　第1のモデルは，企業に外部から課せられた責任を，個々の個人が完全に引き受ける，モデルである。そしてこの修正モデルとして，問題となっている行

動に一定の役割を果たした人々によって責任が引き受けられる，というモデルが考えられる。例えば，取締役会で決定され実行に移された案件が不道徳的な結果を引き起こした場合，たとえ誰かがそれに反対していたとしても，取締役全員が責任を問われる。

　第2のモデルは第1のモデルに似ている。ただしこのモデルでは，企業の行動に関与している人々に対してのみ部分的な責任が負わせられることになる。例えば，前述の例で言えば，賛成した取締役が責任を問われる，というケースが考えられる。以上のモデルはいずれも企業の責任を個人の責任へと分割したものである。

　第3のモデルは，第1のモデルと同じような形で関係する個人が個人的責任を問われるとともに，企業にもその行動に対する責任を完全に負わせている，モデルである。企業に責任を問うことは，ディジョージにあっては，そこに働く人間のすべてがその責任を問われることでもある。したがって，次のケースが考えられる。「例えば，ラインの工員は，自分が参画していない決定が非道徳的行為を生み出した場合，一方で，企業が非道徳的行為を行ったと判断し，その責任は決定を下した人々にあると考える。しかし同時に，彼は自問するのだ。自分にはこうした非道徳的行為を行う企業をやめる道徳的義務があるのではなかろうか，と。彼は事柄の決定には参加しなかったが，その企業に所属しており，結果的に企業が不道徳を働くのに加担した。それ故に，企業の行為に対する責任を自分も負うべきなのではなかろうか」，と。

　第4のモデルは，第2のモデルと同じような形で個人に責任を負わせながらも，企業にも完全に責任がある，と考えるモデルである。

　第5のモデルは，企業行動に対する責任をその中の個人の誰かに個人的に負わせるのではなく，企業そのものに負わせるタイプである。

　言うまでもなく，上記以外のモデルも考えられるであろう。しかし，ディジョージによれば，「論証に耐えられる」ものは5つのモデルだけである。またさらには，「重要な」問題が未解決である，との疑問が提起されるかもしれない。すなわち，それらのモデルの中でどのモデルが正しいのであろうか，と。誰が現実に企業行動に対して道徳的責任を持つべきなのか，という疑問が予想

第5章　ディジョージの「神話崩壊」論・「道徳的行為者」論　　111

される。これに対して、ディジョージは、すべての状況に当てはまる「道徳的責任の1つの意味」(p. 64) は存在しない、と述べている。責任を問われその責任を果たすということは、結局、それぞれの状況に応じて行動するという責任を意味している——これがディジョージの立場である。

3　道徳的行為者としての企業

1990年後半頃から2000年代に入ると、ディジョージの立場は徐々にしかし明確に変化する。

企業は、道徳的人格ではなく、道徳的行為者 (actor) である、という一文が『ビジネス・エシックス』第3版 (1990年) 100ページに書かれていたが、この考え方が、同書第6版 (2006年) では、「企業の道徳的行為者説」という節の中で展開され、「肯定的に」論じられている。この考え方について、ディジョージは (箇条書き的にまとめると) 次のように説明している[5]。

(1)　企業はヒトではない。ヒトと企業、その他のフォーマル組織そして国家との違いは、道徳的観点および道徳的責任の観点からは、重要である。我々は、ビジネス、フォーマル組織そして国の行動に関して、道徳というコトバを使うことができるし使っている。しかし、いかなる場合でも、分析の対象を個人から組織実体へとシフトする時には、我々が使っている道徳というコトバの意味が違っていることを意識すべきである。

(2)　企業は良心も感情も自己意識も持たない。企業は企業のために行動する人々を通して行動するにすぎないために、企業のために道徳的責任を負わなければならないのは後者である。ただし、企業内の誰がその責任を負うべきなのかという話になると、それは常に明らかである、というわけではない。

(3)　企業が意図的に行動する限りにおいて、企業にその行動に対して道徳的責任を問うことができる。それ故に、企業は道徳的行為者である。しかし、企業はそれ自体が (ヒトとは異なり) 目的ではないために、企業は道徳的人格ではない。したがって、我々にできることは、企業が設立された目的を、

道徳的に評価することである。企業はヒトではないので，ヒトが有する道徳的権利（例えば，生きる権利など）を主張することはできない。ヒトのすべての権利を企業に帰属しようとする試みは企業の道徳的ステイタスについての混乱から生じた現象である。

(4) 企業の道徳的ステイタスはヒトの道徳的ステイタスと異なっているために，企業の道徳的義務はヒトの道徳的義務と異なっている。その相違は企業が制限を受けた（limited）存在であり一定の目的のためにのみ組織されている，という事情に由来する。企業が一定の目的のために存在し設立されているという事実はそれが道徳的に存在しその目的が道徳的に正当化されているということを保証するものではない。また，企業が設立された目的やその目的を達成する手段を道徳的に評価できるとしても，企業はヒトを束縛している道徳的ルールのすべてに束縛されるものではないのである。

(5) 企業は他の道徳的行為者と同じように，他の存在を傷つけてはならない。ネガティブな禁止命令が企業に対する主要な制約である。他方で，企業のポジティブな義務は，その目的，状況，法的ステイタス，社会的な環境に依存した事柄である。

(6) 企業は道徳的人格ではない。それ故に，企業に道徳的な動機から行動することを期待できるかと言えば，それは疑問である。我々が期待できることは，道徳的に禁止されていることをしないことである。

(7) 企業はヒトという個人に特徴的な内面性（interiority）を欠いている。それ故に，企業の動機ではなく，企業の行動が道徳的評価の適切な対象である（傍点引用者）。企業は機械でも動物でもない。企業はヒトに運営される組織である。企業は，そのようなものとして，たとえ，正確な意味において道徳的人格ではないとしても，道徳的評価に耐えるような道徳的ステイタスを有するものである。この特殊なステイタスは，企業について，道徳的主体というステイタスを与えずに，道徳的行為者として言及することによって，捉えられる（傍点引用者）。

フレンチは1995年の『コーポレート倫理（*Corporate Ethics*）』で「行為者」を次

のように定義している。

　行為者とは社会的な局面で一連の機能的能力を発揮している実体であり，そのような機能的能力には少なくとも3つある。(1)意図的に行動する能力，(2)合理的に意思決定し意図に関して（特に，長期的および短期的利益の実現方法に関して）合理的に議論する能力，(3)他者に対してあるいは自分にとって有害な意図や行動パターンを変更することによって出来事や倫理的批判に応答する融通性 (facilities) を発揮する能力。ヒトは一般的にこれらの能力を示しているし，多くの企業もそうである。それ故に，企業を行為者として捉えることは適切である。[6]

　筆者（宮坂）なりに理解すると，行為者は「意図がある」ではなく「行動す・・・る存在」であるという「行動」属性を強調した概念であり，そのことは，フレンチ (1995) によって意図の実現方法を議論し環境に応答する能力が行為者の属性として指摘されていることに現れている。要するに，ディジョージは，そのように理解して，企業は設定された目的の実現を目指して行動する存在であり，その限りにおいて（すなわち，道徳的人格ではないし（自然人と同じ意味で）道徳的主体として捉えることには賛成できないが），行為する主体 (actor) として，その行動に対して道徳的に責任を問われる，と思考するに至ったのであろう。

　フレンチが行為者というコトバを1995年に重要視していたことは確認されるが，「いつから」用いだしたのかは「不明で」ある。他方で，ディジョージは，すでに触れたように1990年公刊の単行本『ビジネス・エシックス』において「企業は道徳的行為者である」と主張しているので，これを基準にする限り，ディジョージの方が早く「企業＝道徳的行為者」という発想を提示していたことが分かる。ただし，1990年当時は「1つの」考え方（見解・説）(view) としてまでは提示していたわけではなく，本章で確認したように，2006年に「企業＝道徳的行為者」説として文章化している。繰り返すが，1990年のディジョージの理解は「企業は道徳的人格ではなく，道徳的行為者である」に留まっていたが，2006年には「企業は道徳的人格でも道徳的主体でもなく，道徳的行為者である」という理解に至っている。

そもそもディジョージ (2006) はフレンチの著作 (1995) に言及していない。注記されているのは1984年の著作 (French, P., *Collective and Corporate Responsibility*, Columbia University Press) である。

ディジョージの元々の立場が，組織論的見解だけではなく道徳主義的見解にも「問題」がある（双方とも不完全である），と認識する立場であった（道徳主義的見解の具体的な問題点を指摘していたわけではないが）ことを考えると，「企業＝道徳的行為者」説に賛意を示し続けてきたことは当然の流れであるように考えられる。

4　ディジョージ説の意義

ディジョージは企業についての「道徳的人格説」と「組織論的見解」のそれぞれの長所を活かし短所を補うものとして「道徳的行為者説」を提起している。果たして，その試みは成功したのであろうか？

道徳的人格，道徳的主体そして道徳的行為者という「属性」に注目してディジョージの一連の著作を検討すると，彼が，それらをメルクマールとして，ヒトと企業を下記の**図表5-1，5-2**（宮坂作成）のように識別していることが分かる。

自然人と企業が異なっていることを自明なもの（→企業として法的に制度化されている）として受け入れつつも，それでも道徳という視点から論じられるという意味で両者には「《類似している》何かがある」という事実を重要視している考え方がある。ディジョージは，これを，「道徳主義的見解」として総称した。そのような「思想」は一定の運動 (move) となり，環境保護主義者たちからも支持されるようになったが，リアクションを生み出した。ディジョージはそれを「組織論的見解」と名づけたのである。

企業は自然人と異なっているが，道徳的評価の対象となる実体である。これがディジョージの基本的な立場である。

ディジョージは，どちらかと言えば，「道徳主義的見解」側に身を置いてい

図表5-1　ディジョージが想定しているヒトと企業の属性の相違（1990年代まで）

	道徳的人格	道徳的主体	道徳的行為者*
ヒ　ト	○	○	○
企　業	×	○	○

（注）　＊1990年以降使われたコトバ。

図表5-2　ディジョージが想定しているヒトと企業の属性の相違（2006年以降）

	道徳的人格	道徳的主体	道徳的行為者*
ヒ　ト	○	○	○
企　業	×	×	○

（注）　＊1990年以降使われたコトバ。

る。ディジョージの立場から言えば，「道徳主義的見解」は，企業を人格として形容したために，「組織論的見解」者をはじめとする多くの人々から「自然人と同一視している」との批判を受けたのであった。それ故に，次のような考え方が生まれる。

　企業を行為者として捉え直せば，少なくとも「自然人と同一視している」との批判をかわすことができるだろう→この場合，人格ではなく行為者としての企業に独自な意図を見出すことはできるのか。このことが重要な課題となる→企業の動機はあくまでも利潤だろう→しかし我々が問題にしているのは動機ではなく行動であり，行動が道徳的評価の対象になり，企業は道徳的責任を問われる。特定の目的を前提にして，それを達成するためにいかなる途を選択するのか。ここに，当該企業独自の意図が存在する→したがって，企業は，道徳的人格ではなく，（自然人と同じ意味で）道徳的主体でもないが，組織としての意図が貫かれているので，道徳的行為者として捉えられる。

　ディジョージは，このような発想を，道徳的行為者説と呼んでいる。

＊　　　＊　　　＊

現代のCSRから言えば，企業が儲けることはそれ自体としては当然の論理であり，問題にすべきことは，そのことを「前提」として，企業が，社会規範に則って，「いかにして儲けているのか」（具体的な企業行動）であり，その「儲け方」が問題になってくる。その意味で，企業は社会的に責任を問われる存在であり，道徳的主体である。このように考えている筆者（宮坂）にはディジョージの発想は有益であり，哲学的な根拠を提供してくれる考え方の1つである。

注

1)　本章の検討対象は，DeGeorge, R., "Can Corporations Have Moral Responsibility ?", *University of Dayton Review*, XV, 15-2（Winter 1981-82）（ただし，Beauchamp, T. & Bowie, N. (eds.), *Ethical Theory and Business*, 2nd ed., Prentice-Hall, 1983, pp. 57-67に採録されているものを利用）であり，それに加えて，その後に刊行された一連の著作（DeGeorge, R., *Business Ethics*）（初版1982年，第3版1990年，第6版2006年）を参照している。リチャード・ディジョージ／山田経三訳『経済の倫理──21世紀へのビジネス』明石書店，1985年。DeGeorge, R., *Business Ethics*, 3rd ed., Macmillan, 1990; DeGeorge, R., *Business Ethics*, 6th ed., Prentice-Hall, 2006. 以下の行では，"Can Corporations Have Moral Responsibility ?" からの引用に関しては逐一引用であることを断わらないこともあるが，*Business Ethics*からの引用についてはページ数を明記している。

2)　ディジョージ／山田経三訳『経済の倫理』117ページ。なお，訳文は邦訳書と必ずしも同一ではない。

3)　DeGeorge (1990), *Business Ethics*, p. 97.

4)　ディジョージ／山田経三訳『経済の倫理』125ページ。なお，訳文は邦訳書と必ずしも同一ではない。

5)　DeGeorge (2006), *Business Ethics*, p. 187.

6)　French, P., *Corporate Ethics*, Harcourt Brace College Publisher, 1995, pp. 10-12.

第6章　ドナルドソンの「企業道徳的主体 としての条件」論

1　ドナルドソンの現状認識

　コーポレーション（以下，「企業」と表記することがある）の道徳的ステイタスは一体いかなるものなのであろうか？　という疑問からドナルドソン（Donaldson, T.）の論説は始まっている。企業は，法学的隠喩で知られているように，見えざる「人格」なのか，それとも，規則，手続きそして利潤を生み出すように組み立てられた，非人格的な機械にきわめて似ているのであろうか，と。企業が人間と同じように道徳的主体であるならば，人間と同じようにモラリティという責任を引き受け，良心と類似する何かを発達させることを求められ，同時に，人間と類似した存在であるならば，企業は，財産を所有し，契約を締結し，言論の自由を行使する権利を持つべきである。しかし逆に，企業が道徳的主体ではなく，複雑な機械に似ているならば，社会に害を与えないように，政府による企業の統制という様式で，直接的に統制されるべきである。

　企業を道徳的主体として見なす流れに眼を転じたドナルドソンが注目したのは次のような企業観である。企業は，人工的につくられたもの，しかも，卓越した人工物であり，それをつくり出した人々から構成されているが，企業は「そこに参加している諸個人の単なる集合体以上の（more）もの」として見なされなければならない存在である，と（p. 19）。例えば，エクソン（国際石油資本。1999年モービルと合併）が他の会社を買収したとすると，その行為は，経営者が

119

会社を購入したものではないし，株主が購入したものであるとは言えないだろう。というのは，現在の経営陣が退職し株主が死去したり株を売却した後も，エクソンがその会社を所有し続けるかもしれないからである。エクソンは参加者たちの集合体以上のものである。問題は「以上のもの」の内容である。

その「以上のもの」が道徳的主体であることを意味しているのであろうか？「以上のもの」があるとすれば，それは具体的には何なのであろうか？　これがドナルドソンの疑問である。彼は，自らの疑問の解くために，これまで提示されてきた根拠を思いつくままに，下記のように，列挙している。

　企業を道徳的主体として見なす主張は一見すると論証を必要としないほど明らかであり，強力であり，コーポレート・モラル・エージェンシー（以下，「企業道徳的主体性」と表記することもある）に疑問を投げかけることは奇妙なことに映るかもしれない。なぜならば，通常の議論も法学の伝統もそのような位置づけをすでに認めているように思われるからである。我々は，一方で，スタンダードオイルが「アメリカの利潤は外国の利潤だったと主張して，大衆を欺いていた」とか，「フッカーケミカルカンパニーが政治家を買収して環境政策を打ち出していた」などの話を聞いたり，他方で，「ゼロックスが南アフリカでの販売を自粛して社会的責任を果たしている」などの企業を賞賛する声を聞くことがある。このようなありふれた論評は，ドナルドソンによれば，企業は，少なくとも，「責任がある」「処罰を受ける」などの述語の主語となりうるという点で道徳的主体として見なされる，ということを示している。そしてこの事実が，企業は，契約する，警戒する，謝罪する，約束するなどの人間が行うような事柄をしばしば行っている，という知見と結びつき，企業を道徳的主体として認める強力な主張が生まれてくる。

　法律の様々な文脈でも企業は道徳的主体として考えられている。例えば，連邦食品・医薬品・化粧品法では，企業は人格としてのステイタスを与えられ，罪，責任（liability）そして処罰の対象である。また少なくとも2つの事例では，企業は自然権（natural right）を有すると仮定されている。アメリカ憲法修正第14条では，「デュー・プロセス・オブ・ローなしに，自由，財産」を剥奪されることないと

言及されているヒトの中に企業が含まれているし，1978年に，最高裁は企業に言論の自由を認めている。

　他方で，その，道徳的主体という，もっともらしい仮定が，不可解にも，損なわれている現実も存在している。例えば，我々は，通常は，企業を道徳的主体として見なしているが，時々，普通の主体に対しては決してしないような方法で企業や従業員の行動を正当化している。[2]

　また，コーポレート・エージェンシーと普通の主体が区別されているのではないのかという疑いは法律の歴史によっても補足的に確認される事実である。企業は一定の権利の担い手として見なされているが，投票する権利あるいは「義務兵役」に登録する義務を与えられているわけではないなどに象徴的に見られるように，企業は，歴史的には，個人とは異なる扱いを受けてきた。企業は決して死なないし結果的には財産を売却しないということを根拠として，企業に土地を譲渡することが禁止されてきた。現在のアメリカの法律は企業を人工的な人格（法人）として扱っているが，イギリスの法律ではそのようになっていない。[3]また，アメリカの法律も20世紀以前はそのようにしていなかったし，企業道徳的主体性とヒューマン・モラル・エージェンシーの区別は厳格責任原理の中で今でも見られる現象であり，厳格責任原理は企業にはほぼ適用されているが，ヒトには適用されていない。[4]

　以上の現状から明らかになった事柄は，企業を道徳的主体として位置づけている人々の根拠は一貫性を欠いている，という「事実」であった。ドナルドソンは，それを踏まえて，次のような結論を導き出している。企業が人間と幾つかの特性を共有しているという事実だけでは企業を道徳的主体として定立する（establish）には不適切であり，さらに議論を深め，企業が道徳的主体であることを証明できる特性を確認し，それらの特性を企業が所有していることを論証する作業が必要である，と。

第6章　ドナルドソンの「企業道徳的主体としての条件」論　　121

2 道徳的人格説vs.構造制約説

2-1 道徳的人格説

ドナルドソンは，上述の課題を解決するために，これまでに提起されてきた考え方を整理する。

1つの「なじみがある」試みは「道徳的人格説」(moral person view) と呼べるようなものに具体化されている流れであり，それは，ドナルドソンによれば，次のような論理に従っている。「企業が主体であるならば，企業はまた (also) 道徳的主体でもある。なぜならば，主体であるものはどんなものでも道徳的主体でもあるからである」(傍点原文)。それ故に，企業が主体であることを証明することが問題になってくる。しかし，「主体」の正確な (proper) 定義（「意図的に行動するものはどんなもので主体である」）を用いる限り，それは容易に証明される」(傍点原文)。すなわち，「企業は意図的に行動しているので，企業は道徳的主体なのである」。要するに，フレンチ流に言えば，「企業は本格的な道徳的人格になりえる存在であり，通常の状況では，道徳的人格に与えられた，どのような特典，権利そして義務でも有している[5]」，ということになる。

ドナルドソンはここで一旦立ち止まり，そのような流れに対して次のような「疑問」を提示している。道徳的人格説は，何故に，企業はヒトと同じように道徳的主体である，と主張しているのだろうか？　何故に，法律が暗に示唆しているように，企業は人工的につくり出された法人である，あるいは，単なる法律がつくり出したものにすぎない「法律上の」人格である，と主張しないのであろうか?，と。法律上の人格はローマ法から発達し，法的実践の中で定着していった考え方であるが，何故に，そこから，道徳的人格に言及するというさらなるステップを講じているのであろうか？　これに対するドナルドソンの解答は，法律上人格であることだけでは本格的な道徳的人格を確立できないというものである。これに関連してドナルドソンは次のように説明している。「何かが法律上人格であるということは道徳的責任を帰属させるために不適当なこともある。例えば，故人は遺言の検認のケースでは一定の法的権利を有する法律上の人格であるが，この事実はその故人が道徳的主体であると証明する

には不適当である。なぜならば，故人は，過去の行為以外に，いかなることに対しても道徳的に責任を取りえないからである」。

　道徳的人格説は，企業が主体となるためには，企業は主体の定義を満たしていなければならない，あるいは，言い方を変えれば，意図的な行動を遂行しなければならない，と主張している。「しかし」，とドナルドソンは自問自答する。「企業は本当にそのような行動を遂行できるのか？　血と肉でできたヒトは明らかにそれを遂行しているが，その時彼らは信念や望みをベースに行動しているのであり，企業が信念，望み，思想ないしは理性（reason）を有しているとは思われないのだ」。

　道徳的人格説には，企業は意図的に行動していることを示すために「何か」が必要である。ドナルドソンの疑問をドナルドソン自身が挙げている例をそのまま使ってまとめると，以下のようになる。

　一般的に，道徳的人格説は企業の意思決定構造に言及することによって企業の意図的な行動を示そうと試みている。どのような企業でもよいのだが，エクソンならエクソンが企業を買収すると「決定する」時，その決定には様々なコーポレート・メカニズムの痕跡を見出すことができる。つまり，すべての企業にはパワー構造の段階やレベルを詳細に記述した組織ないしは責任のフローチャートがあり，企業の意思決定を認める手続きが存在している。そしてその意思決定を認める手続きは2つの主要なタイプに分けられる[6]。1つは「意思決定のルール」（例えば，取締役会における投票手続き）であり，第2は「企業の基本的信念や政策」（例えば，利潤極大化政策）である。この意図性がメンバーに討議を行わせ企業ポリシーのもとで理性を働かせることになる。そのために，すべての主体は道徳的主体であるという前提を付け加えるならば，企業は道徳的主体である，ということになる。

　ただし，物事はそんなに単純ではない，というのがドナルドソンの見解である。道徳的人格説の仮定では，エクソンは，株主でも従業員でもなく「エクソン自体に帰属する意図」（傍点原文）を表明している。しかし，これは何を意味しているのであろうか？　これをゲームとの類似性で考えると，次のようになる。ゲームでは，規則がどの行為が合法的な動きなのかを決定するが，企業で

は，取締役の決定として見なされるものはどれなのか，を規則が決定する。しかし，ゲームの規則はゲーム自体が意図していることを私たちに語ることはできない。また，同じことが企業にも当てはまる，と言えるだろう。企業が規則，政策そしてパワー構造から出来上がっているとすれば，我々は，規則，政策そしてパワー構造の文脈で，企業において何が考慮されているのかについては語ることができるが，このことから，規則，政策そしてパワー構造が結びついたものが何かを意図している，とは言えないのである[7]。

　企業が何かを行い，しかもそれを意図している，と言うことが間違っていることは，ドナルドソンによれば，一目瞭然であるように思われる。というのは，企業も，人間と同じように，意図的に遂行している事柄について異なった見解を持っているかもしれない，と仮定されているからである。人間の場合，経営者や株主のような人々はものをつくるという事業を利潤を上げる手段として見ているだろうし，従業員はサラリーをつくり出す手段として見なしているかもしれない。だが，我々は，企業に，どの解釈が正しいのかを話してくれ，と要望できないのだ。なぜならば，企業にとっては今問題になっていることがその意図であるからである。ある著名な組織論者（キーリィ（Keeley, M.））が次のように述べざるをえない状況が生まれたのもこのためてある。「集団に個人的な意図と類似するものが存在することを指摘できないとすれば，組織は奇妙な外見を持つ（strange-looking）人格である。組織はメタフィジカルな人格には見えないし，道徳的人格にも見えない」[8]（第4章参照），と。

　道徳的人格説には，意図の存在を立証することが困難であるというだけではなく，さらに問題がある。意図的に行動できるものは誰でも主体であり，主体であるものは誰でも道徳的主体である，と仮定されているが，道徳的主体とは認めがたい幾つかの実体が意図的に行動しているかのように見えるのだ。例えば，身をかがめてネズミを狙う猫や名前のリストに従ってソートし資料をアルファベット順に並び替えるコンピュータは意図的に行動しているかもしれないが，それらは道徳的主体とは認めがたいものである。これらは，ドナルドソンによれば，企業をモラル・エージェンシー（以下，「道徳的主体性」と表記することがある）として推定するには意図の存在以上の何かが必要であることを示し

ている。

　道徳的人格説の最後の決定的な (final) 問題点はその説が言外に意味していることの内容にある。それは，企業が，道徳的に，ヒトに類似しているならば，企業はヒトが通常所有している権利を持つべきである，という命題である。ドナルドソンの立場から言えば，財産を所有する権利，協約を結ぶ権利，利潤追求権利などに関しては，企業も所有すべきであると述べることはもっともらしく思われるとしても，投票する権利，社会保障給付金を引き出す権利に関しては疑問符が付くし，現実的には，多くの権利 (例えば，礼拝に出る権利，幸福追求権) については，それを企業を帰属させることは，論理的に，不可能である。

　ドナルドソンは上述のように所説を検討し，それらは「企業を道徳的人格として見なされないことを示唆している」と結論づけている。「企業は法律上の権利を保証された法律上の人格であり，企業は一種の道徳的主体であるかもしれないが，文字通りの道徳的人格とは思われない」，と。

2-2　構造制約説

　道徳的人格説の失敗が，ドナルドソンの表現に従えば，研究者をして，対立するアプローチへと駆り立てることになった。企業はいかなる種類であろうとも決して道徳的主体ではない，と。ドナルドソンはこの立場を「構造制約説」と呼んでいる。構造制約説はラッド (Ladd, J.) やワーヘイン (Warhane, P.) に支持されており，「企業はその構造そのものによってコントロールされており，したがって高い頻度で道徳的自由を行使することは不可能である，という事実」を強調している。その説の極端なバージョンは「すべての企業組織に対してあらゆる種類の道徳的主体性を認めることを否定している」。企業はその行為に対して責任 (blame) を問われることはない，なぜならば，その行為はその構造の単なるアウトプットにすぎないからである，と。

　構造制約説は見かけ以上に精錬化されている。これがドナルドソンの素直な感想である。企業は「フォーマル組織」の1つのタイプであり，そのフォーマル組織は構造上道徳的な動機に適応できないために，企業を道徳的主体として見なすことはできない，というのが構造制約説の論理であるが，ラッドは有名

な論文で次のように述べている。企業は「目的―手段公式」に従ってのみ行動できるのであり，定義上，「特殊な目的を達成するという目的のために慎重に構造化された，計画された単位」であるという意味で，フォーマル組織である，と。[9]

　企業がフォーマル組織である，という事実から，構造制約説では，企業はゲームにおけるプレイヤーに類似している，と考えられている。そしてその立場では次のように論じられる。プレイヤーとして合理的に行動することはフォーマルな規則に従って行動することを意味しており，その場合に，プレイヤーは参加者として認められるが，このことはプレイヤーが道徳的主体として見なされないということに繋がる，と。なぜならば，意思決定において道徳的な判断を基本的な要素として利用できないからであり，フォーマルな目的を達成する方法についての情報のみが企業の計算に関連する事項である。このことは，ドナルドソンによれば，「企業が利潤極大化という目的を達成する方法についての情報だけに注意を払うようにデザインされていること」(傍点原文)を意味している。

　ドナルドソンは，上述のことを踏まえて，構造制約説の論理を5段階でまとめている。

(1)　企業はフォーマル組織の部類に属する。

(2)　フォーマル組織は，定義によれば，もっぱら，特殊な目的，すなわち，利潤の達成を最大化するために，行動しなければならない。

(3)　特殊な目的の達成を最大限にすることが道徳的規範をベースとして行動する可能性を妨げる。

(4)　道徳的規範をベースとして行動できることが道徳的主体性の必要条件である。

(5)　企業は道徳的主体となりえない。

　ドナルドソンによれば，上記の論理では，(3)が決定的な意味を持ち，企業は主として特殊な目的を達成するために行動しなければならないために，企業は道徳的規範をベースとして行動することができない，と仮定されている(傍点原文)。しかし，ここに，ドナルドソンから見れば，明らかな疑問が生まれる。

この見解の支持者たちは罠に捕らわれているようだ，と。例えば，企業は，目的の1つとして，道徳的規範を忠実に守るという目的を持たないのであろうか？　支持者たちは，企業とは対照的に，人間は道徳的規範をベースとして行動できるということを認めているが，何故に，企業はできないと決めつけているのだろうか[10]？

　そしてドナルドソンの疑問は次のように続く。(3)を活かすためには，議論に多少手を加えればよいのではなかろうか？　前提が修正されれば（あるいは，一連の理由があれば），何故に企業は道徳的に行動するという目的をフォーマルな構造に組み入れることができないのかを示すことができるかもしれない，と。そこで，具体的には，(2)が次のように修正される。

　(2)フォーマル組織は，定義によれば，もっぱら，経験に基づいた (empirical) 目的の達成を最大化するために，行動しなければならない（「経験に基づいた目的」は，測定可能な事実，すなわち，利潤率，生産性の増加，従業員流動性の減少などによって定義される目的に言及したものである）（傍点原文）。

　そして次に，(3)の「目的」に替えて，「経験に基づいた目的」というタームが当てられる。このような修正には問題があろうが，上述した構造制約説の問題点を修正するために必要であるように思われる。

　ラッド自身も，フォーマル組織が目的を追求する方法に言及する時に，このような修正を暗示している。ラッドの表現を借りれば，道徳的な判断がフォーマル組織の意思決定に影響を与える時があるとすれば，それは「その判断が事実的なものである時だけ」（傍点原文）であり，顧客の道徳的態度についてあるいは大衆の道徳的態度についての事実が企業の意思決定に影響を与えるかもしれない，と。なぜならば，それらが企業の特殊な目的追求と関連しているかもしれないからである。しかし同時にラッドは次のように付け加えている。道徳的な問題はそれ自体としては決して企業の意思決定に影響を与えることはない，なぜならば，モラリティは決して「経験的な知識の問題ではない」からである[11]，と。

第6章　ドナルドソンの「企業道徳的主体としての条件」論　127

構造制約説の評価に移ったドナルドソンは，構造制約説に投げ掛けられてき
た疑問に対して次のように論じている。第1のチャレンジャーたちは，企業が
フォーマル組織であることに同意しているが，企業が本格的には道徳を熟考す
ることはできないという結論には疑問を呈している，と[12]。彼らは，ドナルド
ソンによれば，構造制約説が企業の構造をゲームの規則になぞらえていることを
批判している。ゲームの規則は固定されている（static）が，企業の構造は変化
しうる，と。例えば，チェスの規則はプレイヤーが変更できないが，企業のプ
レイヤー（経営者，株主，従業員など）は構造や組織を変えることができるのだ。
企業は「理性的に（rationally）」行動することを強いられ，理性的に行動するこ
とはフォーマルな目的を黙々と追求すること以外の何事も意味しない，という
こと主張する点で，構造制約説は間違っている。人間がチェスの規則の変更に
対するコントロールをあきらめることは理性的であろうが，企業がその目的の
定義に対するコントロールをあきらめることは理性的ではないであろう。逆に
言えば，後述のごとく，企業は理性的であればこそ，その目的を見直さなけれ
ばならないのである。

　この批判は，ドナルドソンによれば，構造制約説のオリジナル・バージョン
に対してはその信憑性を弱める（weaken）が，修正バージョンには同様の影響
を与えることはできないだろう。これは，ドナルドソンのコトバをそのまま引
用すれば，(2)が，「"～すべきである"は"～できる"を暗に意味している」と
いう事態と結びついた時に，企業が道徳的規範に導かれて自分自身の目的を変
えるように駆り立てるというタイプの理性を排除しているからである。分かり
にくいので，彼は別のコトバで言い換えている。いかなる実体も，自らの行動
をコントロールできないならば，その行動に責任を問われるべきではない（"～
すべきである"は"～できる"を暗に意味している）ということになるために，企業
がその構造に制約されているという事実は，企業がその構造を変革すること
について道徳的に「理性的」になりえないということを意味している，と。要す
るに，「理性があること」というコトバには2つの意味があり，それらが混同
されている，ということである。企業は決定された目的をいかにして効果的に
達成するのかという点で理性的か否かを考えること——これが第1の論点であ

る。構造制約説はこの意味で「理性的」というコトバを使っている。しかし第2の論点もあるのであり，その場合には，企業は，その目的を道徳的に改善し再定義することができるのかという点で「理性的」か否かが問われることになる。構造制約説は，この幅広い意味で〔2つの意味を区別しないで〕企業は理性的にはなりえない，と結論づけている。「企業は道徳的主体になりえない，なぜならば，企業は目的追求機械に類似したものであり，その機械は目的を評価したり変更したりするように組み立てられた機械ではないからである」[13]（傍点原文），と。

　構造制約説に対する第2の批判は企業と他の組織の類似点に向けられている。若干の組織は，それを行えば慣習に従って道徳的主体として見なされる行為を遂行できるという事実によって，道徳的主体として見なされている，と。例えば，国家あるいは政府は道徳的主体として看做されている。なぜならば，それらの組織は戦争を宣言したり条約を締結するというような行為を遂行できるからである[14]。そして今，企業は，国家あるいは政府と同じように，道徳的主体という名前を与えてもよいような行為を遂行していると言われている。例えば，企業が，設立趣意書に従って，財産を所有し契約を締結する権限を有している，ということは一般に受け入れられている。

　しかし，この議論は，ドナルドソンによれば，企業を道徳的主体として見なす1つの独自の理由を提供するかもしれないが，構造制約説が一般的な慣習や実践とは無関係に存続することを志向している限り，構造制約説そのものを無用のものとするわけではない。

　かくして，上記の2つの議論は，ドナルドソンから見れば，構造制約的な議論を無用のものとすることに成功していないのである。しかしそれらは次の2つの事項を気づかせてくれたという点で有益だった。第1に，道徳的主体性に反対する議論は主として「"～すべきである"は"～できる"を暗に意味している」主義に依拠していること，第2に，議論は慣習と無関係な根拠に支持されなければならないこと。それ故に，もし上記の2つの事項が間違っているならば，構造制約説は覆されることになる。

　ドナルドソンは，議論を先に進める前に，構造制約説の裏の意味を検討して

第6章　ドナルドソンの「企業道徳的主体としての条件」論　　129

いる。企業が，非道徳的主体のように，パワフルな複雑な機械のように，道徳的主体性として成立することを不可能にする方法で，制約されているならば，企業は監視され規制されなければならない→道徳的な行動を担保するある種の経済的なメカニズムを欠き，道徳的責任を引き受ける能力を欠くならば，企業が，巨大な機械のように，その巨大なパワーを行使する恐れが多分に出てくるだろう→自動的な統制あるいは内的な道徳的統制が存在しないとすれば，外部の主体が統制しなければならないだろう，と。

　構造制約説を疑問視する一部の人々の中には，ドナルドソンの分析によれば，政府の規制が無制限に拡大するという不安が存在している。彼らは次のように自問自答しているのかもしれない。「我々は，長年にわたって，間違って，企業を道徳的主体として見なし，責めあるいは褒め称え，責任ある行動を期待してきたのではないだろうか？」，と。このような現実があるにもかかわらず，構造制約説は，人々が，それなりの理由があって，企業についてあたかもそれが道徳的主体であるかのように語ってきたということを知らなかったのではないだろうか？　そのために，道徳的主体説を，ただ闇雲にそれは戯言であるとして，拒否してきたのではないだろうか？　これがドナルドソンの分析である。

　そしてこのような分析が，「よく検討すると，構造制約説という鎧の中には2つの割れ目があることが分かってきた」とのドナルドソンの文章に繋がっていく。問題はいずれも，彼によれば，事態が「過度に単純化されている」ことにある。第1に，「企業とは何であるのか」(傍点原文)について過度に単純化されているし，第2に，「企業がいかに行動しているのか」(傍点原文)に関しても過度に単純化されている。

　ドナルドソンはそのことに関連して次のように説明している。「構造制約説は，企業はフォーマル組織である(傍点原文)，と仮定している。これは主として(1)と(2)で述べられている。しかしながら注意すべき事柄がある。それは，(1)と(2)は企業を定義しようとしているが，その結果生まれた定義は(ただ単に言葉の意味を明記することを企てたものであり)明示的なものとなりえていないということである。なぜならば，それが(企業は経験主義的な目的を追求する種類のものである，との)事実に基づいた主張をしているからである。さらに言えば，それ

は（企業は道徳的主体ではない，との）事実に基づいた結論にも貢献している。故に，(1)と(2)は事実主義としての意義を有していることは確かである。しかし，そのことを認めたとしても，事実に基づいた事柄が当たり前のこととして正確に記述されているだけのことではないのだろうか」。

　さらに続けてドナルドソンに聞くことにする。上記のことは，組織の仕組みを理解しようとしてきた多くのビジネス関係者に「当然のように受け入れられてきたわけではない。フォーマル組織の概念はサイモン（Simon, H.）の理論からの引用であるが，サイモン・モデルは競合する幾つかのモデルの1つにすぎず，どのモデルが最も正確かについてコンセンサスが存在しているわけではない。コンセンサスが存在しているとすれば，それは，企業という組織を特徴づけるためには2つ以上のモデルが必要になるであろう，ということである」[15]。

　ここまで来ると，ドナルドソンの中に，(1)と(2)は構造制約説にとって実際の所どの程度決定的な意味を持っているのであろうか？　全体としての道徳的主体性問題にどのように影響を与えているのであろうか？　などの疑問が生じるのは当然の流れであろう。ドナルドソンはそのような疑問を解くために，フォーマル組織以外の3つの組織モデルを検討する。合理的主体（rational agent）モデル，組織過程モデル，政治的エゴイズムモデル。それらのモデルはそれぞれ組織を構成する独自の方法を提示したものであり[16]，組織論者の中で受け入れられているモデルである。

(1)合理的主体モデル

　企業の行動は，企業の価値を最大化すると考えられた時ある行為が選択される，という流れが1つにまとめられた（unified）プロセスである，と仮定しているのが合理的主体モデルである。このモデルでは，意思決定は合理的であり，企業はヒトという主体と同じように自覚的に（self-consciously）価値の追求を試みる，とされる[17]。このモデルを目標指向的と解釈することはできない。というのは，組織価値の最大化は明確な将来の出来事の追求か，それとも原理・原則に忠実であろうとするかのどちらかであり，前者では意思決定は目標指向的であるが，後者ではそうではないからである。合理的主体モデルに従えば，企業の「精神」はトップマネジメントや取締役から成り立つものであり，経営者や

第6章　ドナルドソンの「企業道徳的主体としての条件」論　　131

取締役はお互いに協議して決定に達することができる，と仮定されている。

(2)組織過程モデル

　企業の決定は統一的な意思決定プロセスの結果である，ということを否定するのが組織過程モデルであり，その代わりに，企業は（マーケティング集団，製造集団，ロビー集団などの）意思決定集団の緩やかな連合体として見なされている。様々の集団間で調整が行われているが，統一された自覚的な意思決定は生じない，と考えられている。このモデルは，企業は組織の規則や暗黙の規範を背にして活動している，と捉えている。意思決定が必要になった時，目の前の事態をカバーしている適当な規則を探すことから始まる，と。規則は必ずしも公式化された原則である必要はなく，暗黙の規範や一般的な期待であればよいのである。規則自体が，このモデルでは，組織的な習慣の結果であり，標準的な操作手順にすぎないのであり，会社の資料に記載されていることもあれば，記載されていないものもある。[18]

(3)政治的エゴイズムモデル

　政治的エゴイズムモデルでは，企業の意思決定は個々の従業員の決定や彼らが追求する利害の中で把握されている。企業で個々人の利害が追求される結果として生じる闘争が政治的な文脈の中で生じる闘争に擬されているのだ。参加者たちは，経済的な出世，社会的地位，継続的なフレンドシップ，などの特別な利害を有している，と仮定されている。そして，これらのエゴ的な利害の追求が参加者たちの中に不可避的に対立を生み出すのだ，と。政治的ゲームの規則は，会社の定款，消費者やコミュニティの期待，組織の伝統，業界の風土，などによって定められる。このゲームで重要な役割を果たすのが，例えば，工場長，マーケティング担当者，ロビイストである。この政治的な規則は，参加者の圧力に耐えきれない時，それに屈服することがある。ロッキード事件がこのことをよく物語っている。

　ドナルドソンによれば，上記のような多数の経験主義的な組織モデルが存在しているということ自体が構造制約説の妥当性には疑問があるということを示している。構造制約説が説いていることとは逆に，「企業はフォーマル組織というシングル・モデルの事例であると安易に仮定することは間違っている」の

である。ドナルドソンが言いたかったのはこのことであり，その認識が「最も重要なことである」。「多分，企業は，(1)が仮定しているようなフォーマル組織ではなく，合理的主体モデルに適合している。もしそうであるならば，道徳的主体性は，結局，企業に帰属することになろう。あるいは企業は1つのモデルに固定されるのではなく，多くのモデルの特徴を表示した存在であり，1つひとつの企業を理解するためには多くもモデルが必要になろう。言い換えれば，企業はお互いに異なった存在であり，ある企業はフォーマル組織に合致し，別の企業は政治的エゴイズムモデルに合致している，などが実態なのであろう。いずれにしても，構造制約説は，すべての企業がフォーマル組織であると仮定することによって，事態を過度に単純化している」。

構造制約説の第2の過度な単純化は同一の問題の裏面とも言えるものであり，第1の過度な単純化と密接に関連している。それは，企業は何であるのかではなく，企業はどのように行動しているのかに関わる問題である。構造制約説は，「企業は経験主義的に特殊な目的を追求しなければならないし，それが企業のできるすべてである」(傍点原文)，と仮定している。しかし，確かに幾つかの企業はこの様式に制約されているかもしれないが，逆の事例が確実に見られることも事実なのである。

　ドナルドソンは企業の意思決定の多様性を示すものとして以下のような事例をあげている (p. 29)。

(1)　スミスとジョーンズはパートナーとして広告ビジネスに携わっている。彼らは毎日同じオフィスで働き，定期的に情報を交換し，お互いに相談し合ってすべての問題を解決している。彼らが会社の株の98％を所有している。

(2)　何百万という株主に所有されているゼネラル・モーターズは数千の部門に分割され，諸問題は自律的に決定されることもあれば，中央の本部に委ねられることもある。それらの部門は自分自身の意思決定構造を備えている。

(3)　アクメ・マーケティング社は戸別販売に特化し，数千人のセールスマンを雇っている。彼らにはすべてコミッションが支払われ，彼らの多くは短時間だけアクメ・マーケティング社のために働いている。多くの決定は現場で従

業員によってなされ，例外的に，中央の調整に委ねられている。会社の資産は極力最小限にとどめられ，株式は経営者が排他的に所有している。

ドナルドソンの疑問は，例えば，構造制約説に則って，「スミス＆ジョーンズは道徳的規範をベースにして行動できない」，と決めつけることができるのか，ということにある。なぜならば，スミス＆ジョーンズの意思決定は限りなく個人の意思決定に近いからである。

構造制約説に見られる2つの過度な単純化は，ドナルドソンの考えでは，我々が間違ったことを問い続けてきたのではないのか，ということを暗に示している。「すべての企業が道徳的主体である，あるいはすべての企業が道徳的主体ではない，と問うのではなく，ある（some）企業は道徳的主体であるのかどうか，ある企業は道徳的主体ではないのかどうか，を問うべきではなかったのか」（傍点原文），と。

このような認識に立つならば，「道徳的主体として見なされるために企業が充たさなければならない条件」を特定化するという作業が必要になってくる。ドナルドソンのコトバを借りれば，そのような作業を終えて初めて，「ある特定の（a given）企業は条件を充たしているかどうかを問うことが可能になる〔すなわち，その企業が道徳的主体なのか否かを"判断"できる〕のである」。

3 道徳的主体性の条件

道徳的主体としての資格を得るためには，「企業は道徳的意思決定のプロセスを具体化する必要がある」（傍点原文）。これがドナルドソンの問題提起であり，彼は，上述の議論を踏まえて，意思決定のプロセスが道徳的になるための要件，言い換えれば，ある特定の企業を道徳的主体として見なすために最低限必要な条件を次のように公式化している。

(1) 意思決定において道徳的理性（reason）を行使できること。

(2) 意思決定のプロセスにおいて顕在的なコーポレート行動だけではなく政策や規則の構造も統制できること。

(1)は企業を単なる機械のレベルを超えた存在へと引き上げるために必要な条

件であるが，そこには，何かが道徳的主体であるためには，なしていることに対する単なる理由（cause）ではなく理性（reason）を持っていなければならない，そしてその理性が道徳的なものでなければならない，との理解がある。ドナルドソンによれば，企業はヒトのように考えることはできないが，一種の理性を行使できるのであり，このことは，「企業が道徳的に説明できる（accountable）という事実によって示されている」（傍点原文）。つまり，適切な内的構造を備えている企業は，その事実によって，ヒトと同じように，自分の行動を説明する責任を免れないのであり，その説明の際に，「企業の行動が何らかの道徳的理性に基づいてなされている」（傍点原文）ことを示すことが要求される。

　企業が道徳的主体であるためには，意思決定において道徳的理性を行使できなければならないだけではなく，政策や規則の構造を統制できなければならない。この第2の条件に関して，ドナルドソンは，アリストテレスを念頭に置いて，「我々は，人間には自らの行動に対してだけではなく，その道徳的能力を維持することに対しても道徳的に責任がある，ということを覚えている。企業道徳的主体性は，同じように，企業の政策，規則そして手続きのような企業の道徳的な能力（faculty）を維持することに対する責任をほのめかしている」，と述べている。第2の条件は現実には第1の条件をより詳細に記述したものである。ドナルドソンの表現を借りれば，「条件1は道徳的主体性が企業の顕在的な行為に対する統制を要求することを明確に述べたものであり，第2の条件は道徳的な統制が企業の意思決定機構の維持に拡張されなければならないことをより詳細に述べたものである」。

　ただし，これらの条件を満たした企業は道徳的主体として見なされるであろうが，決して「道徳的人格」ではない。「企業が意思決定において道徳的理性を行使できるということから，それが，意図，喜び，ヒトとしての義務や権利のような，ヒトが備えているその他の特性を，自動的に，有している，と仮定することは間違いであろう」——これがドナルドソンの結論である。

　ドナルドソンは，多くの企業は2つの条件を満たすことができないのではないだろうか，という疑問に対して，「原則的には，そのような事態に陥る理由は見当たらない」と答えている。一部の（some）観察者が確認しているように，

第6章　ドナルドソンの「企業道徳的主体としての条件」論　　135

「ほとんどすべての企業がすでにそれらを満たしている」，と。ドナルドソンの説明によれば，「完全に機能する道徳的な意思決定プロセスを要求するほど，その条件は厳しいものではないのだ」。ヒトでも「そのような基準に合致するものは少ないのであり」，「企業は完全な道徳的統制を持つ必要はない」と。彼は続けて次のように解説している。「必要不可欠なレベルの統制を有するにもかかわらず，消費者がケガをするまで，製造物責任部門の不備な手続きを矯正しなかった企業」があるとする。この場合，その組織は「道徳的主体性であることを否定する必要はないだろう」。しかしながら，「企業の意思決定プロセスが完全に機械的であり，構造制約説モデルに完全に合致している，あるいは企業が完全に分断され，意思決定機構を欠いている場合には，その場合にのみ，当該組織は善と悪の区別がつかない病気あるいは精神に障害があるヒトと類似した」存在であり，「道徳的能力を改善し維持することを期待することはできない。なぜならば，道徳的能力を何一つとして持ち合わせていないからである。そのような組織に道徳的主体としての資格を与えることはできない」。さらに彼に聞くと，「社会は企業の道徳的病気状態から保護されるべきである。その1つの方法は，"企業"の資格を与える1つの条件として，組織が道徳的主体性の条件を満たしていることを要求することである」。

　改めてドナルドソンの見解を整理すると次のようになろう。

　第1に，道徳的人格説について述べると，道徳的人格説は企業とヒトの間の類似性を過大に評価している。企業は，道徳的に言えば，「人格」ではない。企業が意図的に行動しているという事実も企業が裁判所によって法人格を授けられているという事実も企業が人格であるということを示すものではない。企業の「意図」は個々のヒトの意図とは異なっているのであり，意図の存在だけでは道徳的主体性を保証できないのである。

　第2に，構造制約説について言えば，構造制約説も「抜けている（wanting）」ことが明らかになった。この見解は，企業の性質ならびにその行動の仕方を過度に単純化しているために，間違っている。ドナルドソンの見方に従えば，小さな企業は言うまでもなく巨大企業でさえも，2つの必要条件を満たしている限り，道徳的主体として見なされることになる。

4 企業の道徳的責任の具体的な内容を理解するための 予備的スキーム

ドナルドソン の「現状認識」と「分析枠組み」に従えば，小企業であれ大企業であれ，その企業が2つの必要条件を満たしているならば，それは道徳的主体と見なされるのであり，事実，現在では，ほとんどすべての企業に対して道徳的責任を問うことが可能なのである。企業は道徳的主体である。

とすれば，改めて，次のことが課題となってくると思われる。企業を道徳的主体と見なすことができるならば，そのような道徳的主体性の内容を，より具体的なレベルで，いかに把握すればよいのか，という問題がそれである。ドナルドソンのコトバで表現すると，「企業が道徳的主体となりうるならば，その主体性（エージェンシー）は何を意味しているのか？」，と。

これは，宮坂の読み方によれば，いまだ「未解決」であった，道徳的理性を行使しているか否かを何によって判断するのか，という問題に対する解答でもある。別の言い方をすれば，モラル・エージェンシーの条件として「(1)意思決定において道徳的理性を行使できること」が指摘されていたが，ドナルドソンにあっては，その「道徳的理性を行使する」とはどのようなことを指しているのかについて，明示的な説明がなされていないのではないのか，という疑問である。

ドナルドソンは，ただし，この点に関して，企業の道徳的な義務（責任）を明示することによって，そのような課題に答えようとしている。それは，ドナルドソンの次のような文章からか容易に引き出される事柄である。「道徳的主体性にとっての最低必要限の資格を満たしているあらゆる種類のすべての企業をよく考えてみよう。彼らの義務と義理（duty and obligation）はどのようにして定義されるべきなのか？」。

企業がヒトと同じような義務を有していると考えることは罠に陥ることであり，それは避けるべきであるが，企業の義務がヒトの義務のミラー・イメージ（mirror image）ではないとすれば，それは何なのか？　ドナルドソンは，この

第6章　ドナルドソンの「企業道徳的主体としての条件」論　137

ような問題意識のもとで，ウォルトン（Walton, C.）に学び，企業の道徳的義務[19]
を「直接的なもの」と「間接的なもの」に分ける。

　直接的な義務は明示的にフォーマルに特定されているものであり，株主，従業員，納入業者，顧客などの企業と直接にビジネス上の関係を有する人々に対する義務である。これらの義務は契約や法令として明示されているので，処理が容易である。これに対して，間接的な義務はフォーマルに明示されたものではなく，当該企業と直接にビジネス上の関係を持たない人々（例えば，競争相手の企業，地域共同体，大衆）に対して負う義務である。

　間接的な義務は，直接的な義務とは異なり，これまで必ずしも注目されてはこなかった。確かに，間接的な義務として，公平に競争する義務，地域社会を公害から守る義務，大衆を傷つけない義務などが知られているが，企業が，誰に対して，いかなる間接的な義務を，どの程度，有しているのか，あるいはそれらを倫理的に正当化するものは何なのかなどに代表される基本的な問題は依然として未解決のままに置かれてきた。しかしながら，企業の義務，特に，間接的な義務を明示しなければ，現実的な問題として，道徳的主体としての企業の道徳的責任を問うことはできないのである。

　上記の作業によって，企業が道徳的な側面（dimension）を有することは明らかになったが，その側面の特性が充分に解明されたとは言いがたい。これがドナルドソンの「総括」であり，その解明を目指して企業の間接的な義務の検討することが今後の課題として挙げられている。[20]

5　ドナルドソンの見解の現代的意義

　ドナルドソンの見解は，本章の理解に従えば，以下のように（問答形式を取れば）整理される。

　Q1　道徳的人格説と構造制約説に対するドナルドソンの評価は，一言で言えば，どのようなものなのか？

　A1　道徳的人格説は一般化して分かりやすいように見えるが，根拠に欠いている。他方，構造制約説は見かけ上は精錬化されてはいるが，基本的に

138

図表6-1　道徳的人格説（フレンチ）の立場

実　体 ＼ 属　性	道徳的主体	道徳的人格
ヒ　ト	○	○
企　業	○*	○

（注）　＊根拠：企業には意図（企業内意思決定構造）がある。

は，単純化された仮定に依拠しており現実から「遊離」している。

　重要なことは，そもそも2つの説が双方とも問題を立て方を間違っていることにある。

Q2　ドナルドソンによれば，企業は，ある条件を満たせば道徳的主体であるが，決して道徳的人格ではない。とすれば，彼にあっては，道徳的主体と道徳的人格はどのように区別されているのか？

A2　125ページから推察すると，企業が，道徳的に，ヒトが通常所有している権利を持っているならば，企業は道徳的人格である。ドナルドソンの立場から言えば，財産を所有する権利，協約を結ぶ権利，利潤追求権利などに関しては，企業にも認められるているが，投票する権利，社会保障給付金を引き出す権利に関しては疑問符が付くし，現実的には，多くの権利（例えば，礼拝に出る権利，幸福追求権）については，それを企業を帰属させることは，論理的に，不可能である。企業は法律上の権利を保証された法律上の人格であるが，道徳的人格ではない。

Q3　ドナルドソンの立場では，道徳的人格説は，企業を，ヒトとの関連で，どのように把握しているのか？

A3　ドナルドソンの立場からは，道徳的人格説は**図表6-1**のように図解される。

Q4　ドナルドソンの立場では，構造制約説は，企業を，ヒトとの関連で，どのように把握しているのか？

A4　ドナルドソンの立場からは，構造制約説は**図表6-2**のように図解され

第6章　ドナルドソンの「企業道徳的主体としての条件」論　　139

図表6-2　構造制約説（ラッド，キーリィ，ワーヘイン*）の立場

属　性 実　体	道徳的主体	道徳的人格
ヒ　ト	○	○
企　業	×**	○

（注）　＊1980年当時のワーヘインの見解である。
　　　　＊＊根拠：フォーマル組織である企業と道徳的な判断の自由は両立しない。

図表6-3　ドナルドソンの立場の立場

属　性 実　体	道徳的主体	道徳的人格
ヒ　ト	○	○
企　業	「条件付き*」○	×

（注）　条件：(1)意思決定において道徳的理性（reason）を利用できること，(2)意思
　　　　決定のプロセスにおいて顕在的なコーポレート行動だけではなく政策や規則の
　　　　構造も統制できること。

る。

Q5　ドナルドソンの立場は，道徳的人格説や構造制約説とどのように違っ
ているのであろうか？

A5　ドナルドソンの立場は**図表6-3**のように図解される。

Q6　現在，道徳的な企業（CSR推進企業）の出現と企業不祥事の多発が同時
に進行している，あるいはCSR推進企業が企業不祥事を起こしている。
このような現象はドナルドソンの立場では，どのように説明されるのか？

A6　ドナルドソンの立場からは，すべての企業を1つの類型として括るこ
とはできない。

　　すべての企業を「道徳的主体であるべきである」と考えるのは素朴であ
るだけではなく非現実的であるし，「企業は構造的に道徳的主体とはなれ

140

図表 6-4 「道徳的」企業と「不祥事」企業の併存

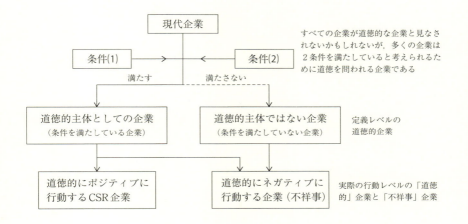

ない」と見なすことは現実から遊離している。しかし，多くの企業は2つの条件（134-135ページ参照）を満たせば，「道徳的主体としての企業」として見なすことができる。その意味で，現代企業は道徳的主体としての企業（倫理を問われる存在としての企業）である。ただし，「道徳的主体としての企業になれること」と「実際に道徳的主体としての企業であること」は別の事柄である。なぜならば，道徳的理性を意図的に働かせないケースもあるし，「意図せざる結果」として理性が働かなかったケースもありえるからである。

注

1) 本章で参照している資料はドナルドソン『コーポレーションとモラリティ』1982年（Donaldson, T., *Corporations and Morality*, Prentice Hall, 1982）の第2章である。以下の行では，本章の性質上，この『コーポレーションとモラリティ』からの引用・論述が多くなる。その場合，引用であることを逐一断らない場合もあるし，（　）内の数字で引用を明記する場合もある。また注で引用記載されている文献は(20)を除いて，原著で挙げられていた文献である（したがって，宮坂未見のものもある）。

2) その事例として，テレビのCMでタレントが行った行為とまったく同じ行為がディナーパーティで行われると，道徳的冷笑の的になることが挙げられている。ラッドもこのことに触れている。Ladd, J., "Morality and the Ideal of Rationality in Formal Organizaition", *The Monist*, 54, 1970, pp. 488-516.

3) Lawson, F., *Introduction to the Law of Poperty*, Clarendon Press, 1958, p. 143. Goedecke, W., "Corporations and the Philosophy of Law", *The Journal of Value Inquiry*, 5, 1976.

4) 例えば, Mckeon, R., "Product Liability: Trend and Implications", *The University of Chicago Law Review*, 3-6 (1970-71); Richard, A., "Strict Liability in Criminal Law", *Stanford Law Review*, 12, 1960.

5) French, P., "The Corporation as a Moral Person", *American Philosophical Quarterly*, 16 (1979).

6) French, *op. cit.,* p. 207.

7) Keely, M., "Organizations as Non-Persons", *The Journal of Value Inquiry*, 15-2, 1981.

8) Keely, *op. cit.*

9) Ladd, *op. cit.,* p. 498.

10) Ozar, D., "The Moral Responsibility of Corporations", in Donaldson, T. & Werhane, P. (eds.), *Ethical Issues in Business,* Prentice Hall, 1979.

11) Ladd, *op. cit.,* p. 498.

12) Goodpaster, K., "Morality and Organizations", in Donaldson & Werhane, *op. cit.*

13) Werhane, P., "Formal Organizations, Economic Freedom and Moral Agency", *The Journal of Value Inquiry*, 14-1, 1980.

14) Ozar, *op. cit.*

15) Kriesberg, S., "Decision-making Models and the Control of Corporate Crime", *The Yale Law Journal*, 85, 1976.

16) Keely, M., "A Social Justice Approach to Organization Evalution", *Administrative Sciense Quarterly,* June, 1978.

17) Pollock, F. & Maitland, F., "Corporations and Person", in Krader, L. (ed.), *Anthropology and Early Law,* New York Univrsity Press, 1965.

18) Drucker, P., *Concept of the Corporation,* John Day, 1946.

19) Walton, C., *Coceptional Foundationws of Business,* Richar D. Irwin, 1969.

20) これは後に「統合社会契約論」として，より体系的に展開されることにな

る。Donaldson, T. and Dunfee, T., *Ties that Bind: A Social Contracts Approach to Business Ethics*, Harvard Business Press, 1999.

第7章　ベラスケスの「企業道徳的主体は
　　　　誤りである」論

1　ベラスケスの立場

1-1　ベラスケスの基本認識

　企業はそのいかなる行動に対しても道徳的責任を持ちえない，と主張したのがベラスケス（Velasquez, M.）である。

　　ベラスケスによれば，ビジネス・エシックス学界には，一方で，道徳的に責任を持てるのは人間のみであり，その結果，ビジネス・エシックスの適切な対象は個人としてのビジネス・パーソンである，と仮定する人々（例えば，キーリィ（Keely, M.），ベラスケス）が存在し，他方で，道徳的責任は，その構成員とは異なる存在としての企業というグループの属性として見なすべきであり，それ故に，企業はビジネス・エシックスの主要な（あるいは，少なくとも1つの）対象となるべきである，と考える人々（例えば，ドナルドソン（Donaldson, T.），オザー（Ozar, D.），グッドパスター（Goodpaster, K.））がいる。ベラスケスの解釈では，後者は大きく誤っている。[1]

　　この考え方は哲学および法学の伝統に沿ったものであり，[2] そこには，次のような論理がある。主体は，その種の意図（犯意）があり，実際に不法行為を犯した場合にのみ責められ罰を受けることになるが，企業には犯意と不法行為と

145

いう責任を問われる2つの条件のいずれも該当しない，と。また他方で，企業は，個人と異なり，自律的行動ができないこと（企業の行動は個人のコントロール下にあり，企業のそれにはないこと）も指摘されている。

　以下，上記のことをとりあえず前提にして，ベラスケスの主張に耳を傾ける。[3]

　ベラスケスは責任の概念を整理することから始めている。彼によれば，責任は，通常，3つの意味で使われている（**図表7−1**参照）。第1に，「信用できる」あるいは「信頼できる」，というの意味で使われ，第2に，将来（すなわち，今後なおなされなければならないこと）を展望するために使われ，第3に，ある行為あるいはその結果が特定の主体に帰属せしめられるべきものであることを示すために，別の表現をすれば，過去（すなわち，すでになされたこと）を回顧するために，使われる。そして，ベラスケスは取りあえず前者の2つを脇に置き，第3の意味での責任，すなわち，過去志向的な意味での責任に注目する。

　ただし，この過去志向的な意味での責任にも幾つかのタイプがある。例えば，XはYの原因である，というケース。このケースでは，責任は因果関係とほぼ同義であり，純粋に自然力に原因する。また，XはYから生じるダメージに対して賠償しなければならない，というケースがある。「親は子どもの行為に対して責任がある」，と。このケースでは，責任は補償責任であり，責任を問われるヒトが必ずしも責任を問われる行為をしているとは限らない。通常，社会効率，配分上の正義，支払い能力，当事者との関係などを考慮して，補償責任が決められている。さらには，Xは意図的にYをもたらした，というケースがある。このケースでは，第1のケースと異なり，自然力が責任ある当事者にはなりえない。というのは，意図は理由があるが故に行動しえる主体のみに帰属しえるからである。そして第2のケースと異なり，責任ある当事者が直接か間接かは別として責任を問われる行為を引き起こしているのが第3のケースであり，その場合，責任は，補償責任と異なり，他の当事者に転嫁されることはない。以上の論点は**図表7−1**のように整理される。[4]

　ベラスケスが道徳的責任というタームを使う場合に念頭に置いている責任はⅢ−③のケースで使われるタイプの責任である。彼は，これは刑事責任の古典的な見解（すなわち，19世紀のコモン・ロー）である，との認識のもとで，それを，

図表7-1　責任の意味

Ⅰ	「信用できる」（trustworthy）あるいは「信頼できる」（dependable）こと。　Xは責任ある人である。ここには，一定の質の道徳的特性があることが暗に示されている。
Ⅱ	義務（duty or obligation）。　Xは健康と安全に責任がある（責任を負うべきである）。ここには将来を展望するという意味が暗に示されている。
Ⅲ	あるアクションあるいはその結果の属性。Xは安全システムの失敗に責任があった。ここには，過去を回顧するという意味が暗に示されている。

	①	XはYの原因である（これは自然にも人間にも平等に当てはまる。例えば，大風が停電の原因であった，と。これはしばしば因果責任causal responsibilityと呼ばれる）。
Ⅲ	②	XはYから生じたダメージを償うこと（補償）に対して責任がある（当該行為に責任がある人間が必ずしも支払わなくともよい。両親が子どもの行為に対して，あるいは，会社が従業員の行為に対して支払うことがあるだろう。これは補償責任である）。
	③	Xが意図的にYをもたらした（あるいは，その手助けをした，ないしは，それが可能であったにもかかわらず，その行為を防がなかった）。

　法的執行の実用性に制約されるものでもあるが，「道徳的責任についての我々の共通の理解の法的な翻訳」として位置づけている。その刑事責任は，古典的には，2つのこと（不法行為（actus reus）と犯意（mens rea））を必要とする。すなわち，ある不法行為に対して刑事上の責任を問うためには2つの条件が必要なのであり，第1に，その人が個人的に（自主的な肉体的動きを介して）不法行為を引き起こしたか，あるいは，それを手助けした，もしくは阻止すべきないしは阻止できた時に防止することに失敗した時，第2に，その人が意図的にそのようなことを行った時に，刑事上の責任を問うことができる。

　この責任観の哲学的ルーツは，ベラスケスによれば，責任帰属性についてのスコラ学説にまで遡るものであり，カント（Kant, I.）の『人倫の形而上学』に適切に要約されている。ベラスケスによって援用されているのは次のようなカ

第7章　ベラスケスの「企業道徳的主体は誤りである」論　147

ントの文言である。「行為が責任の法則のもとにたち，したがってまた，主体がその行為において彼の選択意思の自由という観点から考察されるかぎり，その行為は所為と呼ばれる。行為する者は，このような所業を通して結果の発端となる存在と看なされる。そして，この結果は，行為そのものとともに，それらに責務を課する法則があらかじめ知られている場合には，行為する者の責に帰することができるのである。……道徳的意味における帰責とは，ある人がそれによってある行為の創始者と看なされるような判断であり，その行為はこの場合，所為と呼ばれ，法則のもとに立つのである[5]」。

　このように，ベラスケスが理解する限り，道徳的責任のコア概念は哲学上の見解にも法律上の見解にも存在している。そして，そのような認識から，道徳的責任は，主体が引き起こした（その主体に端を発する）行動だけに対して，すなわち，それが主体の意図（犯意）とその主体の肉体的動きから生まれたアクションであるがために，ある主体に帰することができる責任である，との理解が導き出されている。ここでベラスケスが重視しているのが「○○を発端とする」(origination)という考え方である。というのは，彼によれば，このorigination は一種のメンタルおよび肉体的統一体として把握されている人間概念と結びついているからである。ベラスケスの文言を正確に引用すると，「ある主体は，(1)彼が心の中で行動の計画を立てたりあるいは企画し，(2)その意図を直接に統制できる肉体的動きを通して実行する時に，ある行為を引き起こすことになる。この直接の統制というコトバは，通常，ある肉体を自分の"所有物"として語る時に使われる表現である。私が直接コントロールしている肉体は"私の"肉体と呼ばれる肉体であり，私が道徳的に責任を負うべき行為はこの肉体によって引き起こされなければならないのである[6]」。

　そして，このような責任という意味は，ベラスケスのコトバを借りれば，辞典にも示されているように，概念的に，もう1つの考え方と結びつくことになる。それが「非難と処罰を免れないこと」である。「あるヒトがある行為に対して道徳的に責任があると言うことはまさにそのヒトが非難と処罰を免れないと言うことである。また，あるヒトがある行為に対して道徳的に責任がないとすれば，非難も処罰も不適切（道徳的に根拠がないもの）なのであり，……ある

行為が私自身の直接の肉体的動きの結果でないならば，あるいはそれがそれらの動きの意図的な結果でないならば，その行為に対して私を非難し罰することは不適切である[7]」。

何故に，「非難と処罰を免れないこと」が道徳的責任と概念的に結びつくことになるのだろうか？　ベラスケスによれば，非難と処罰が道徳的責任と概念的に結びついていることはよく知られた道徳的原理からも明らかである。第1に，古典的な功利主義の立場から，非難と処罰は正当化される。犯罪者を非難し処罰することによって，その犯罪者や予備軍が将来起こすかもしれない悪事を阻止できる，と。第2に，義務論から言えば，非難と処罰は，我々がそれらに同意した場合には，正当化される。というのは，ヒトは，同意しているならば，同じように扱われるべきであるからである。第3に，自然法によって正当化される。この立場に立つと，理性的な主体の間には，正当であると見なされているある種の関係が存在しており，そのような関係からの逸脱は不当行為である。犯罪者がこのような関係から逸脱すると，彼は，本来ならば与えられるべきではない，他の人々に対する優位性を獲得することになるために，その犯罪者を正しい位置に戻すために処罰が必要になる。

ここで重要なことは，道徳原理を読み解くことによって，「非難と処罰が，悪事を生み出した主体にのみ，すなわち，自らの肉体を使って，意図的に，直接に手を下した主体だけに，課せられる[8]」，ということが明確にされていることである。当該人物以外を処罰しても悪事を防ぐことは望めないし，同意していない主体を処罰することには無理があるし，当該人物以外を処罰しても犯罪者を正しい位置に戻すことはできないのであり，道徳的責任（非難と処罰）はあくまでも行為主体（本人）に該当する属性である。

上記の3つの「論理的根拠」は，ベラスケスの認識に従えば，非難と処罰に関する共通理解であり，「非難と処罰を免れないこと」を道徳的責任に概念的に結びつける方途に関する共通理解でもある[9]。

1-2　ベラスケスの「企業道徳的主体」批判

ベラスケスが確認した「責任観」に立つと，企業は，その企業が関与した悪

事に対して道徳的に責任がある，と言えるのであろうか。ベラスケスが念頭に置いているのは，企業はその構成員とは論理的に異なる統一体であり，道徳的責任をそのような企業の属性として見なすことは合法的に可能である，というフレンチの見解である。この場合，ベラスケスが重要視しているのは，フレンチの立論に横たわっている2つの前提（すなわち，(1)企業は，（たとえ誰であろうとも）その構成員ではなく企業という組織体そのものに起因する行為を遂行する，(2)企業は，（たとえ誰であろうとも）その構成員ではなく企業という組織そのものの意図で，その行為を遂行する）である。ベラスケスによれば，フレンチの論理展開には哲学的にも法学的にも責任概念の中核を成す2つの要件（不法行為と犯意）が組み込まれており，その意味で彼の見解は大きな意義を有している。しかし，企業の行為は，ベラスケスの理解では，企業ではなく，その構成員に端を発するのであり，その点で，フレンチは間違っている。[10]

　再び，ベラスケスの主張に，より詳細な点を含めて，耳を傾ける。

　企業に起因する行為はその構成員から区別される統一体としての企業によって遂行されているのではない，というのは，企業はその構成員を介さなければ行動できないからである。これがベラスケスの出発点である。そしてここから，次のような基本認識が生まれてくる。企業を「虚構」として見なそうともあるいは「実在」として見なそうとも，いずれにしても，企業行動はそれ自身とは異なる主体（すなわち，企業を構成する人々）の直接的な統制のもとにあるために，企業に道徳的責任という属性を認めることはできないのであり，その行為を非難し罰することは不適切である，[11]と。

　何故に，このような認識が出てくるのか。それは，ベラスケスが，フレンチによって提起された「多くの生物学的な存在としての人間の意図と行為を企業の意思へと従属し統合するものとしての」「政策，手続き，権限のシステム」[12]（いわゆるCID構造）の意義を認めていないからである。言葉を換えると，ベラスケスによれば，そもそも企業の政策や手続きは意図的な行為を生み出しえないのである。というのは，「意図的な行為という概念は，企業が有していない，一定の精神的および肉体的一体性を備えた主体という概念に根を下ろした概念であるからである。意図的な主体は，計画し意図する精神を有するが故に，メ

ンタルであり，直接に動かせる肉体を有するが故に，肉体的であり，肉体的な動きを直接に統制して自分の意図通りにその意図を実現する主体である限りにおいて，1つの統一体（unity）なのである。このような一体性を備えた主体を前提にして初めて，ある行為はそれに起因する，と言えるのであるが，それは企業には妥当しない。これがベラスケスの主張である。

　ある行為に対する道徳的責任は，ベラスケスによれば，その行為を生み出す統一体（すなわち，行為をもたらす意図を形成し，直接に肉体的な動きによってその意図を実行した統一体）に付随するものである。とすれば，ある企業の行為はその企業の直接に肉体的な動きによってではなくその構成員の直接に肉体的な動きによってもたらされるために，またその企業の意図は（もしそのようなものがあるとすれば）その構成員が行動する場合に依拠する意図ではないために，企業はそれらの行為に対して道徳的に責任ある統一体ではない，という結論が導き出される。[13]

　そしてベラスケスは，2つの理由を挙げて，企業道徳的主体という考え方は危険である，と警告している。[14]

　第1に，不正な企業行動に対する道徳的責任は企業にあるという見解を受け入れると，我々は企業という事業体だけを非難しあるいは罰することで満足してしまうことになること。企業を道徳的主体として見なすと，彼によれば，我々は，不正な行動を引き起こした行為を実行した人間を非難しそして罰するのではなく，ただただ企業というベールの前で無駄に手を振っているしかないである。それ故に，もし「我々が企業の不正な行為を防止し，そして企業の構成員が我々の道徳的および法的規範を遵守するようにしようとするならば，企業というベールの背後に回り，企業行動を故意にないしは意図的に引き起こしている人々に非難と処罰の照準を定めなければならないのだ。企業行動が彼らによって引き起こされているとすれば，彼らがそのような行為に対して非難され処罰されなければならないのである」。

　第2に，企業を大規模なパーソナリティのごとく「行動」し「意図」できる1つの統一体として見なすことは，企業は人間を超えた存在であり，その目的と幸福がその構成員のそれよりもより重要である，と考えることに繋がること。

彼の認識に従えば，現実を見ると，すでに企業という組織レベルで（企業の構成員はホール・パーソンとしての企業の単なる部品にすぎず，構成員の利益が企業の利益のために犠牲にされ個人の幸福が企業の幸福に従属させられる）全体主義が生じているのであり，企業は道徳的主体であるという見解に賛成している哲学者たちは「無意識に」この「新しい形態の全体主義」を支持していることになる。その結果，益々，企業へのロイヤルティがベーシックな徳となり企業への奉仕がベーシックな道徳的行為となり，個人は企業に飲み込まれ一巻の終わりとなるであろう。これがベラスケスの警告である。

2　ベラスケスへの疑問

　ベラスケスは，上記で紹介してきたように，道徳的責任の成立に必要な2つの条件は企業には妥当しない，と論じている。繰り返しになるが，再度整理すると次のようになる。第1に，企業は，組織の直接的な統制下にはない自律的な個人である構成員を介して，行動するのであり，明らかに企業自体はいかなる肉体的な行為も遂行するのではない。とすれば，犯罪行為という要件は当てはまらない。そして，第2に，意図は1つの統一体の属性であり，企業も統一体として見なされるかもしれないが，現実には，その行為は，企業ではなく，別の存在（構成員）によって遂行されているのであり，ある行為が，その行為を直接に引き起こす肉体的な動きを所有する主体のマインドの中で形成された場合にのみ，意図的であるとするならば，企業の行動は意図的なものとはなりえない。したがって，犯意という要件も企業には妥当しない。

　このようなベラスケスの立場は「方法論的個人主義」として知られているパラダイムの中に位置づけられるものである。本章の文脈で言えば，「集団的責任と処罰の条件の充足が，完全にそして言語学的に，その意味の斟酌なしに，個人的責任と処罰の条件の充足へと約分される――これがその具体的な内容である。方法論的個人主義に同意する研究者としては，他にも，キーリィ[15]，アーウィン（Ewin, R.）[16]，コーレット（Corllet, J.）[17]が知られている。ベラスケスの「方法論的個人主義」に対しては，それは，少なくとも次のような2つの点で，組

152

織の重要な特徴を適切に説明できないしその実体に即したものではない，との批判がある[19]。

　第1に，方法論的個人主義は，組織と構成員の関係が，一方で，構成員は組織に参加したり去ったりして流動的であるが，他方で，組織は存続しているために，必然的なものというよりはむしろ純粋に偶発的なものである，という実態に反していること。特定の個人がある組織の構成員になる前に，その組織が存在していること，新しい構成員は既存の構造に順応・同化するように社会化されること——これが通常の現実である。

　第2に，方法論的個人主義は，組織とは，確かに，その構成員である個々の個人が行動を起こして初めて行動したことになるのであるが，組織が何かをする時の理由がその構成員の理由や動機に約分できないこともある，という実態に反していること。

　このような批判が成立するとすれば，個人主義に立脚する見解は，組織を組織として存在させている特徴を説明できないのである[20]。このことに関しては，後段で，別の視点から改めて検討することになるが，その前に，ベラスケスの問題意識の意味を確認しておくことが必要であろう。

　本章の問題意識で「企業道徳的主体論争」の（その後の）「流れ」を整理すると，ベラスケスの問題提起は，実は，「組織の中の個人の責任の取り方」を問いかける動きであったことが分かってくる。というのは，ベラスケスは企業が道徳的主体であることを認めず，企業の行動は実質的にはその企業の構成員の行動であるとの立場から，その個人（構成員）が責任を取るべきである，と主張したが，一方で，ベラスケスとは異なり，企業が道徳的主体であることを前提として，その中の個人にも道徳的責任がある，との立場から，幾つかの注目に値する意見が積極的に主張されたからである。例えば，ガーレット（Garrett, J.）[21] やワーヘイン[22] そしてフィリップス（Philips, M.）[23] はその代表的な論者である。

　企業道徳的主体という考え方は危険である，という声があることは，151-152ページにて紹介したベラスケスの警告からも明らかであろう。それは，企業を道徳的主体として位置づけると，企業という存在がその構成員の総和を超えたより大きな存在となっているために，本来であれば責められるべき個人が

責められることなくまた罰せられることもなく済まされてしまう，という「危険性[24]」である。ガーレットはそのような「企業道徳的主体説の危険性を危惧する声」を十分に認識した上で，すべては組織のせいであり，個人は「無罪放免」される，という論理に，ベラスケスとは異なる視点から，疑問を投げかけている。

　ガーレットによれば，組織の中で生まれる個人の意図や計画の相互調整は，結局は，その企業の意図に屈してしまうが，その企業の意図は，マーケットのような盲目的に機能する「社会的に全体的なもの」の属性と考えられる効率的な因果関係と比べると，人間の意図により近いものであるために，企業は道徳的主体である。彼は，このような理解のもとで，「再配分できない企業道徳的責任」(unredistributable corporate moral responsibility: UCMR) というタームに込められている意味（企業レベルの道徳的責任を受け入れると，それを個人に帰する（再配分）することはできない，という考え方）を拒否する[25]。

　　ガーレットの理解に従えば，企業を道徳的主体として見なすことはUCMRに繋がるし，逆に，企業を道徳的主体として認めない立場に立つとUCMRが明確に否定される。その代表がベラスケスであり，ベラスケスは，企業は道徳的主体ではないとの立場から，個人が責任を問われる（UCMRを認めない），と主張している。
　　この点で言えば，ガーレットは異色の存在であり，企業は道徳的主体であるとの立場から，UCMRを拒否している。

　そして，ガーレットは新たに「意思薄弱」(akrasia) という概念を導入する[26]。これは「道徳的主体がモチベーションを引き裂かれた状態」を意味している。道徳的主体は，道徳的に言えば，なすべき事柄と自身の非道徳的な欲望に引き裂かれることがある。ガーレットによれば，意思薄弱な個人がシステム的に組織化された状況の中に引き込まれ近代的なテクノロジーを与えられそして上述のような状態に陥ると，後者（個人の非道徳的な欲望）に則って行動する可能性が高くなり，結果として，大きな危害を，突然，周囲に与えることになる。この場合，そのような行為は組織化された状況によって生み出されたものである

と考え，個人を道徳的責任から解放することができる，とする見解は成立するのであろうか。

　そのような事態はありえない，と主張しているのがガーレットである。

　ワーヘインも「すべての道徳的責任は企業にあり，個人の責任は免除される」との解釈を排し，組織内の個人も道徳的責任を問われる，との立場を鮮明に打ち出している。

　それでは，何故に，個人も責任が問われるのであろうか。これに関しては，ワーヘインは，しばしば文献で挙げられている「企業行動が個人に再配分されない理由」（第1に，政策を立案し実践した人物が死亡していたり退職していること，第2に，侵害されている社会システムと闘うことは実質的に不可能であり，個人にはそうする義務がないこと，第3に，責任を個人に再配分することは社会的に無駄であること」）を明確に否定している。「これらの理由は道徳的に支離滅裂であり，それらを支持するヒトは誰もいない」[27]，と。

　と同時にワーヘインは企業にも責任を求めている。というのは，ワーヘインによれば，企業は，フレンチとは異なる意味で，道徳的主体であるからである。企業は人間の発明であり法的な存在であり，それが人間によってつくり出されたものである以上，個人から道徳的責任を撤回することはできないのであり，ワーヘインは，企業を，道徳的人格（モラル・パーソン）ではなく，集団的な（一方で，個人から構成される集合体であり，個人と比べると実在性に乏しく自律的な行為主体ではないが，他方で，企業行為には構成員である個人には完全に還元できない行為もある，という意味で）派生的（第2次的な）道徳的主体として位置づけている（第3章参照）[28]。

　ここから，道徳的責任は企業政策を立案し実践する個人だけでなく企業の政策と実践にも帰せられなければならない，との主張が導き出されてくる。彼女は，企業が責任を問われる理由として，第1に，企業の政策と実践が企業を代表して（企業に代わって）行われている個人的行動の源であること，第2に，集団的行動の性格上，企業の政策と実践を必ずしも個人にまでトレースできないこと，第3に，個人だけでなく企業の政策と実践に責任を問わないならば，個人が処罰されたとしても，そのような政策と実践が続くことを挙げている[29]。

さらに，フィリップスも，個人は責任を免れえないこともある，と主張している。ただし，フィリップスには独自の視点があり，彼は企業の犯罪が個人の責任を伴わない限界点を探している。例えば，組織内ライフが個人の心理に影響を与える事例の1つとして「集団思考」を挙げることができるが，この場合，個人の不注意は「免除」されるのだろうか，と。また，彼は，組織の内部で，企業の道徳的責任が組織から個人へと移転する「時」がある，と考えている[30]。

　フィリップスによれば，「純粋に企業に落ち度があり，個人は責任を問われない」[31]，というのが通常の事例であるが，「企業に責任があり，たとえその構成員が個人として責任がないとしても，その人たちは企業の不正行為に対して移転された道徳的責任を問われることもありえるのである」[32]。企業に責任があり個人は無罪なのか。それはいわばケースバイケースなのである。

　このように，ガーレットとワーヘインおよびフィリップスは，個人に責任を問う点で，ベラスケスと同じであるが，その立論の前提に，企業は道徳的主体である，との認識がある点で，ベラスケスと異なっている。このような認識をより進めると，ガーレットとワーヘインおよびフィリップスたちが明確に認識しているのかは不明であるが，次のような論点が浮かび上がってくる。（不法行為は組織化された状況によって生み出されたものであるとの前提に立って）その組織を構成する特定の個人に道徳的責任を問うことは，組織に道徳的責任を問うことである，と。最後に，この問題を考えてみたい。

3　ベラスケスの主張の含意

　ビジネス・エシックスの領域で展開されてきた「企業道徳的主体論争」そしてその中で生まれたベラスケスの問題提起は，すでに述べたように，本章の問題意識で言えば，「組織の中の個人の責任の取り方」を問いかけるものであったが，実は，それによって同時に「組織としての責任の取り方」が問われていたのである。というのは，「組織としての責任の取り方」という問題は「組織の中の個人の責任の取り方」と表裏一体の問題であるからである。

　「組織としての責任の取り方」——これが本章（および本書）の根底に流れて

156

図表7-2　企業責任の所在についての解釈の事例

誰が責任を問われるのか

1　責任を企業だけに求め個人の責任は問われない（企業は道徳的主体ではない）

　　企業は法的制裁を受けるが，道徳的責任は問われない

2　責任を個人の責任に分割（転嫁）する（企業は道徳的主体ではない）

　2-1　個々の構成員がある行為に対して全体として責任を引き受ける（共謀，謀議）。

　　共謀に参加したものはすべてその結果行われた行為に対して同じように責任を問われる

　2-2　企業によって行われた行為に対して，特定の人が責任を問われる

3　責任を企業と個人の双方に求める（企業は道徳的主体である）

　3-1　企業として責任を取り，同時に，直接に決定した人が責任を問われる

　3-2　企業として責任を取り，同時に，関係者（構成員）も責任を地位および知りうる情報量に応じて問われる，あるいはすべての構成員が（例えば，黙認したことに対して）責任を問われる

いる問題意識であり，次のようなことが問題になってくる。

　個人であれば，個人として責任を問われた場合，個人として責任を取れば済むであろう。それでは，組織の場合にはどうなるのであろうか。より具体的に言えば，組織として責任を問われた場合，そして組織として責任を取ることができるとすれば，どのように「対応」すれば，組織として責任を取ったことになるのであろうか。

　逆に言えば，組織そのものとして責任を取れないとすれば，企業は，組織として，責任を取れない（問われない），ということになる。方法論的個人主義に依拠するベラスケスはまさにこの立場であり，企業は，組織として，道徳的に責任を取れない（問われない），と主張している。しかし，本当にそうなのであろうか。本章の立場から見ると，この点が重要であり，そこにすべての疑問

第7章　ベラスケスの「企業道徳的主体は誤りである」論　　157

が収斂する（**図表7-2**参照）。

　企業が道徳的主体である，ということは，企業はその行動の結果に対して道徳的責任がある，ということであり，企業に，法的責任を超えた，道徳的責任を問うことができる，ということを意味している。

　企業がその行動の結果に対して法的責任を問われた時，それに対して，どのようなことをすれば（いかなることを受け入れるならば），法的責任を取ったことになるのであろうか。例えば，法律に違反する行動をした企業には，罰金の支払，営業停止，等の処分が課せられる。そしてそれを受け入れ履行する時，その企業は法的責任を取ったことになり，それによって罪は法制度的には清算されたはずである。しかし，通常は，それ以外にも，対応を求められる。それが道徳的責任であり，社長の辞任あるいは責任者の解雇はその1つの事例である。

　問題は，これが，企業が組織として責任を取ったことになるのか，それともあくまでも何かを構想し意思決定し実行した構成員が（組織ではなく，個人として）責任を取ったことになるのか，にある。ベラスケスが問題にしたことはまさにこのことであり，ベラスケスにあっては，企業には独自の意図も直接的な行動を可能とする肉体も欠いているために，企業はそのいかなる行為に対しても道徳的に責任ある統一体ではない，という結論が導き出されている。そこには，個人としての責任が問われ，個人として責任を取る，という観点が徹底して貫かれている。

　しかし，果たしてそうなのであろうか。本章は，企業に道徳的責任を問うということと，企業がそれを受け入れてそのことに対して「個人」が責任を取ることは矛盾しない，という立場に立つものである。というのは，確かに最終的に（道徳的）責任を取るのは「個人」であるが，その「個人」は，自然人としての個人ではなく，会社自体の一部を構成する存在としての個人であるからである。

　個人は，組織の中では，組織人格として行動することを要求される。その意味で言えば，個人の行動は，外部から見ると，決して個人的な行動ではなく，組織そのものの行動（の一部）として見なされる行動である。組織の構成員は，組織人格として行動したことに対して，責任を取るのであり，したがって，こ

のことは，企業が，個人に責任を取らせたのではなく，組織として，責任を取ったことを意味している。

これは，CID構造（組織内意思決定構造）をどのように解釈し位置づけるか，という問題でもある。

本章で提示している視点は「企業道徳的主体論争」の中でどのような位置を占めているのであろうか。筆者の理解によれば，ライザー（Risser, D.）が，基本的には，同じような発想（idea）に立っている。[33]

ライザーは，「組織は道徳的責任を有することができるフォーマル組織」[34]であり，「その構成員と同じように，引き起こされた被害（害悪）に対して責任を負うことができる」[35]と述べ，自分のアプローチを「組織的な道徳的責任」論（orgamizational moral responsibility）と名づけている。そこには，企業行動の結果を個人のせいにするだけでは不適切であり，組織を道徳的に責任ある主体として真剣に見なすべきである，との考え方がある。

と同時に，彼は個人の責任を決して否定しているのではない。

彼は，「我々は組織の構成員にも責任を負わせても差し支えないが，それとは別に，組織も集団として責任を問われる，ということを否定する理由はない」とのトンプソン（Thompson, D.）[36]の見解を援用し，次のように述べている。たしかに「組織は，ものごとを行う構成員がいなければ，何も行うことはできない。しかし……個人の行動にも組織の行動にもそれぞれ固有の原因と動機があるのであり，各々を平等に評価することができるのである」[37]，と。

組織が責任を問われる場合に，何故に，個人が責任を問われるのか，そして問われるとすれば，どの程度の責任が問われるのであろうか。ライザーは，この点に関して，2つの要因を指摘している。[38]

第1に，害悪（損害）を引き起こした組織行動（あるいは，何もしなかったこと）へのその個人の関与の程度。この関与度は企業のある行動へと繋がる意思決定に際してその個人が行使した権限の大きさに依存しているが，組織内の権限は，主として，組織内部の意思決定構造に占めるその個人の地位によって決定されるものである。

第2に，害悪（損害）を引き起こした組織行動についてその人がどの程度の知

識を持っていたのか，というその知識量，あるいは，持つべきとされていた知識の量。一般的に言えば，組織の構成員に期待される知識の量は，関与の程度と同じように，組織内意思決定構造に占めるその個人の地位によって決定されるものであり，他の条件が同じであれば，情報をより多く知りうる立場にいるヒトがより大きな責任を問われることになる。

「組織的な道徳的責任」論には，ライザーによれば，フレンチとドナルドソンの2人の視点が組み込まれ，それは，多くの点で，フレンチおよびドナルドソンと問題意識を共有している。ただし，彼は道徳的人格という考え方には与していないので，ドナルドソンに近いと言えるが，いずれにしても，組織内意思決定構造とそれが組織内で機能する様式を立論のベースに据えていることにその特徴を見出すことができる。企業は，道徳的人格ではなく，道徳的権利を持たない道徳的主体として責任を問われる存在であり，その構成員である個人も，それぞれの参加の程度と立場上知りえる情報の量に応じて，責任を問われる——これが，繰り返すが，ライザーの見解である。

このような主張に対しては，ライザー自身も指摘している³⁹⁾ように，方法論的個人主義者から，個人のみが道徳的に責任を取れるのであり，企業に，法的には法人として責任を取りえるとしても，「身代わりに」責任を負わせることはできない，との批判が提示されることが予想されるが，筆者は，ライザー説は「妥当な」見解である，と受け止めている。

　　ライザーは次のように述べている。多くの企業では，CID構造は階層化され従業員の間に権限がかなり不均等に分配され，それが機能することによって，個人の行動と動機が組織目的を追求する組織行動に変換されているのであり，それが故に，様々な組織構成員の行動を組織行動として読み替えることは論理的に妥当である，と。⁴⁰⁾

というのは，上記のように，関与の程度とか情報量の多寡（何をどこまで知っていたのか）によって，構成員に責任を問うことは，構成員が組織人（組織人格）として行動したことに対して責任を問われることを意味しているからである。

160

したがって，そのような要因を考慮して構成員が「個人として」責任を追及され，例えば，（トップ・マネジメントを含めて）特定の個人が「解雇」されることがあるとすれば，それは「道徳的主体としての企業の組織としての責任の取り方」（の1つ）であろう。ただし，特定の個人を「排除し」「切り捨てる」だけでは不十分である。

　これらの論点は実は倫理学の分野で「集団責任 (collective or group responsibility)」論として論じられたきたことと重なり合うものである。

　集団に責任を問える，と積極的に論じた代表的な論者がファインバーグ (Finberg, J.) である[41]。ファインバーグによれば，責任はそもそも個人が問われるものであり，通常，3条件のもとで発生する。(1)あるヒトの行動（怠慢）が因果的に実質的な一因となって有害な事象が発生する，(2)その因果的に一因となる行為に何らかの意味で過失がある，(3)その非難に値する側面と有害な結果の間に直接の因果関係がある。彼はこれらの要件を「因果的に明白な原因が分かる過失」(contributory fault) と名づけている。本来的には，「因果的に明白な原因が分かる過失」を欠いた責任はありえないのであり，この歴史的にも，この種の責任を法的に問う方向で進んできたが，19世紀末以降この「因果的に明白な原因が分かる過失」を欠く責任問題が浮上してきた。その代表的な例が，厳格責任，身代わり責任，集団責任である。

　そしてファインバーグは集団責任を4タイプに分けている。

(1) 無過失集団責任 (collective responsibility (liability without fault))

　これは，全体としての集団が1人あるいは数人の構成員の行動に対して道徳的に責任を負うことであり，いわゆる「身代わり責任」の一種である。これは集団内に連帯意識が強い場合に見られる。

(2) 因果関係的に原因を特定できない集団責任 (liability with noncontributory fault)

　現実に他人に害を与えたり傷つけたのは少数の構成員の過失行為ではある集団がその集団のすべての構成員の道徳的な過失行為に対して責任を問われること。

　このケースとして，飲酒運転のグループが挙げられている。その中の1人が事故を起こした場合，道徳的観点からは，他のヒトが事故を起こさなかったのはラ

ッキーであり，すべてのヒトが事故を起こす可能性があったと考えて，全員が罪を問われる。

(3) 集団過失型責任（分割責任付き）(contributory group fault: collective and distributive)

集団責任はすべての個々人の責任の総和である，との考え方。ここには「身代わり責任」という考え方はなく，個々人がすべて当該事象に対して責任がある。

このケースとして，海で溺れているヒトの助けを求める声を聞きながら，結局，誰も助けに行かなかった事例が指摘されている。この場合，集団は統一性を欠き内的な連帯もフォーマルおよびインフォーマル構造も欠落している。

(4) 集団過失型責任（分割責任なし）(contributory group fault: collective but not distributive)

集団の過失に帰せられるが，個々の構成員のすべてに（あるいは，その誰にも）帰せられない，損害が生じることがある。ファインバーグが挙げているケースは列車強盗の事例である。乗客がピストルを突きつけられ財産を奪われる危機に陥った時，1人のヒーローが立ち向かえば殺されるかもしれないが，一群の人々が列車強盗に飛びかかっていくならば，数人が撃たれたとしても，強盗を取り押さえることができるだろう。

この場合，結果に対して，誰に責任があるのか。また，財産を奪われた場合には，ヒーローにならなかったことに対して責められるヒトはいないだろうが，ヒーローを出さなかったということで全員が責められるのか……。これは，集団全体に責任があるが，その責任を個々の構成員に割り当てられない，という考え方である。

ライザーによれば，多くの研究者の注目を集め議論の対象となったのは第4のタイプの集団責任である。というのは，集団が，個々の構成員とは別に，道徳的に責任を問われ罪を問われるならば，その集団の道徳的ステイタスに関わる問題が提起され，集団と自然人としての人間の道徳的ステイタスの異同が問題になってくるからであるし，また，集団は道徳的責任を問われる主体であるのか，という根本的な問題が提起されてくるからである。[42]

そして，事実，本章で検討してきたように，その後，企業は道徳的主体である

のか，道徳的主体であるとすれば，企業が道徳的主体として責任を取るということはどのようなことを意味しているのかなどが論じられてきたのであった。

ただし，自分の自由意思では参加できない国家，民族そして家族という集団と自分で所属と離脱を選択できる企業（集団）との間には大きな違いがあり，従来の集団責任論がそのまま適用できるわけではないし，[43] また，企業レベルの集団責任のあり方（企業という組織の中の個人の責任の取り方，組織としての責任の取り方）に関しては未だ共通の理解が成立しているとは言えない状況が続いている。しかし他方で，企業に道徳的責任を問える，という認識が浸透してきていることを考えると，今後多くの事例が蓄積されるにつれて，近い将来，企業としての責任の取り方に関して幾つかのモデルを提示することが可能になるであろう。[44]

企業道徳的主体論争は単に企業に道徳的責任を問えるのかという問題提起を行っただけではなく，「組織人」としての構成員の責任を問うことによって道徳的主体としての企業に道徳的責任を問うことが可能であることを示唆したのである。このことは，既存のCID構造を組み替えることによって初めて組織行動が変革される，ということを意味している。そのことを企業が自覚して，ドナルドソンの言葉を借用すれば，道徳的理性を実際に働かせて，CID構造を再編成しなければ，不祥事は再び生まれ，それは絶えることなく続くであろう。

注

1) 本章で参照したのは，Velasquez, M., "Why Corporations Are Not Morally Responsible for Anything They Do?", *Business & Proffesional Ethics Journal*, 2-3, 1983. である。ベラスケスは2003年に次のような論攷を公表して自分の立場を確認している。Velasquez, M., "Debunking Corporate Moral Responsibility", *Business Ethics Quarterly*, 13-4, 2003. ベラスケスはテキストを1982年に出版している。Velasquez, M., *Business Ethics: Concepts and Cases*, Prentice Hall.

2) May, L. & Hoffman, S. (eds.), *Collective Responsibility : Five Decades of Debate in Theoretical and Applied Ethics*, Rowman & Littlefield Publishing, 1991, p. 9.

3) 以下，煩雑になるので，引用箇所を逐次明記しないこともあるが，すべて Velasquez, M., "Why Corporations Are Not Morally Responsible for Anything They Do" からの引用である。

4) これはムーア（Moore, G.）の整理をまとめたものである（Moore, G., "Corporate Moral Agency: Review and Inplications", *Journal of Business Ethics*, 21-3, 1999, p. 330)。

5) 『カント全集 第11巻 人倫の形而上学』理想社，1982年，45-51ページ。

6) Velasquez, "Why Corporations Are Not Morally Responsible for Anything They Do?", p. 4.

7) *Ibid.*

8) *Ibid*

9) Velasquez, op. cit., pp. 4-5.

10) Velasquez, *op. cit.*, p. 6.

11) Velasquez, *op. cit.*, p. 7.

12) Velasquez, *op. cit.*, p. 8.

13) Velasquez, *op. cit.*, p. 9.

14) Velasquez, *op. cit.*, pp. 15-16.

15) Moore, *op. cit.*, p. 335.

16) Keely, M., "Organization as Non-Persons", *Journal of Value Inquiry*, 15, 1979, pp. 149-155.

17) Ewin, R., "The Moral Status of the Corporation", *Journal of Business Ethics*, 10, 1991, pp. 749-756.

18) コーレットは，いわば「修正バージョンの」「方法論的個人主義」を提示している。Corllet, J., "Collective Punishment and Public Policy", *Journal of Business Ethics*, 11, 1992, pp. 207-216.

19) Risser, D., "Collective Moral Responsibility", The Internet Encyclopedia of Philosophy（http://www.iep.utm.edu/c/collecti.htm アクセス2007/11/18)。

20) 組織を厳密に個人主義的に解釈することを拒否している研究者としてドナルドソンやライザーがいる。Risser, *op. cit.*, pp. 5-6.

21) Garrett, J., "Unredistributable Corporate Moral Responsibility", *Journal of Business Ethics*, 8, 1989, pp. 535-545.

22) Werhane, P., "Corporate and Individual Moral Responsibility: A Reply to J. Garrett", *Journal of Business Ethics*, 8, 1989, pp. 821-822.

23) Philips, M., "Corporate Moral Responsibility: When It Might Matter?",

Business Ethics Quarterly, 5-3, 1995.

24) Moore, *op. cit.*, p. 334.

25) Garrett, *op. cit.*, p. 536.

26) Garrett, *op. cit.*, pp. 536-537.

27) Werhane, *op. cit.*, p. 822.

28) Werhane, *op. cit.*, pp. 822-823.

29) ワーヘインとガーレットの間には「道徳的主体としての企業の意味」をめぐって論争がある。

30) Philips, *op. cit.*, p. 565.

31) Philips, *op. cit.*, p. 571.

32) Philips, *op. cit.*, p. 560.

33) Risser, D., "Punishing Corporations: A Proposal", *Business and Proffesional Ethical Journal*, 8-3, 1989; French, P., Nesteruk, J. & Risser, D., *Corporations in the Moral Community*, Harcourt Brace College Publishers, 1992; Risser, D., "The Social Dimention of Moral Responsibility: Taking Organization Seriously", *Journal of Social Philosopy*, 27-1, 1996.

34) Risser, "Collective Moral Responsibility".

35) Risser, "The Social Dimention of Moral Responsibility: Taking Organization Seriously", p. 200.

36) Thompson, D., *Political Ethics and Public Office*, Harvard University Press, 1987.

37) Risser, *op. cit.*, p. 200.

38) Risser, *op. cit.*, pp. 200-202.

39) Risser, "Collective Moral Responsibility".

40) Risser, "The Social Dimention of Moral Responsibility: Taking Organization Seriously", pp. 200-201.

41) Feinberg, J., "Collective Responsibility", *Journal of Philosophy*, 65-24, 1968. 逆に，集団責任を認めない立場を明確にしたのがLewis, H., "Collective Responsibility", *Philosophy,* 23, 1948であり，いずれもMay, L. & Hoffman, S.（eds.）, *Collective Responsibility: Five Decades of Debate in Theoretical and Applied Ethics*, Rowman & Littlefield Publishing, 1991に収められており，本章でもそれを利用している。

42) Risser, "Collective Moral Responsibility" 参照。

43) ディジョージ／山田経三訳『経済の倫理』明石書店，1985年，122ページ。

44) May & Hoffman (eds.), *Collective Responsibility* では，集団責任概念がビジネスに応用された事例として，フレンチ（集団責任肯定論者）とベラスケス（集団責任否定論者）の論文が収められている。

第8章　総括：企業道徳的主体論争
——ムーアの文献レビューを踏まえて——

本章の趣旨

　1960〜70年代に，アメリカを中心に，企業の不祥事が大きな社会問題になり，経営者に社会的責任を求める風潮が高まり，さらには企業に道徳を問う動きが拡がった。この流れを，ディジョージ（DeGeorge, R.）は，第5章で紹介したように，「ビジネスと道徳は無関係であるという神話」が崩壊したと断じているが，そのような世論を背景に，企業は意思決定構造を有し，企業には独自の意思が存在するとの立場から，企業を自然人と同一視して，「企業は，ヒトと同じように，道徳的人格であり，道徳的主体である」，と主張したのがフレンチ（French, P.）（第1章参照）である。

　しかしながら，企業が道徳的主体であるという考え方に対しては，フレンチが論文を公表する以前から強い反対意見が存在していたのであり，そのような見解が，フレンチ説の「登場」を契機として，表面化し，「企業は道徳的主体ではない」という主張が活発に展開されるようになっていった。その代表的な論者がダンリー（Danley, J.）（第2章参照）であり，キーリィ（Keeley, M.）（第4章参照）だったのであり，その流れの中でラッド（Ladd, J.）（第1章参照）の主張が「見直され」取り上げられることになった。

　他方で，企業に道徳性を認める人々の見解は，確かに「企業の道徳的主体性」を認めるという点では立場を同じくしていたが，細部を詰めていくと，多

様であった。しかも彼らの多くはフレンチの発想（企業＝道徳的人格）に対して
共通の疑問を呈している。きわめて簡潔に表現すると，企業は，自然人と異な
る意味で，道徳的主体である，と。言い換えると，いかなる点で，自然人と異
なっているのか——このことが問題にされたのである。これは実は企業道徳的
主体に賛成する立場と反対する立場の双方に共通する問題意識でもあった。

　したがって，企業の道徳的主体性をめぐる議論は「交差」し相互に複雑に
「入り込んだ」状況のもとで展開されてきた。そのために，その流れを交通整
理する作業が必要視されることになる。例えば，この論争を主要な論者の説に
言及する形で追体験した試みとしてムーア（Moore, G.）の文献レビュー（ムーア
「コーポレート・モラル・エージェンシー（企業道徳的主体性）：レビューと含意」『ビジ
ネス・エシックス・ジャーナル』1999年（Moore, G., "Corporate Moral Agency: Re-
view and Inplications", *Journal of Business Ethics*, 21-3, 1999)）が知られている。[1]
本章では，ムーアの作業を参照しているが，「企業道徳的主体論争」が独自の
視点から改めて整理されている。ちなみに，この論争の流れは，今までの章で
紹介してきた議論を踏まえると，**図表8-1**のように図解できるであろう。以
下の行論では，基本的には，この「見取り図」に沿って，またこれまでの章で
は紹介できなかった論者の説を適宜盛り込むことによって，論争を振り返り，
その意味・意義を確認することになる。

　あらかじめ述べておくと，本書は企業道徳的主体説を支持する立場に立つも
のであり，その立場から「企業道徳的主体論争」を整理している。

1　企業道徳的主体性を支持する議論の構造

　企業道徳的主体性（コーポレート・モラル・エージェンシー）概念をめぐる議論
は大雑把に言ってそれを受け入れるかあるいは拒否するかに分かれる。ただし，
「コーポレート・モラル・エージェンシー（以下，「企業道徳的主体性」と表記する
ことがある）」という発想に同意している研究者の中でも，それぞれの見解は大
枠的には「同一に」見られても細かく検討すると，微妙に異なっている。この
ような理論状況を踏まえて，企業道徳的主体性を支持する研究者の立場を幾つ

図表8-1 企業道徳的主体(CMA)論争

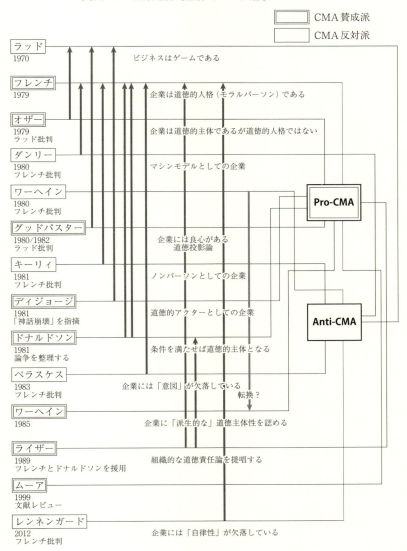

第8章 総括：企業道徳的主体論争

かの視点から整理したのがムーアである。

1-1　道徳的人格性と道徳的主体の異同について

　道徳的主体性をコーポレーション（以下，「企業」と表記することがある）の属性
として認める主要な研究者が，改めて述べるまでもなく，フレンチ（1979）で
あり，彼の議論は「人格性」という概念の提示から始まった。そのフレンチに
は，「人格性」はまったく異なる3つの概念（メタフィジカルなもの，道徳的なも
の，法的なもの）が絡み合い構成されているために，それらを区別することが重
要である，との認識があった。このことは，（反対派の）キーリィも認識し論評
している（第4章参照）が，フレンチ説を論評したコリアー（Collier, J.）の1995年
論文の中によく再現されている。[2]「組織は明らかに法的な意味ではヒトである。
そして，法的な人格性はメタフィジカルな人格性を暗に前提にしている。とい
うのは，先験的に存在しないようなものを法的につくり出すことは不可能であ
るからである。法律は決して独自に主題をつくり出すことはできないだ」，と。
しかしながら，メタフィジカルな人格性から道徳的な人格性へと一直線に展開
される，という解釈が必ずしも大方に理解されたわけではなかった——これが
ムーアの理解である。なぜならば，メタフィジカルな人格性が道徳的な人格性
を暗に意味しているのか，という点に関しては見解が分かれるからである。事
はそれほど単純な事柄ではない，と。

　フレンチは次のように論じている。「メタフィジカルな人格と道徳的な人格
の関係に関しては，2つの異なる考え方が存在している。その1つによれば，
メタフィジカルな人格であることは道徳的な人格である……。別の見解によれ
ば，主体（agent）であることは，道徳的な人格であることの必要条件ではなく，
十分条件である」，と（p. 207）。ムーアは，フレンチの上掲の箇所に含まれてい
る主張（本章では引用記載していない「……」の箇所）を，自分の見解を入れて，
次のように，フレンチの主張として，引用している。「説明責任を問える存在
（すなわち，道徳的人格）であることはいかなることかを理解するためには，知的
なあるいは理性的な主体（すなわち，メタフィジカルな人格）であることはいかな
ることかを理解しなければならない。逆もまたしかりである〔（　）内のコトバは

図表 8-2　フレンチの人格観*

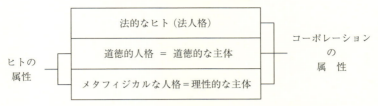

（注）　＊フレンチにはメタフィジカルな人格は道徳的人格であるとの理解がある。

図表 8-3　マニングによる道徳的人格と道徳的主体の相違*

（注）　＊企業は道徳的主体であっても道徳的人格ではない。

ムーアの解釈である]」，と（p. 332）。これらの事例は，フレンチが企業（コーポレーション）の道徳的「人格（性）」というタームを重要視し，そのタームを主要なキーワードとして用いている（フレンチの解釈の根底には，企業は道徳的人格であり，それが故に，道徳的主体である，という発想がある），と多くの研究者に理解されていることを示している。

　その後の議論の流れを追うと，上述のようなフレンチの考え方は修正を求められた。例えば，マニング（Manning, R.）[3]はフレンチの結論を支持したが，「人格（性）」というタームにはこだわりを示した。マニングによれば，人格（性）は我々が企業の属性として見なすことができるものを超えた概念であり，我々が道徳的過失責任（fault）を企業に帰属させるためにはより限定された概念が必要である。彼女は1984年に，次のように述べている。我々は，企業が，殺されても（買収されても），分離（分割）されても，再編成されても，道徳的に悪いことが起こった，と直感的に感じることはないが，そのようなことが人間に

図表8-4　オザーによる道徳的人格と道徳的主体の相違

	生得的な権利	契約上の権利	道徳的人格	道徳的主体
ヒ　ト	○	○	○	○
企　業	×	○	×	△*

（注）　＊ 特殊な道徳的的主体である。

生じたならば，それは道徳的に誤っている，と感じるだろう……これは，単純に，企業が人間と同じ意味で道徳的人格ではないことに由来する，と。

　これらの議論は，「企業は道徳的主体ではあるが，道徳的人格であるとは言いがたい」，という考え方が学界の中で受け入れられるようになっていったことを示している。少なくとも，「企業は一人前の道徳的人格として扱われるべきであり，それ故に，普通の状態のもとで，道徳的人格に与えられている特権，権利そして義務をすべて有する」，とのフレンチの理解が否定されたのである。

　道徳的人格（性）と道徳的主体（性）の相違を，権利問題に注目して，明確に展開したのがオザー（Ozar, D.)（第1章参照）である[4]。ムーアが注目したのはオザーの以下の文章である。「ヒトは，誰かが何をするかに関わりなく，生まれながらに，すなわち，存在そのものによって，道徳的権利を有する。しかし，企業は，物事の本質上当然のこととして保持すべき特徴を有しているがために，道徳的主体である，ということではないのであり，契約上の権利を有するにすぎない。なぜならば，企業は関連した社会ルールを受け入れ企業をつくり上げた人々に好都合な権利だけを有しているからである。それ故に，企業は道徳的権利を有していないのである」。ムーアによれば，この「企業は（それ相応の道徳的責任を有した）道徳的主体として見なされるかもしれないが，道徳的権利を有していない（契約上の権利を有するにすぎない）」，という文章は，一見すると，不可思議に思われる内容を含んでいる。しかし，これは，（企業の人格性を否定する）企業の存在論的なベースから，論理的に，導き出されたものである。我々は，企業を，道徳的人格ではなく，（道徳的権利とは異なる）契約上の権利を有する道徳的主体として見なすべき，状況に置かれている。これがムーアの解釈である。

フレンチは，実際に，1995年に，彼なりの「反省」を踏まえて，この問題
に戻ってきた。[5] 1995年の著作には次のように記されている。「過去に私が企業
に関連して"人格"というタームを使ったことによって多くの疑問や関心が生
まれ，そのことから，企業を道徳的人格と見なすことは事態を明確にするより
もむしろ混乱と誤解を生み出している，ということが明らかになった」。フレ
ンチは，そのために，「人格」というタームに代えて，後述のように，「行為者
（actor）」というタームを使うようになった。だがこれに対してはムーアは「懐
疑的」であり，「フレンチの修正案にもかかわらず，"道徳的主体"を使い続け
ることが妥当であろう」，と述べている。なぜならば，それがより一般的に受
け入れられているタームであるからであるが，同時に，そのコトバに人格性に
及ばないことがあることを認め，フレンチ，マニングそしてオザーによって提
示された概念を組み込み，より精緻化することの必要性を指摘している。これ
が，企業に適用されるより限定された道徳的主体概念を提示しなければならな
い，という主張に繋がっていく。

ムーアの総括

企業に「適正に」適用される，精緻化され、より限定された道徳的
主体概念を構築する必要がある

　以上から確認できることは，企業は「人工的につくり出された」存在である，
という当たり前の事実が議論の「前提」にあることである。しかも，それは，
序章で検討したように，「単なる」（私的な）人工物（装置）ではなく社会的なも
のとして大方の人々に観念されるような存在になっていた，という状況があっ
たために，企業の「道徳性」属性が議論の対象となったのである。このことを
踏まえると，「企業は，道徳的人格ではないという意味で，"特殊な"道徳的主
体である」，との主張の意味が改めて問われるようになっていった理由が理解
される。

1-2　企業は道徳的主体なのであろうか？

　企業が「特殊な」道徳的主体であるとしても道徳的主体であるとすれば，そのような企業を，いかなる意味で「特殊である」のかという問題は取りあえず横に置いておくとして，「道徳的」主体として認める「根拠」は何なのであろうか？　そのような根拠を明確にすることが，ここに，あらためて求められることになる。

　道徳的主体（性）の何よりも重要な要件は，フレンチによれば，意図的であること（intentionality）である。言い換えれば，企業内で働いている人々は言うに及ばず企業自体が理由があって何かをなしている，ということが理にかなっているならば，企業に道徳的責任が存在することが論証される。フレンチは，それ故に，企業内意思決定（CID構造）というタームに言及することによって，これが事実であることを論じたのであった。フレンチによれば，「すべての企業は内的な意思決定構造を有している。CID構造は2つの要素から構成されている。(1)企業のパワー構造内の段階やレベルを図解している，組織図あるいは責任のフローチャート，(2)企業の意思決定ルール（これは通常「コーポレート・ポリシー」に具体化されてる）」。そしてこのCID構造が生物学的な人間の行為を法人のものとする（incorporate）のであり，「企業の主体性は，諸々の出来事を企業が意図したものとして改めて記述可能にするというCID構造の可能性の中に存在している」。別の表現で言い換えれば，「CID構造が機能し適切に作動する時，様々な生物学的な人間の意図と行為が企業の意思決定へと調整され統合される」のであり，犯意（mens rea）を企業に帰属させることができるのはこのためである。

　この「犯意」という概念がキーワードであり，CMAを支持する論者も反対の立場にある論者も双方がこの概念に言及している。例えば，CMAの強力な反対者として有名なベラスケス（Velasquez, M.）（第7章参照）[6]はそれに加えて「不法行為（actus reus）」という視点を効果的に導入して，フレンチの議論を要約し解説している。「フレンチは，企業組織は，第1に，企業組織が組織のいかなるメンバーでもなく企業組織のみに帰属されうる行為を遂行しているために（不法行為），第2に，組織のいかなるメンバーでもなく企業組織のみに帰属

図表8-5　フレンチが提示した道徳的主体としての要件

	道徳的主体としての要件＝行為が意図的であること
道徳的主体としての企業	内的な意思決定構造（CID構造）を有している企業には意図がある。CID構造を構成する2つの要素：(1)企業のパワー構造内の段階やレベルを図解している，組織図あるいは責任のフローチャート，(2)企業の意思決定ルール

されうる行為を，意図を持って遂行しているために（犯罪意思），道徳的に責任を問われる，と論じている」，と。

ベラスケスの見解については後の行論に詳しく触れるので，再びフレンチに戻るが，そのフレンチは，1995年の著作で次のように説明している。「行為者（道徳的主体）は少なくとも次の3つの決定的な特徴を有していなければならない。意図的に活動できること，合理的な意思決定を行い，自己の意図に関して議論を深めることができること，諸々の出来事や倫理的批判に反応し，他の人々に有害な（不愉快な）あるいは彼らの利害に弊害をもたらすような意図や行動パターンを変えることができること」，と。

同じように，マニングによれば，企業は，因果関係的（causal）責任が存在し，その過失が「企業の個々のメンバーの道徳的過失の単なる総和として分析可能ではない」ために，過失責任（fault responsibility）を問われる条件を満たしているのであり，企業は道徳的主体である。

キーワードは，第5章でディジョージに関連して触れたように，「道徳的行為者」である。

ディジョージは企業道徳的主体に反対する見解が完全に誤りであると主張しているわけではない。彼によれば，その部分的な欠陥の存在を認め，それをいかにして取り除くことができるのかについて検討しなければならないのである。また他方で，彼は，企業に道徳的主体性を認める見解も，それが会社は自然人と同じ意味でそして同じ方法で道徳的主体である，と主張するならば，それは誤りである，と明言していた。ディジョージによれば，企業は，感情，情感，良心などを持った道徳的主体ではなく，我々が企業の道徳的感情・良心の呵責・道徳的な恥について述べるとしても，それは「比喩的」表現にすぎないの

第8章　総括：企業道徳的主体論争　　175

図表8-6　フレンチが提示した道徳的行為者（アクター）としての要件

	道徳的行為者（アクター）としての3要件
道徳的行為者（アクター）としての企業	(1)意図的に活動できること，(2)合理的な意思決定を行い，自己の意図に関して議論を深めることができること，(3)諸々の出来事や倫理的批判に反応し，他の人々に有害な（不愉快な）あるいは彼らの利害に弊害をもたらすような意図や行動パターンを変えることができること

である。ただし，彼の立場から言えば，企業は道徳的責任を問われるのであり，企業には道徳的責任があるのだ。このことを概念化したのが「道徳的行為者」である。

　これらの議論を今の段階で振り返ると，2000年前後頃には，企業は道徳的人格ではないし（自然人と同じ意味で）道徳的主体として捉えることには賛成できないが，企業は設定された目的の実現を目指して行動する存在であり，行為する主体（actor）として，その行動に対して道徳的に責任を問われる，との「共通」理解が形成されていたと思われる。ただし，近年のディジョージは，112ページでも触れたように，「企業は道徳的人格でも道徳的主体でもなく，道徳的行為者である」と述べ，「企業は道徳的主体である」いう表現を「避けている」。

2　企業道徳的主体性に反対する議論の構造

　ムーアは，企業道徳的主体性に反対する研究者の主張の特徴を示すものとして幾つかのキーワード（方法論的個人主義，企業の目的，罪と処罰）に注目して，「反」企業道徳的主体性論の構造を読み解いている。

2-1　方法論的個人主義と企業道徳的主体性

　ベラスケスは企業道徳的主体性に反対する研究者として知られているだけではなく，フレンチの見解を激しく批判したことでも有名である。ベラスケスによれば，「フレンチは間違っている。企業の行為が企業に由来する（originate in) のではなく企業のメンバーに由来するために，フレンチは間違っている」。ベラスケスの議論は次のように続いている。ある行為に対する道徳的責任は，「自分の肉体で，すなわち，直接にコントロールした肉体の動きで，行為を生み出した，主体にのみ帰属されうるものである」。企業はそのメンバーを介して行動し，メンバーは組織の直接のコントロールのもとにあるわけではないので，「企業は明らかに身体を使って行為を行っているわけではない」，と。そして彼は次のように結論づけている。「ある行為が1つの企業集団だけの属性として断定される時，その企業集団が当該行為に対する道徳的責任の中心に据えられなければならない，と（フレンチのように）仮定することは間違っている。企業の行為に対する道徳的責任は，その行為の属性として考えられている企業という実体ではなく，それらの行為を生み出している主体に帰せられるものである」。ベラスケスによれば，不法行為という要件は満たされていない。これがムーアの解釈である。

　ベラスケスは犯意という要件も却下しているが，これに関しても（ムーアの解釈に従えば）同じような論理で展開されている。ベラスケスは次のように述べている。「フレンチが，我々は企業の政策や手続きから意図を推察できるし，それらの意図が企業のメンバーではなく企業に帰属するかもしれない，と述べているのは正しい，と思われる」。しかしながら，「その意図がある実体（企業）に帰属しているとしても，そこでは行為が別の実体（企業のメンバー）によって遂行されている」ために，さらには「行為というものは，それが，その身体的な動きが行為を生み出している主体の精神の中で形成された意図によって実行されている場合にのみ，意図的なものである」ために，企業の行為は意図的なものではないのである。そしてベラスケスは，ムーアの解釈によれば，最後は次のような立場に落ち着くのである。「企業の政策や手続きはそれ自体としては完全に別の主体の意図的な行動の産物であり，別の主体がそれら〔政策や手続き〕を自由な選択のもとで実行する時に初めて，遂行されるものである」，と。

　ベラスケスの立場（第7章参照）は**図表8-7**のようにまとめられる。

　上記のことを前提にすると，企業はその構成員の総和にすぎない存在なのか，

図表8-7　ベラスケスの立場

道徳的責任の概念規定
(1)責任は2つの要件（不法行為と犯意）が満たされる時に生まれる。
(2)道徳的責任は，主体が引き起こした（その主体に端を発する）行動だけに対して，別言すれば，それが主体の意図（犯意）とその主体の肉体的動きから生まれたアクションであるがために，ある主体に帰することができる責任である。
(3)非難と処罰は，悪事を生み出した主体にのみ，すなわち，自らの肉体を使って，意図的に直接に手を下した主体だけに，課せられる。
道徳的責任属性が認められる主体は限定されている
この論理を企業に当てはめると，企業は自らの肉体を持たず，企業に起因する行為はその構成員から区別される統一体としての企業によって遂行されているのではないために，企業に道徳的責任という属性を認めることはできない，という結論が導き出される。

あるいは，それを超えた「独自の」統一体であるのであろうか，ということが問題になってきていることが理解される。この問題についての議論は後の行論にて取り上げることになる。

　ベラスケスの立場のテクニカルタームは方法論的個人主義であり，その内容は，コーレット（Corlett, J.）[7]やマクマホン（McMahon, C.）[8]などによって次のようにまとめられている。方法論的個人主義は，「集団的責任と処罰の条件の充足は，完全にそして言語学的にも，意味を損ねることなく，個人的責任と処罰の条件の充足に言及することに還元される，と主張する」，と。またアーウィン（Ewin, R.）[9]は，同じように，「企業の道徳的人格（personality）はその法人格で言い尽くされており，経営者だけが責任を問われれば充分である」，と論じている。付け加えると，コーレットは方法論的個人主義の修正版を提示している。それによれば，個人は集団から分離して完全に定義されるものではないが，「それにもかかわらず，集団主義は，処罰という点で，受け入れがたいものである。なぜならば，集団は道徳的主体ではないからである」。このような議論があるために，企業と処罰という問題に触れざるをえなくなる。ただしムーアはそれに関して別の項で論評しているので，本章でもそれに倣い，以下の行で

は，企業道徳的主体性には反対するが，個人的な道徳的主体性に対して賛意を
表明している，ダンリーの見解を取り上げる。[10]

　　ダンリーは，第2章で詳説したように，一方で，自らを「伝統主義者」として，
他方で，フレンチを「コーポラティズム」の信奉者として位置づけた論者であり，
「ヒト，すなわち，特別な肉体的およびメンタルな特性を備えた実体だけが道徳
的に責任を持ちうる」，という立場に立っている。彼は，企業はいかなることも
「意図」できない，企業を構成する個人が究極的には企業の行動に対して責任が
ある，と主張している。そこには，「企業が意図する」という意味と「生物学的
なヒトが意図する」という意味は大きく異なっている，との理解がある。

　ダンリーは，ムーアの理解を踏襲すれば，大筋ではベラスケスの論調と同一
ではあるが，そこには2つの実践的な論点が見られる。第1に，フレンチのア
プローチは組織内で現実に生じていることによって反証されていること。これ
は，「フレンチは，企業の経営者によってなされた，組織チャートに一致しな
い，決定は，企業の決定ではない，と主張するのであろうか？」，との疑問で
ある。第2に，「定款内では企業は合法的である限りいかなることもできるた
めに，いかなる非合法的な行為であろうともそれを企業の行為として捉え直す
ことは技術的に不可能である（すなわち，処罰という議論が展開されないことにな
る）こと」（傍点原文）。ダンリーは，「フレンチ説ではそもそも企業が罪を犯す
ということがありえない」，と述べている。ただし，ムーアによれば，これら
の根拠はいずれも，ダンリー自身が認めているように，特に強力なものではな
い。というのは，たとえ文書化されている意思決定規則と慣習上の規則が異な
っているとしても，企業の意図を特定化することは必ずしも不可能ではないし，
企業が違法として見なされる行為にコミットしている状況を想像することが不
可能ではないし，さらには，文書化されている意思決定規則と慣習上の規則が
単純に対立しているだけかもしれないからである。

第8章　総括：企業道徳的主体論争　　179

2-2 企業の目的と企業道徳的主体性

　ラッドは企業道徳的主体性に反対して議論を展開しているが，その議論の根底には，ムーアによれば，次のような考え方がある。（ラッドは，組織に帰属する決定を，それを個人的な決定から区別するために，社会的な決定と呼んでいるが，その）「社会的な決定」は企業によって意図されたものである，と。しかも，そのような決定は，それが合理的なものであるために，組織の目的にのみ関連しているものでなければならない。そして，その目的が，企業の場合には，純粋に経済的なものであるために，「社会的な決定は……モラリティの原則に支配されていないし支配されるものではない」。

　道徳的な論評は，ラッドによれば，「制約的な機能条件」としてのみ存在するものであり，例えば，従業員のモラールや環境圧力団体のような要因は付加的なデータを提供するにすぎず，それらは意思決定プロセスの一部分として考慮されるにすぎないのである。これに関して，ラッドは次のように結論づけている。「組織的な行為に通常のモラリティ原則に従うことを期待することは，論理的な理由からは，不適当である。我々は，フォーマル組織やオフィシャルな資格で行動している代表者に，正直であること，勇気を持つこと，思いやりのあること，同情心あること，あるいは道徳的に誠実であることなどを期待できないしまた期待してはならないのである。そのような概念は，いわば組織的な言語ゲームのボキャブラリーではないのだ」。

　ラッドの議論における結論の1つは下記のように整理される。組織は「個人の中に真に道徳的な心構えを想定することができない」ので，「個人も組織に対してお返しとしての忠誠心を負うものではない。さらには，道徳的権利を持たない組織は強制から免除されていると考える必要はないし，我々も，個人として，我々が組織に対してしていることについて道徳的な心の痛みを感じる」べきではない。

　このような議論は，一見すると，内的に一貫しており魅力的でもあるが，ムーアによれば，問題がある。それは，企業が経済的な目的しか有していない，と仮定していることにある。より幅広い社会的な目的がある可能性を認めるやいなや，この議論は全体として崩壊する。

組織の目的との関連で，企業にはまったく意図が存在しない，と論じたのが，ムーア論文では名前が挙げられてていないが，キーリィである（第4章参照）。

　キーリィは，3つの概念，すなわち，(1)組織のための目的（組織のアウトカム（組織行動を通してもたらされた事態）に対する人々の選好），(2)組織の目的（組織自身が意図するアウトカム），(3)組織の結果（共同の行動の結果）を区別することが必要である，と主張した。彼によれば，我々は，組織の参加者に質問することによって，第1の「組織のための目的」は特定可能であり，行動を観察することによって第3の「組織の結果」も特定できるかもしれない。しかし，第2の「組織の目的」は，キーリィの解釈では，組織内の人々の信念の中に見られるものであり，何らかの手段によって特定化することは不可能である。そのために，ラッドは，組織の現実の活動から組織目的を推察しようとして，その手掛かりを組織の規則（手続き）に求めたが，手続き（規則）から組織目的を導き出すことには無理がある。なぜならば，手続きに従って行動して生じるものはあくまでも結果であり，それは組織の目的ではないからである。

　キーリィの立場では，組織独自の目的は存在しない。そのことを踏まえると，組織に意図が備わっているとは言いがたい，ということになる。

　ここでのキーワードは「組織独自の目的」である。企業の目的は一元的に決定されるという主張（例えば，フリードマンの「企業にはただ1つの目的がある。それは利潤の追求である」という趣旨の目的定義）には経済学的には「妥当なもの」であるが，経営学的に言えば「企業の目的は生き残ること」であり，後述のように，「儲け方＝利潤を獲得する方法」が問題になってくる。この点，キーリィの主張は，共通の目的の重要性→企業目的と経営目標の区別の必要性を示唆している。現在では，序章で論じたように，企業の社会的側面が顕在化し，企業の目的の見直し（経済学的な意味での「企業目的」（利潤追求）と経営学的な意味での「経営目的」（儲け方）の峻別）が要請されている。

2-3　「罪と処罰」と企業道徳的主体性

　一連の論争の過程で，「罪と処罰」概念によって議論を展開してきたのがベラスケスとダンリーである。論争の発端になったのが1984年のフレンチの著

作に記載された，「あなた方は，罵られる魂を持たず蹴り飛ばされる肉体を持っていない企業に良心を持つことをかつて期待したことがあるだろうか？」，という一文である。

ベラスケスは，これに関して，ウェルビー（Welby, J.）[12]に倣って，次のような疑問を提示している。「我々が"企業"の名前を挙げる時，言及することができる実体とは何なのであろうか？」，と。ベラスケスによれば，その問いに対する回答として以下の3つのものが予想される。

(1)法律によって認められている，法的であるが虚構である実体，

(2)我々が，人々のグループやその活動を企業組織として同一視できる，諸関係の構造化された集まり，

(3)企業のメンバーを構成する人々のグループ。

ただし，この場合，次の3タイプが区別される。

　　(a)全体としてのグループ

　　(b)個人としてのグループのすべてのメンバー

　　(c)そのグループの特別なメンバー

そして，ベラスケスは，人々が企業は道徳的に責任があると述べる時，彼らは「世の中に，法律とは関係なく，肉体的に因果関係を有しているリアルな主体を念頭に置いている」，ということを根拠にして，(1)を退ける。次いで，(2)を却下する。その理由は，我々が諸関係や構造を処罰できないからであり，また処罰をメンバーの肩にのしかけることができるとしても，それは，処罰は関係者や無関係な第三者ではなく不法行為にコミットしたヒトだけを対象にすべきである，という原則に違反するからである。かくして，(3)が残るが，そのうち(a)と(b)は，罪と処罰は責任あるヒトだけを対象にすべきであるという同じ論法で却下される。したがって，罪と処罰の観点からも，結局は上述と同一の結論が導き出される。道徳的主体性は企業の個々のメンバーの中にのみ存在する，と。

ダンリーも，同様に，いかなる処罰もそれは企業によって感じられない，という論理で，議論を進めている。例えば，「企業は，蹴られないし，ムチで打つこともできないし，投獄できないし，縛り首にすることもできない」，と。

ベラスケスは議論を展開する中でさらに次のように述べている。企業の側に
道徳的主体性が欠けていることは，企業がある行為に対して因果関係的な責任
を問われたり補償という意味で責任がある，ということを妨げるものではない
のであり，我々ができないことは道徳的責任を企業に帰属させることである，
と。ベラスケスは「企業を道徳的主体として受け入れることは危険である」と
結論づけているが，ムーアによれば，その理由は以下の2点である。第1に，
責任ある個人ではなくむしろ企業というベール（veil）を非難することになるこ
と。そして第2に，道徳的主体性を企業に帰属させることは企業を1つの全体
的なヒトと見なし個々のメンバーをその単なる部品として見なすことになるた
めに，個人の利益が組織の利益の犠牲になること。

　　企業道徳的主体説はランケン（Ranken, N.）によってより一層批判的に検討され
た。ランケンは意思決定の意味での道徳的責任に関するグッドパスター（Good-
paster, K.）説に全体として同意しつつも，次のような疑問を提示する。組織はど
のように動機づけられてある種の性格特性を発達させていくのか？　と。彼女の
コトバを続ける。組織は責任と結びついた特性を制度化しなければならないだろ
う（自分自身を知ること，他のヒトに対する影響を予測することなど）。「しかし，……
何かを制度化すること」といっても企業を内的に動機づけることによって何かを
行うことはできない。それは別の制度（法律）を利用するヒトによってつくり出
された制度である。外部のヒトがチェンジできるのだ。チェンジの内的なバネを
有していない点で，それは自然人と類似していない」。アーウィンも同じような
主張を展開している。企業は気にかける（care）ことはないし，「企業には，企業
を経営するヒトと異なり，生活の感情的側面が存在しない」，と。ここに，グッ
ドパスターが指摘したヒトとの類似性が崩壊したのであり，残されたのは個人の
道徳的主体性に戻るという途だけになった。

　　グッドパスターはこのような批判にどのように応えていたのであろうか？　彼
は，ムーアの理解に従えば，第1に，企業に道徳的主体性を認めることは個人の
道徳的主体性を否定することではないこと，第2に，全体としての組織の意思決
定に影響を与える政策あるいは構造の変革は，まさしく，これらの個人を通して

生じること，という論点に立ち戻ったのである。ここには，別の表現を使えば，グッドパスターは，フレンチの「企業の意図性」という考え方を，生物学的なヒトの行為が企業内に組み込まれたものとして，本質的には，把握しているし，コーポレート・モチベーションに関しても同様に論じている，というムーアの理解がある。

以上の評論から分かるように，企業道徳的主体性説に反対する論者は，何よりもまず，自然人の道徳的責任という考え方に基づいており，この責任を集団に移転することは明らかに不可能であり，集団を処罰することはそもそもできないし適切に処罰することは不可能である，との立場に立っている。そのことを典型的に論じたのがベラスケスであった。

そのベラスケスは，企業には独自の意図も直接的な行動を可能とする肉体も欠いているために，企業はそのいかなる行為に対しても道徳的に責任ある統一体ではない，と論じている。そこには，個人としての責任が問われ，個人として責任を取る，という観点が徹底して貫かれている。しかしながら，このことは，逆に（ベラスケスが明確に問題点を指摘したが故に），オルタナティブな論点を表面化させたのであった。例えば，それが，第7章で紹介したライザー（Risser, D.）の「組織的な道徳的責任」論だったのであり，組織（集団）もその構成員も道徳的責任を問われるとの問題をめぐって議論された。これらは，（個人人格としての個人ではなく）「組織人」としての構成員の責任を問うことによって道徳的主体としての企業に道徳的責任を問うことが可能ではないのか，という問題提起であり，このことが企業道徳的主体論争の1つの成果だったのである。

3　企業「派生的な」道徳的主体論の構造

企業道徳的主体論争の過程で明確になってきた企業観の1つに，例えば，119ページ（第6章）で紹介した考え方がある。それは，「企業は，人工的につくられたもの，しかも，卓越した人工物であり，それを作り出した人々から構成されているが，企業は“そこに参加している諸個人の単なる集合体以上の

（more）もの”として見なされなければならない存在である」，と文章化される
ような考え方である。前半の「企業＝人工的につくられたもの」はすべての
人々が受け入れられる命題である——ただし，各論者がどの程度真面目に認識
していたのか，と改めて考えると，疑問符が付くのだが……——が，後半部分
は厄介な問題であり，「企業は“そこに参加している諸個人の単なる集合体以
上のもの”である」に関しては，十分な解釈を提示することができない状態が
続いていた。

　本書の読み方——以下のような解釈はムーア論文には見られないものであり，
本書「独自の」読み方である——に従えば，その課題に対して，論争の過程で
2つの「現実的な」回答が提起されている。1つはドナルドソンが下した現実
的な解釈であり，2つ目は，これまでとは「異なる」視点から，企業を道徳的
主体として位置づけたワーヘインの「企業は派生的な道徳的主体である」論で
あった。ドナルドソンが提示した（企業を道徳的主体と見なす）条件が企業に適用
される「道筋」を理論的に示したのがワーヘインである[15]。

　　ワーヘインは，1980年の論文では，グッドパスターとドナルドソンの主張に
　触れ，彼らは，「企業が，クラブや国家そしてヒト個人と同じように，道徳的主
　体であることを示すことに成功しなかった」，と断じている。そのために，彼女
　は「企業に道徳的主体性を認めない」立場に立っている，と評価されている。本
　書が注目するのはその1980年論文ではなく，1985年に刊行された『パーソン，
　権利そして企業』の中で展開されている議論である。

　ワーヘイン説の独自性は，「1次的○○」と「2次的○○」という概念を導入
して，論争に「終止符を打った」ことにある。企業は，派生的な（2次的）道徳
的主体として見なされる，独自な意図を持ったシステムである，と。

　ワーヘインは，一方で，個人の行動を「第1次的な行動」として位置づける
とともに，他方で，企業行動は，そこには諸個人の行動の「単なる総和」以上
の何かが含まれている（別の表現をすると，そのすべての行動を当該組織を構成する
個人に還元することができない），「独自な」行動である，と把握して，それを

「派生的な集団行動」として概念化している。

　ワーヘインの論説については，第3章で紹介しているが，改めて整理すると，次のようにまとめられる。

　第1に，派生的な集団行動（集団的な派生的行動）には，個人的な行動が不可欠であるが，より重要なことは，それらの個人的な行動が「企業の代理」として行われていることであり，そのことが「本質的な意義」を持っている，と主張したこと。企業活動においては，インプットされた個々の個人の行動がそのままアウトプットされることはなく，それらの行動は「企業の代理」として行われるために，協働の過程で他の構成メンバーの行動とミックスされ，個人的な意図が消し去られた後に，企業の行動としてアウトプットされている，という理解である。ワーヘインは，そのような現実を踏まて，「企業の"行動"は集団的な第2次的行動である。なぜならば，その行動は構成メンバーの行動を単位として再記述されえない，という根拠があるからである」，と述べている。

　これは，特に，集団としての企業行動はメンバーの行動として再分割されえない，という主張は，経営学の分野で知られている，「会社自体」という概念を，ワーヘイン流に説明したものである。

　　企業自体を構成しているのはヒト・モノ・カネであり，人的に言えば，経営者と従業員である。前者は会社自体の代理人である，後者は，社会に対して，組織の一員として会社を代表して働いている。彼らはいずれも「組織人格」として行動することを要請されている──言い方を換えると，有形無形を問わず，企業の意思が働く──ために，その活動の結果として，個人的な活動の「総和」を超えた成果が生まれる。これが，「企業はそこに参加している諸個人の単なる集合体以上のものである」と言われる場合の，「以上のもの」の内容である。

　逆に言えば，「会社自体」概念が企業道徳的主体論争の中で哲学的に議論され根拠づけられた，とも言えるであろう。

　第2に，企業行動が第2次的な行動であるが故に，企業は「独立した」道徳的主体ではないが，その第2次的な行動が企業に帰属されるものであるために，

企業はそれらの行動に対して責任を問われる，と主張したこと。このことには，ワーヘインによれば，理由は不要である。なぜならば，第2次的な行動が集団的行動であるならば，その第2次的な行動を個人に再び帰せられないからである。さらに言えば，第2次的な行動は，派生的ではあるが，ヒトの行動であるために，道徳的でありえるし非道徳的な行動となることもありえるのである。

　これは，ドナルドソンの「企業を道徳的主体として見なすために必要な条件」をより具体的に展開した考え方である，と解される。

　ドナルドソンは，第6章で紹介したように，ある特定の企業を道徳的主体として見なすために最低限必要な条件を次のように公式化している。

（1）　意思決定において道徳的理性（reason）を行使できること

（2）　意思決定のプロセスにおいて顕在的なコーポレート行動だけではなく政策や規則の構造も統制できること。

　問題は(1)の条件である。これは企業を単なる機械のレベルを超えた存在へと引き上げるために必要な条件であるが，そこには，何かが道徳的主体であるためには，なしていることに対する単なる理由（cause）ではなく理性（reason）を持っていなければならない，そしてその理性が道徳的なものでなければならない，との理解がある。

　ワーヘインは，1990年代の終わり頃になると，モラル・イマジネーション（moral imagination）に注目し，自分の主張をより詳しく展開している。本書の理解では，この「モラル・イマジネーション」概念はドナルドソンの「道徳的理性」をワーヘインが彼女なりに「捉え直し」「読み替えた」概念である。[16)]

　　モラル・イマジネーションに注目が集まり，それに対する関心が持続するようになったのは，比較的最近のことである。このことは文献からも確認される。1980年代以降にイマジネーションをテーマとした作品が相次いで公刊されるようになり，21世紀に入った現在でも，このモラル・イマジネーションという語彙をタイトル（の一部）に冠した著作の刊行が続いている。

　　ただし，イマジネーションというメンタルなパワーに関して言えば，それはよく知られた概念である。しかも欧米の哲学の世界では，西欧哲学の文献を紐解け

ばすぐに分かることであるが，その解釈は大きなテーマの1つであり今日でも議論が続いている。アーノルドとハートマン（Arnold, D. & Hartman, L.）は，それらの成果を彼らなりに吸収し，イマジネーション（想像力，構成力）とは，一般的に述べると，「通常では現実に存在しない事象を心の中で思い浮かべる能力（the power of forming mental constructions, typically of what is not real）であり，それを行動を通して行使することによって，少なくともその幾つかのものが現実になるかもしれないような，ありうる世界をつくり出すことが可能になる，能力——それがイマジネーションである，と簡潔にまとめている。[17)]

　我々は，イマジネーションという能力が備わっているが故に，事象を認識できる。モラル・イマジネーションはそのイマジネーションの一部であり，上記の文脈で考えると，「明らかに道徳的な性格を帯びている事象を心の中で思い浮かべる能力」，言い換えると，「我々が現実に知覚している世界と比べると道徳的に良くなるあるいは悪くなることもあるかもしれないが，それは兎も角として，起こりうる世界を創り出すことを可能にする，能力」であり，「ある状況のもとで行動するために様々な可能性をイメージ的に識別し，ある行動から生じるであろうと予想される役立つことや不都合なことを心に描く，能力」を意味している。

　筆者（宮坂）の理解度に即して言えば，道徳律を踏まえて事態の推移を考え今後のあり方を展望すること（能力）がモラル・イマジネーションである。

ワーヘインは，一方で，今日的な議論を踏まえ，他方で，17-18世紀の哲学者，基本的には，カント（Kant, I.）の発想に戻り（発想を借りて），モラル・イマジネーションを次のように段階的に定義している。

(1)　再生的イマジネーションの段階〔カントによって経験的法則のみに従うものとして位置づけられている構想力に相当する〕。

　(a)　ある文脈を認識・自覚すること。

　(b)　その文脈で機能するスクリプトないしはスキームを認識・自覚すること，そしてその文脈で生じるかもしれないモラル対立やジレンマを，すなわち，少なくとも支配的なスクリプトによって生み出されるジレンマを認識・自覚すること。

(2)　産出的イマジネーションの段階〔カントによって自発的なものとして位置づけられ再生的構想力から区別されている構想力に相当する〕。

　　ある状況の範囲とある役割の両方またはいずれか一方の枠内で新しい可能性を考慮してすでに知られているスキーマを刷新すること。

(3)　クリエイティブなイマジネーションあるいは自由な熟考段階〔ワーヘインによれば，カントは『判断力批判』においてイマジネーションの解釈を拡大し，それに「自由な反省」ないしは「自由な振る舞い」という第3の役割を与えた〕。これは以下の両方またはいずれか一方の能力である。

　　(a)　既存の文脈に依存するのではなくフレッシュなスキームによって現実味を帯びてくる可能性を心に描きその現実化に向けて動く，あるいはフレッシュなスキームを考案する能力。

　　(b)　理性的な人物であるならば誰でもが考案できる可能性を考案する能力。

　第1段階のモラル・イマジネーションが働くと，道徳が要請されていることに気づき，第2段階ではこれまでの経験を異なる条件のもとで再構成することが可能となり，第3の段階のモラル・イマジネーションが働くと，すでに出来上がっているシナリオを新鮮な切り口で解釈し，新しい展望を切り開くことが可能になる。これがワーヘインの「モラル・イマジネーション」観であり，第3段階のモラル・イマジネーションが重要視されている。

　と同時に，彼女の発想の斬新さはモラル・イマジネーションを意思決定との関連で位置づけたことにある。モラル・イマジネーションは，「普通のモラリティを意思決定プロセスや道徳的判断に統合し，都合の悪い困った結果を前もって予測し，様々な観点を考慮し道徳的的要請に応対しあるいは新しいモラル的要請をつくり出す実践的な解決案を新たに工夫することを可能にする」，と。

　人間の判断は，通常，多くの偶然的制約や錯覚そして先入観のもとで行われる。それ故に，われわれ人間はこのような「偏見」から抜け出ることが「不可能」ではないのか，という疑問が生まれる。しかしカントによれば，それは，「自分自身を他者の立場に置いて，いわば相互主義的に考える」ことを覚えれば，可能である。そして「自分自身を他者の立場に置いて考えること」に「反省という認識能力に通じるもの」があるならば，反省的判断力がすべての人間

に共通する能力であるために,「相手の身になって考えること」は多くの人間が等しく獲得できる能力である,ということになる。それがモラル・イマジネーションである。というのは,相手の立場に自分自身を置いて考えることは単に自分を相対視して事態を見詰め直すことだけではなく,これまで依拠してきた判断基準以外のものがあることに気づき（反省して）それを考慮に入れて今後の推移を心に描く,という意味で,モラル・イマジネーションであるからである。これはまさしく第3段階のモラル・イマジネーションであり,それが働く時,その（イマジネーションの実体である）反省が,理論上だけでなく現実にも特別なものとしてではなく「ごくありふれたもの」として,「道徳的に有意義な」実践の「引き金」となりえるのである。

　これは個人レベルの話であるが,モラル・イマジネーションはそのレベルに留まるものではない。というのは,組織が道徳的主体であることを考えると,組織とモラル・イマジネーションは決して「対立」するものではなく,組織の基本的な属性の1つとして見なされるからであり,本書で言及してきたように,ワーヘインの「企業は派生的な道徳的主体である」を受け入れると,モラル・イマジネーションは企業に備わっている属性である,と言えるであろう。

　とはいえ,何が,いかなる要因が,実際に,意思主体に「道徳的な」行動を取らせるのか,変革行動を支えるベースとして明確なモラル・イマジネーション（特に,第3段階のそれ）があったとしても,その構想力を現実に行使させるのは何なのか,という疑問が残る。この疑問は自然人としての個人にも妥当するが,組織はモラル・イマジネーションの発達や発現を妨げるかもしれない,とのワーヘインの問題意識からも推察されるように,これは,（道徳的主体か否かという「本質的」レベルのことが問題視された）企業という組織にとっては「未知の」課題である。モラル・イマジネーションはいかなる条件があれば行使されるのか,さらに言えば,モラル・イマジネーションを1の段階から2の段階へそして第3段階へとアップさせる契機は何なのかなどの疑問が生まれるのは当然の流れであろう。

　しかしながら,本書の問題意識で言えば,企業にそのような属性が備わっていることとそれが実際に行使されることはまったく別の事柄なのであり,その

原因の解明が今後の課題となってくる。例えば，CSRと企業不祥事が同時に進行し併存している昨今の現実はそのことが具体的に現象している事例である。このような現象は何故に生まれるのか？　これについては，第6章（141ページ）でもドナルドソンの「2つの条件」に関連させて言及したが，ワーヘインの考え方に依拠するとより説得的に説明可能である。

　ワーヘインの考え方は，この点で，示唆的である。ワーヘインは，一方で，企業を集団として把握し，他方で，その集団的活動のあり方は（例えば，道徳的なアクティビティ）は構成メンバーの道徳的アクティビティに依存している，と論じている。構成メンバーの道徳的（不道徳的）インプット（従業員行動の質）がそのまま企業の道徳的（不道徳的）決定にそしてその行動にポジティブにあるいはネガティブに影響を与える，と。表現を換えれば，経営者の行動だけではなく個々の従業員の行動が，最終的には，当該企業がCSR企業として評価されるのかそれとも不祥事企業として断罪されるのか，を決めているのである。このことは，会社自体を人的に構成しているのが（会社自体の代理人としての）経営者と（社会に対しては，会社自体を代表している）「組織人格としての」従業員である，と想定すれば，必然的に導き出される結論である。

　　経営者あるいは従業員の行動がどのように（例えば，道徳的にあるいは非道徳的に）インプットされるのか──ドナルドソンの発想に則って文章化すれば，企業の社会契約（具体的な事例を挙げれば，倫理綱領に明示されている，ステイクホルダーズに対する企業の責任・義務）を遵守しているか否か──を決めている1つの大きな要因が「自己保身意識」の存在である，というのが筆者（宮坂）の見解である。[18]

　　保身意識には様々なタイプがあるが，例えば，組織への一体化（組織維持に対するコミットメントの程度）に応じてあえて分類すると，(1)我関せず，(2)責任回避，(3)ミス隠匿，(4)トップ追従，(5)共同態一体化などとして現象している。近視眼的な利益追求が行われると，自己保身意識があってもなくとも，不祥事が発生することがあるが，自己保身意識が働くと，必ず，不祥事が生じる（繰り返し生じる）。したがって，この「保身意識」が不祥事を生み出しているきわめて現実的な要因である。

第8章　総括：企業道徳的主体論争　　191

モラル・イマジネーションには，この自己保身意識の顕在化を止める機能が備わっている。

　ワーヘインが「企業を，個人という構成メンバーがそれぞれ決定的な役割を果たすように，制度化する」こと（参画的マネジメント）を模索している（第3章参照）のは自然な流れである。

4　企業道徳的主体性論争の含意

　ムーアは最後に企業道徳的主体論争の意義について次のようにまとめている。
　企業道徳的主体性に賛同する立場と反対する立場には，それぞれ長所があるが，ムーア自身は，それを受け入れる立場を表明している。なぜならば，前者の方が「多くの人々が解釈している世界観の……"現実"をよりよく反映しているように思われる」からである。ムーアによれば，このことはイギリスとアメリカでは法学の立場からも支持されている。そしてそのような「流れ」を文献学的に裏づける資料として2つの論文を挙げている。1つは，「企業に責任を持たせることに関して言えば，……近年の刑事訴追は，社会がその考え方を知的であり有益であると見なしていることを示唆している」，と述べるグッドパスターとマシューズ（Matthews, J.）のそれである[19]（1982年）。2つ目はカード，クロスそしてジョン（Card, R., Cross, R. & Jone, P.）の論述であり[20]，彼らは，「企業人格性原理を受け入れることを渋っている人々はほとんどいないし，その言外の意味を充分に受け容れるまであと数歩に迫っている」，と述べている（1995年）。

　ムーアは企業道徳的主体性論争を取りあえず上述のように「総括」して，この論争を今後3つの領域においてどのように活かすべきだろうか？　という問題意識のもとで，学問的な展望を行っている。例えば，全体としてのビジネス・エシックスへの示唆であり，その個別分野としてのステイクホルダー・セオリーへの示唆である。

ビジネス・エシックスへの含意

企業道徳的主体性をめぐる議論はすべて（責任，意図性，罪と処罰の性質に関心を寄せて）哲学的なベースのもとで行われてきた。ムーアによれば，「これ自体は驚くべきことではない」。ただし，「これらの理論的見地を経験的な事実で支えようという試みが存在していないこと」——このことが，ムーア にとっては，「驚くべき事柄であった」。彼は述べている。「例えば，道徳的責任を企業に帰属させることが一般的に受け入れられているならば，そのことを理論的な議論を支えるために使うことは不合理なことではないだろう」，と。「人々が経験している現実を解明するのが理論なのである」。

このような議論から，ムーアは，ビジネス・エシックスへの教訓として2つのことを引き出している。1つは経験主義的な事柄に関するものであり，企業道徳的主体性説を「統括役員」を介して企業自身とともに調査すべきである，と。なぜならば，そうすることによって，「我々は議論の背後にある概念をよりよく理解し，経験主義的な証拠に基づいて議論のいずれかの立場を支持できる」からである。そして，ムーアによれば，若干の予備的調査がすでにムーア自身によって実施され，その資料は企業道徳的主体性概念を支持するものであった。しかし，これはさらなる調査を必要としている。

第2に，研究者たちはこのテーマについて自己の立場を明確にする必要がある，と。これは，ワーヘインも指摘しているように，「決定的に重要な事柄」である。「コトバを換えて言えば，我々は，組織の明確な存在論に基づいて企業について自分の認識論を展開しなければならないのである」。

ステイクホルダー・セオリーへの含意

ムーアによれば，企業道徳的主体性をめぐる一連の論争の中でステイクホルダー・セオリー自体は充分に議論されてこなかった。しかし，この主題に関しては，現状を「序論」として考えれば，ムーアのものも含めて充分な文献が出揃っているし，ビジネス・エシックスについて書かれたものの多くは様々なステイクホルダー（顧客，従業員，株主，サプライヤー，競争相手，コミュニティなど）に対する責任の観点から論じられている。それ故に，これまで議論されてきたことをビジネス・エシックスの思考方法に関連づけて考えると，幾つかの示唆

が得られる——これがムーアの提案である。

「まず第1に」，とムーア　は述べている。「企業が道徳的主体であるとして見なされるならば，企業自体はステイクホルダー・セオリーの議論においてどのように位置づけられるのか，という疑問が出てくる」，と。彼の文章を続ける。「多くの場合，企業は他のステイクホルダーたちの間の交差点として姿を消し，それ自身の権利を備えたステイクホルダーとして見なされていないように思われる」。「企業道徳的主体性を受け入れるということは，企業は，思うに，発言権を持つ“統制役員”——ちなみに，彼らはステイクホルダー・セオリーの中で無視されている——と一体になってステイクホルダーとして見なされるべきである，ということを言外に意味している」。

またムーアによれば，企業道徳的主体性を受け入れるということは，「サプライヤー，競争相手，機関株主がたとえ道徳的なものではないとしても，便宜上の権利を備えた道徳的主体であることを意味している」。そしてこのことは「企業と，例えば，サプライヤーの間にお互いに果たすべき道徳的責任が存在するのであろうか，という点について問題を提起する」(傍点原文) ことになる。なぜならば，「双方とも道徳的権利を有していないからである」(傍点原文)。この (企業とステイクホルダーたちの間に，企業内の個人の権利と責任に関係なく，「双務的な権利と義務が存在する」という) 考えはこれまで文献においてほとんど議論されてこなかった課題であり，企業道徳的主体性論争がもたらした示唆の1つである。

そして「しかし」というコトバでムーアは続けて述べている。「顧客，従業員そして個人株主はどのような存在なのであろうか？」，と。「彼らは単に個人(集合体) なのか，それとも複合体なのであろうか？」，これは，「彼らは (人間としての，道徳的そして法的権利を備えた) ヒトとしてそして個人の集合体として見なされるべきなのであろうか，それとも (便宜上の権利を備えた) 複合体として見なされるべきなのであろうか？」，という問題である。この問題に対して，ムーアは，「従業員が複合体として行動していると論じる事実は，確かに，存在している。それ故に，従業員は，複合体として，集団的な道徳的責任を負う存在である」，と解答しているが，同時に，同じことが株主や顧客に妥当する

のであろうか，との疑問も提起している。

＊　　＊　　＊

　ムーアの学界展望によれば，「企業道徳的主体性」は，全体的な流れから言えば，支持されている。彼は，そのような立場から，「企業道徳的主体性」説をより根拠あるものにするために，繰り返すとまた上記で触れなかった問題点を含めると，以下のような幾つかの提言をしている。

(1)　企業道徳的主体性に賛成するのか反対するのか，いずれの立場を支持するにせよ，実証研究を行って，態度を明確にすべきだろう。

(2)　組織について明確な存在論を装備し，それをベースにして，それぞれの組織認識論を展開すべきである。

(3)　企業それ自体（会社自体）はステイクホルダーなのであろうか。ステイクホルダーとしての企業をどのように考えればよいのであろうか。

(4)　ステイクホルダーは個人なのか，集合体なのか，それとも複合体なのか，という意識を持って，ステイクホルダーに対する責任の性質を考察すべきだろう。

(5)　企業道徳的主体性の内容は限定されたものである。そのことを踏まえて，その発想を「企業の徳倫理」にどのように応用できるのかをという問題を検討すべきである。

　本書は，結果的には，ムーアの上記の提言を活かす形で構成されている。

　企業道徳的主体論争が，企業が社会的存在であるがために必然的に生じた論争であり，逆に言えば，論争の展開が企業が社会的存在であることを確認した形となることを意識して文章化したのが序章である。それに続く第1章から第8章までの章では論争が追体験されいるが，その作業によって，「会社自体」概念が机上の産物ではなく，現実を反映した概念であることが確認されることになった。

　別の機会[22]に繰り返し述べてきたように，ビジネス・エシックスが学問として市民権を確立していく中で，ステイクホルダー概念が構築され，それによって，企業が問われる責任の対象が社会と規定され，さらにはその社会が擬人化され

第8章　総括：企業道徳的主体論争　　195

て「ステイクホルダーに対する責任」として捉え直されることになっていった。これは，企業に道徳的責任が問われる現実をより具体的に概念化することに成功したことを意味するものであり，その結果，「道徳的主体としての企業」という考え方はより多くの人々の間で「共有化」されるに至っている。

ただし，それと同時に，この問題は企業不祥事の多発・再発を背景として「CSRはユートピアなのか？」という問題として形を変えて論じられるようになり，論争の舞台を移し，例えば，企業の社会的「無」責任というコトバに象徴されるように，CSR批判が高まっている。そのようなCSR批判に対して「反」批判を試みたのが終章の「CSRと制度としての資本主義」であり，ムーア提言に対する本書なりの応えである。

注

1)　本章の本文中の（　）内の数字はMoore, G., "Corporate Moral Agency: Review and Inplications" のページ数である。類似の文献として，Metzger, M. & Dalton, D., "Seeing the Elephant: An Organizational Perspective on Corporate Moral Agency", *American Business Law Journal*, 33, 1996 もある。

2)　Collier, J., "The Virtuous Organizations", *Busness Ethics. European Review*, 4-3, 1995.

3)　Manning, R., "Corporate Respnsibility and Corporate Personhood", *Journal of Business Ethics*, 3, 1984.

4)　Ozar, D., "Do Corporations Have Moral Rights?", *Journal of Business Ethics*, 4, 1985.

5)　French, P., *Corporate Ethics*, Harcourt Brace, 1995.

6)　Velasquez, M., "Why Corporations are Not Morally Responsible for Anything They Do ?" in Desjardins, J. & McCall, J., *Contemporary Issues in Business Ethics,* Wardworth, 1985.

7)　Corllet, J., "French on Corporate Punishment: Some Problems", *Journal of Business Ethics*, 7, 1988; Corllet, J., "Collective Punishment and Public Policy", *Journal of Business Ethics*, 11, 1992.

8)　Mcmahon, C., "The Ontological and Moral Status of Organizations", *Business Ethics Quarterly*, 5-3, 1995.

9)　Ewin, R., "The Moral Status of the Corporation", *Journal of Business Eth-*

ics, 10, 1991.

10) Danley. J., "Corporate Moral Agency: The Case for Anthropological Bigotry", *Actions and Responsibility: Bowling Green Studies in Applied Philosophy*, 2, 1980.

11) Ladd, J., "Morality and the Ideal of Rationlity in Formal Organizations", *The Monist*, 54, 1970.

12) Welby, J., *Can Companies Sin? "Whether", "How" and "Who" in Company Accountability*, Crove Books, 1992.

13) Ranken, N., "Corporations as Persons: Objectons to Goodpaster's "'Principle of Moral Projection'", *Journal of Business Ethic*, 6, 1992.

14) Goodpaster, K., "The Concept of Corporate Responsibility", *Journal of Busines Ethics*, 2, 1983; Goodpaster, K., "The Principle of Moral Projection", *Journal of Busines Ethics*, 6, 1987.

15) ムーアはワーヘインに触れていない。

16) ワーヘインのモラル・イマジネーション理解については，Werhane, P., "Moral Imagination and the Search for Ethical Decision Making", *Business Ethics Quartertly*, Special Issue #1, 1998; Werhane, P., *Moral Imagination and Management Decision Making*, Oxford University Press, 1999参照。

17) Arnold, D. & Hartman, L., "Beyond Sweatshops: Positive Deviancy and Global Labour Practices", *Business Ethics: A European Review*, 14-3, 2005.

18) 宮坂純一『道徳的主体としての現代企業』晃洋書房，2009年参照。

19) Goodpaster, K. & Matthews, J., "Can a Corporation Have a Conscience?", *Harvard Business Review*, Jan-Feb, 1982.

20) Card, R., Cross, R. & Jones, P., *Criminal Law*, Butterworth & Co., 1995.

21) Moore, G., "Stakeholders vers Shareholders; A Empirical or a Normative Dispute", in Wood, G. (ed.), *Corporate Social Responsiblity: Principles and Practice*, University of Salford, 1998.

22) 宮坂純一『道徳的主体としての現代企業』参照。

終章　CSRと制度としての資本主義
——道徳的主体としての企業の現実——

1　CSR推進 vs. 企業不祥事の発生

　2000年代に入って，世界的に（欧米諸国や日本だけではなくロシア等を含めて）[1]，企業の社会的責任（CSR）という概念が学界レベルで定着しさらには実務の世界でもその言葉が広く語られるようになってきた。しかしながら他方で，いまだに（というかCSRへの関心が高まったことの反映なのかとも思われるのだが）実に様々な企業不祥事が生まれその実態が報道され，そのために，企業の社会的無責任（corporate social irresponsibility：CSI）というコトバが魅力的な（challenging）概念として注目を集めるようになり学会誌などで積極的に論じられている[2]。これはCSRの推進と企業不祥事が同時進行していることを示している[3]。

　このような（CSRの推進と企業不祥事という相対立する事象が同時進行しているという）現象に直面して，CSRに関連する考え方は理論的に破綻している，という主張が展開されることが予想される。しかしながらそのような「結論」は短絡的な判断であろう。本書の立場では，「矛盾」した事象が生じている現状はむしろ「正常」である。以下の節でその意味を論じることになるが，そのためにはまず企業の社会的責任という概念がどのように理解されてきたのか，その流れを確認することが必要である。

　よく知られているように，CSRに関しては，それが及ぼす影響範囲が広い

199

ことも原因して，様々な概念（例えば，主要なものに限定したとしても，企業の社会
的責任，企業の社会的応答性，企業の社会的パフォーマンス，ビジネス・エシックス，
ステイクホルダー・マネジメント，企業市民，サステイナビリティ経営など）が構築さ
れ，それぞれの立場から問題提起が行われてきた。例えば，シュワルツ
（Schwartz, M.）は，「CSRの父」と位置づけられているボーウェン（Bowen, H.）
の『ビジネスマンの社会的責任』（Social Responsibilities of the Businessman,
Harper & Row, 1953）を起点にして，概念「進化」において「ランドマーク」
と見なされている著作・論文（主として，20世紀に公開された文献）を「年代記」
形式で示し，CSR概念が発達してきた過程を現在の時点から振り返り，CSR
の意味を確認する作業を行っている。[4]

　また，ロシアのCSR研究者ブラゴフ（Благов, Ю.[5]）はCSR概念の進化プロセ
スを**図表終−1**のように図解している。これは，企業に社会的責任を求める動
きに関連した諸概念の流れの相関関係を把握するためには便利である。誤解を
恐れずに言えば，そこには，1990年代以降，ステイクホルダー・マネジメン
ト，企業市民あるいはサステイナビリティ経営の名のもとで，実質的には，
CSRが語られている，との理解がある。

　図表終−1をどのように読み解けばよいのであろうか？　本書は，1960-70
年代の社会的責任論と90年代以降のCSRは「質的に」異なっている，との立
場に立っている。端的に言えば，1960-70年代社会的責任論とCSRは「同じで
はない」のである。何故か？　その理由は，CSRが，ビジネス・エシックス
とステイクホルダー・セオリーが大きな契機となって，1960-70年代の社会的
責任論と比べると，次の2つの点で，「バージョンアップ」して登場したこと
に求められる。[6]

　第1に，社会的責任の意味が異なっていること。CSRの文脈では，「社会
的」の意味は社会に対する責任であり，したがって，それは「ステイクホルダ
ーズに対する責任」を意味している（→責任の擬人化）。

　第2に，想定されている「責任の主体」が異なっていること。CSRの文脈で
は，経営者ではなく会社自体が社会的責任を問われる。そこには，「企業はス
テイクホルダーズの利害を調整する場である→経営者は株主の代理人ではなく，

図表終-1　CSR概念の進化

```
                                           サスティナブル経営
オルタナティブなテーマ ──┤            企業市民
                                        ステイクホルダー概念

                       企業の社会的パフォーマンス (CSP)

           企業の社会的応答性 (CSR²)

    企業の社会的責任 (CSR¹)

   1950      1960      1970      1980      1990      2000      2010
  ─────────────────────────────────────────────────────────────►
```

（出典）　Благов, Ю., *Корпоративная социальная ответственность. Эволюция концепции*, Высшая школа менеджмента, 2010, с. 217.

ステイクホルダーズ（⇒会社自体）の代理人であり，「特殊な」ステイクホルダーである」，との理解がある。

　CSRを推進している企業が共生企業と称せられることがあるのはこのためであり，ステイクホルダー企業を共生企業と読み替えることも可能である。本書では，以上の2つの視点を軸に，現代企業が共生企業として存在し続けるための条件について考える。

2　理念としてのCSR

2-1　コー円卓会議で提示された，普遍的価値観としての共生と人間の尊厳

　現在，CSR経営を展開している企業では，明確なミッションを掲げ，倫理が内部制度化され，社会規範に則って組織的に行動する「仕組み」が構築されている。その「倫理の内部制度化」は，倫理綱領，倫理委員会，倫理教育訓練，倫理監査から構成されるシステムであるが，その「起点」に位置づけられているのが倫理綱領である。倫理綱領自体の歴史は古いが，現代のCSRにとって重要な意味を持っているのはコー円卓会議（Caux Round Table）の声明（1994年）である。

　コー円卓会議は[7]，1980年代中頃から激化し始めた貿易摩擦を背景として，日米欧間の経済社会関係の健全な発展を目指して，日米欧のグローバル企業の

経済人に参加を呼びかけ，1986年に，「普遍的価値観の尊重」をモットーとして，発足した会議である。注目すべきことは，公正な競争と共存共栄との両立を図る「共生」の理念が日本側参加者から提案され，その後，ヨーロッパ側から，企業に従事する個人の尊厳を強調する「人間の尊厳」の精神が提示され，同時に，アメリカ側から公正な企業活動の行動指針をステイクホルダーごとにまとめた「ミネソタ原則」発表され，1994年に，日米欧の価値を盛り込んだ「コー円卓会議・企業の行動指針 が採択され発表されたことにある。

声明の「序文」には次のように記載されている。

「コー円卓会議は，すべての人々から受け入れられ尊敬される企業行動のあり方を明らかにする方向を目指して，互いに共有する価値観を確認し，異なる価値観の調整を図ることから始めるべきだと考えている。これらの原則は，《共生》と《人間の尊厳》という2つの基本となる倫理的理念に根ざしている。日本から示された《共生》という概念は，互いの協力，共存共栄と健全で公正な競争との両立を図ろうとするものである。《人間の尊厳》は，1人ひとりの侵されることのない神聖さと真価が究極の目標であることを意味するものであり，他人の目的や，過半数の意見を達成させるための単なる手段となってはならないことを示すものである」。

そして，第2章として「共生」と「人間の尊厳」の精神を明らかにした「一般原則」が明記され，第3章にはそれらの理念の具体的な適用のあり方を示すものとして「ステイクホルダーズ原則」が公式化されている（**図表終 -2**）。

ステイクホルダーとして挙げられているのは，顧客，従業員，オーナー・投資家，サプライヤー，競争相手，コミュニティであり，この資料から，企業がステイクホルダーズに対する責任を果たすやり方で事業を展開することによって，「共生」と「人間の尊厳」という価値を「実現」することが可能となり，その企業は，例えば，共生企業として称せられるに値する存在になる，ということを読み取ることができる。株主の利害だけを優先するストックホルダー企業とは逆に，多様なステイクホルダーズの利害の調整の場として機能しているステイクホルダー企業は共生企業である，との理解である。そこには，株主だけが儲かるのではなく，言い方を変えれば，どれだけ多くの利益を上げている

図表終-2　ステイクホルダーズ原則

原則1	企業の責任：株主だけでなくすべてのステイクホルダーに対しての責任
原則2	企業の経済的そして社会的インパクト：イノベーション，正義そして地球コミュニティに向けて
原則3	企業行動：法律の文言に従うだけでなく信頼の精神で
原則4	ルールの尊重：貿易摩擦の回避を超えて，協力体制の確立に向けて
原則5	多角的貿易の支持：孤立化ではなく，世界規模のコミュニティへ
原則6	環境への配慮：保護からエンハンスメント（enhancement）へ
原則7	違法行為等の防止：利潤ではなく平和を求めて

のかが問われるのではなく，社会的・倫理的課題の解決を念頭に置いて株主以外のステイクホルダーズと「対話」し経営活動に彼らを巻き込み，どのようにして利益を上げていくのか，いわば儲け方が問われ，その問いに応えているのが共生企業である，という論理がある。日本および世界の多くの国々では，国レベルでそして個々の企業で「行動基準」「行動規範」「倫理綱領」などの名称でエシックス・コード（code of ethics）が制定されているが，それらには，コー円卓会議の声明を参照して，信奉する価値とステイクホルダーズ原則が明記されている。これは，多くの企業が，現在，共生企業を標榜して，事業を展開している，ということを意味している。

2-2　企業理念として共生を掲げるキヤノン

　共生をキーワードに事業を展開している企業として世界的に有名になったのがキヤノンである。ウェブから転用すると，キヤノンは，「創立51年目にあたる1988年，《共生》を企業理念とし，世界中のステークホルダーの皆様とともに歩んでいく姿勢を明確にし」た。「《共生》とは，文化，習慣，言語，民族などの違いを問わずに，すべての人類が末永く共に生き，共に働いて，幸せに暮らしていける社会をめざすもので」あり，「キヤノンは，《共生》の理念のもと，社会のサステナビリティを追求してい」る。

終章　CSRと制度としての資本主義　　203

そしてCSRの「基本的な取り組み」として，以下の事柄が強調されている。

● 地球環境保全

「豊かな生活と地球環境が両立する社会」の実現に向けて，「環境目標」および「環境行動計画」を策定し，グループ全体で環境保証活動を推進

● 人権の尊重

従業員1人ひとりの人権を尊重し，人種や国籍，性別，年齢などにとらわれず，多様な人材が個々の能力を発揮できるような企業風土づくりに注力

キヤノンは，セメニェンコ（Семененко, И.）によって，アジア型企業市民活動の代表的な事例として評価されている。[8] 近年のCSRの流れとして，企業に自然環境の保護や地域社会との共存を求めるだけではなく，投資家も社会的責任が問われるようになり，競争力向上の非経済的要因のより一層の開発・利用が重視されているが，日本企業はこのような世界的な要請に独特な方法で応えている……それが「共生」というコトバで特徴づけられる企業行動である，と。「共生」は多くの点で「持続可能な発展」と重なる概念であり，「共通善のために共に生きそして働くこと」を意味している，と指摘されている。

セメニェンコの主張の論拠となっているのは賀来龍三郎（1977年キヤノン代表取締役社長就任）の論文である。[9] 賀来は，1997年に，「共生企業の5つの段階（the five stages of Corporate Kyosei）」を提示している（**図表終 - 3**）。

賀来の構想では，企業は5段階を経て共生企業へと成長する（5段階発展モデル）。その成長のプロセスは，強力な経済的立場を獲得する→労使間協力が発達し，それが集団構成員の個人的な行動規範に転化する→協力関係が外部ステイクホルダーにも拡がる→グローバル市場への進出が始まり，当事者との関係が強化され，経済的および社会的パートナーとのグローバルなネットワークが築かれる→企業は戦略的パートナーとのネットワーク型の相互作用を構築し，政府を動かしグローバル化の否定的な結果を克服する措置を取るような社会をつくり出す，として整理される。

それでは，キヤノンは，現実には，どの段階まで到達したのであろうか？キヤノンは，セメニェンコの評価を借りると，共生原則の実現に努め，社会志向・環境保護プロジェクトの実現，技術革新の推進，地域共同体との相互作用

図表終 -3　共生企業の5つの段階

第1段階：経済的サバイバル
安定した利潤確保の方途を確立し，マーケットで強力なポジションを占める。利潤動機それ自体は悪いことではなく，企業はすべての段階で利潤を増大しなければならないが，利潤獲得は企業の義務の始まりにすぎない。
第2段階：労働との協働
経営者と従業員が協力し始める。すべての従業員が協働を自己の倫理綱領の一部として考える。この状態が生まれたとき，労使はお互いを会社の成功に不可欠な存在と見なすようになる。両者は運命共同体である。
第3段階：会社外部の存在との協働
会社が，消費者やサプライヤーなどの外部グループと協働する段階が第3段階の共生である。消費者に尊敬をもって接すると忠誠心を獲得できるしサプライヤーに技術的な支援をおこなうと，見返りに，高品質の原材料を期日内に納めてくれるようになる。
第4段階：グローバルな積極的行動
会社が外国で大規模に事業を展開するようになると，共生は新しい段階に突入する。例えば，現地の労働者を教育訓練し新しいテクノロジーを彼らに紹介することによって，その会社は貧しい国の人々の生活水準を高めることができる。
第5段階：共生パートナーとしての政府
会社が世界的規模の共生ネットワークを構築するとき，その会社は第5段階に移行する。第5段階の会社は極めて稀である。第5段階の会社はそのパワーと財力を駆使して，政府をグローバルなアンバランスの矯正へと向かわせることができる。例えば，汚染を減少させるために，政府に法令を制定するように圧力を掛けることができる。このタイプの協働は伝統的なビジネスと政府のパートナーシップとは全く異なるものである。

（出典）　Ryuzaburo, K., "The Path of Kyosei", *Harvard Buisiness Review*, July, 1997 から作成。

そして人事政策の実績を宣伝してきたのであり，特に，「1人の従業員も解雇されずあるいは長期的に年金が支払われている，と飽くことなく強調している」（傍点原文）企業である。しかし，キヤノンも不祥事から逃れることはできなかった。その事実が明るみに出たのは2007年である。U工場で働く非正規労働者たちが正社員になることを求めた，いわゆる「偽装請負問題」である。このような「不祥事」は何故に発生するのか？　多くの現実が示しているように，キヤノンだけが決して特別な事例ではないのであり，このことが，冒頭で

終章　CSRと制度としての資本主義　　205

示したように、「深刻な」問題を提起している。[10]

3 CSRの現状に対する様々な評価

　企業不祥事に関する報道が絶え間なくあり、非難の対象になっている。この場合、企業不祥事とは何を意味しているのか？　『広辞苑』の関連語句を勘案すると、「会社の評判を落とすような事柄」が企業不祥事である、との理解が成立する。評判は「世間の取り沙汰」であり、何らかの「ものさし」を前提にしている。そこで、この「ものさし」を「社会通念」（「社会の常識」）として読み替えると、企業不祥事を次のように定義することができる。会社が、「社会通念」に照らして「悪いこと」ないしは「良くないこと」であると判断されるような事柄・事件を起こした時に、それは「企業不祥事」と呼ばれることになり、社会から糾弾される、と。

　とすれば、その内実は、「ものさし」が変われば、当然に変化する。そして「ものさし」が「厳しく」なれば、それまで「是」とされてきた事象が「不祥事」として糾弾されることになり、企業不祥事の内容は多岐にわたることになろう。したがって、CSRが強調されればされるほど不祥事が「増加する」ことにはそれなりの理由がある。

　しかしそのような「道理」を受け入れるとしても、不祥事が多すぎるという感想を持つ人々は多いだろう。例えば、グーグルで「企業不祥事」と打ち込むと、数多くの事例を容易に見出すことができる。これは日本だけではなく世界的な傾向である。

　このような現状に対応して、「CSRプログラムおよび政策は、構造的そして政治的な理由で、望ましい社会的・環境的・倫理的成果を必ずしも達成していない」[11]との認識が拡がり、CSRの「限界」を指摘する声が相次いで上がっている。と同時に、CSRを批判するだけが目的ではないであろう、あるいは、「会社のためではなく社会のために機能（work）する」CSRを新たに展望することは可能だろうか、という問題意識も高まってきている。[12]

　これらの「批判」にCSRはどのように応えることができるのであろうか？

CSRは多義的な概念であり，**図表終−1**で確認したように，様々に解釈されてきた（解釈されている）ために，一定の視点からそれらを整理することは有益である。そのような分類はすでに幾つか試みられ，一般には，肯定論と否定論に分けて論じられ，不祥事を反映してかいまだにCSR「否定」論も生きているが，その他にも，幾つかの解釈が提示されている。本書では，近年の資料を用いて，CSRの存在意義を考えてみたい。

3−1 「企業は制度的に社会的責任を問われない」論

CSRは制度的に資本主義と「両立しない」という立場を明確にしている研究者として，例えば，法制度を専門としているミッチェル（Mitchell, L.）がいる。[13]彼には，企業の中の人間，すなわち，取締役，経営者は，普通の人間とは別の存在であり，自己決定の能力を放棄している，との認識がある（52-53ページ）。

　　ミッチェルにとっては，これは「前提」であり動かしがたいものであるが，この意味の再検討を求め，経営者に「組織人としての」責任を問いかけたのが「企業道徳的主体論争」だったのである。

ミッチェルの認識を明瞭に示している文章を幾つか紹介すると，以下のものがある（53-54ページ）。

企業は人間とは違い，ただ1つの目的，すなわち，株価の最大化という目的しか持っていない。取締役，経営者は，この目的を頭に置いて，企業を動かしている。

人間は「自分自身や他人に良からぬ結果を引き起こした場合には，法的，社会的な，あるいは良心の咎めによって，その結果に対して説明責任を問われる」。しかし，「企業にはそうしたメカニズムはない。それどころか，その反対である。企業は利益の最大化という，ただ1つのことしか知らない。この目的を達成するためには，人間の働きが必要であるにもかかわらず，その結果として，企業は，道徳とも説明責任とも無縁に振る舞うことができる。企業が，唯一の目的のためにつくられているからである」。「有限責任の仕組みが，状況を

終章　CSRと制度としての資本主義　　207

さらに複雑にしている」。

　企業は「自然人と同じ権利を与えられている」が，「そこで現れるのは」「それ自身の論理，自然人とは違う論理で動く機械である」。

　企業は「その唯一の使命の遂行に対するありとあらゆる圧力に，きわめて敏感に反応するように，構造的にも法的にも組織されている」。つまり，「行き過ぎた個人主義に傾きながらも，個々の人間は少なくとも道徳的枠組みを持っている社会が，道徳的枠組みを欠く構造であることを認識しないまま，企業モデルをつくり上げたのだ。そして現実に，企業の道徳的枠組みは，組織もヒトも非道徳的に行動するよう促すようになってしまった」。

　企業は「完璧なる「外部化マシン」（perfect externalizing machine）であり」，人間社会で「機能している」「法律の根底にある社会的思考が生み出したもの」が「企業不祥事（corporate irresponsibility）に他ならない」（55ページ）。

　ベイカン（Bakan, J.）の『ザ・コーポレーション』も有名である。彼は，「企業はまさに金儲けのためのものであり，……道徳的なものであれ，倫理的なものであれ法的なものであれ，企業が自らと株主のために金儲けをする」ことに「歯止めを掛けるものは何もない」（146ページ）として，社会的責任論の制度的限界を指摘している。

　「企業は元々国益に奉仕し，公益を推進するための公的機関として考案された」（200ページ）。これがベイカンの基本認識であり，次のような文章が続くことになる。「企業は公的な政策の産物であり，国家による創造物である。……国家なしには，企業は文字通り無である。……企業とは……社会的，経済的政策を推進していくために国家によってつくられた道具にすぎない」。しかるに，「すべての企業が例外なく法的に利己利益追求を命じられていることによって，可能性を大きく限られている。企業は，自らと株主だけではなく，より広い社会的領域に奉仕し，責任を持つようにつくり変えられねばならない」〔傍点引用者〕（200-209ページ）。

　かくして，ベイカンの立場では，企業を変革するには社会的責任論者が説いている「善意に基づく」（209ページ）手法には限界があり，「企業を管理する方法を見つけること，つまり，民主的な束縛のもとに置き，その危険な方法から

市民を守る方法を探すこと」が課題となる。そして，現状で「最高の，あるいは少なくとももっとも現実的な，戦略」として，「政府規制の根拠，効果，説明責任の改善」を指摘し，下記のような処方箋を列挙している（210-213ページ）。

(1) 企業規制システムの改善

企業を民主的管理のもとに置き，企業犯罪に対する罰金を引き上げ，環境・人々の健康・安全に関連する規制を強化し，地方自治組織（市議会，学校の理事会，公園管理事務局など）に大きな役割を与え，同時に，労働組合，環境保護団体，消費者保護団体，人権保護団体等の，企業行動によって影響を受ける人々の利害を代表する組織による企業活動の監視および規制の役割を強化する。

(2) 政治的民主主義の強化

選挙費用を公金でまかない，企業献金を段階的に縮小し，ロビー活動を規制するなど，企業の影響力を減じ，同時に，選挙改革（例えば，比例代表制）を追究する。

(3) しっかりとした公的領域をつくり出すこと

公共のために大切なあるいは企業搾取の対象とするにはあまりにも貴重で傷つきやすい社会的領域（例えば，子どもの心や想像力，学校，文化機関，水や電力，健康や副詞自然保護など）を保護する。

(4) 国際的ネオ・リベラリズムに挑む

各国が協力して，WTO，IMF，世界銀行等に，市場経済原理主義や規制緩和と民営化の促進をやめさせるなど，国際機関のイデオロギーや行動を変える。

これらの処方箋の根底には，「企業はすべからく我々がつくったものである」（213ページ）とのベイカンの信念が横たわっている。

3-2　何故にCSRに対して批判的にならなければならないのか？

3-2-1　バナージーのCSR3局面論

2000年代に入ると，CSR「ブーム」と言われる中で，新たな視点からの発言が見られるようになった。例えば，バナージー（Banerjee, S.）もその1人である[15]。彼によれば，CSRには3つの局面がある。

(1) 良きこと（the Good）：会社の中でCSRが語られていること，

(2) 悪しきこと (the Bad)：CSRは人間と利潤の間にWIN-WINの成果を生み出すことができず，利潤が究極的には会社の行動を規定していること，

(3) 不都合なこと (the Ugly)：会社が，CSRについての議論を通じて，利潤はgoodである，と我々を納得させていること。

バナージーは，上記の枠組みのもとで，CSRの現実・実態に関して「批判的な」認識を提示している。それらは，箇条書き的に整理すると，以下のように纏められる[16]。

(1) 現在の形態の会社は社会変化には不適切な主体である。会社が，儲けること以外に，意味のある社会的貢献をしようとするのであるならば，社会により良きことを奉仕しそしてより責任ある主体となれるように変革されなければならない。しかしながら，既存の会社構造や目的のもとではコーポレート・ガバナンスをどのように改革したとしても，社会に対する会社の責任を改善する方向に影響を与えることはできないだろう。

(2) CSRの領域には，WIN-WIN状況が巷を賑わし多くの人々がその言葉に惑わされている。しかし，WIN-WINを実現した真の「リーダー」あるいは有意義な「ベストプラクティス」は未だ存在しない。マスコミなどでCSRリーダーとして褒めちぎられた会社が環境を破壊し人権を侵害したとして糾弾されているのが現実である。

(3) CSRをより良い財務的パフォーマンスと関連づける証拠は見出すことができず，控え目に言っても，疑問である。経験的証拠から引き出せる事柄は，財務的により良い業績を上げてきた会社が自らを社会的に責任ある会社である，と公言している，ということだけである。

(4) 現在のネオ・リベラルなCSRモデルは社会的なものを経済的に取り込んだものである。社会的関係は基本的には競争的なものである，とする経済的な仮定からは，CSRについての狭いそして利己的な見方が生み出されるだけである。

(5) 上述のような合理的な考え方 (rationality) がCSRのレトリックに反映している。ステイクホルダーに対する（現在受け入れられている）道具的なそしてプラグマティックなアプローチは，いかなる点においても，社会悪に

焦点を合わせることはできないだろう。WIN-WIN状況は長期間にわたって持続的に維持されないのである。

⑹　会社に対する合理的な考え方に内在する限界がCSRの限界を規定している。会社は自分がよく生きるためにだけしか良きことをできないとするならば，会社はどれほどの良きことをできるのだろうか？　そこには，明らかに，限界が存在している。

⑺　上記と同じ合理性がサステイナビリティの議論やそのあり方を物語っている。いかなる活動であろうともそれが持続的に維持されるのは，会社に利益をもたらすかあるいは市場を介して取引される場合に限られる。疲弊したコミュニティがそのコミュニティの存続に必要な資源を求めて取引相手の会社とバトルして持続的に維持されるのであろうか？　会社のサステイナビリティあるいはCSRのフレームワークの中で何がしかの意味がなければ，持続的に維持されることは不可能である。

⑻　行動規範のような自発的なCSRの実践は，定期的なモニタリングや労働・環境基準が強制的に施行されなければ，有意義な社会的成果をいかなるものであろうとも生み出さないであろう。

⑼　社会的責任投資あるいは倫理的投資ファンドはいかなる点でも世界が直面する社会的問題や環境問題に向き合うことができない。消費者ボイコットは，大衆の眼を会社権力に向けることはできるが，会社の利潤に長期的に影響を与えることはほとんどできない。多国籍企業（ネッスル，シェル，ナイキなど）はその嘆かわしい労働・環境基準を攻撃され幾度となく消費者ボイコットに遭いながらも莫大な利潤を上げ続けている。

⑽　CSRは社会よりもむしろ会社にとって好都合なものである。会社は評判を高める。なぜならば，CSRの要求は一般的で曖昧なものであるが，それを立証することを法的に求められていないからである。

⑾　環境的にそして社会的に責任ある消費は純粋にマーケット・ベースの解決策であり，持続可能な経済に繋がらない。グリーン・コンシューマーは消費者のほんの一部分であり，大多数は，価格，利便性，質を考慮して，購入している。

終章　CSRと制度としての資本主義　　211

⑿　CSRは会社のパワーに盾突き異議を申し立てている（challenge）わけで
はない。むしろCSRは巨大多国籍企業のパワーを強固なものとするイデ
オロギー運動として見なされるべきものである。CSRを高く掲げた会社
は，発展途上国では，政府と産業界の合法的なパートナーとして見なされ，
多国籍企業に，新興成長市場や「貧困層」市場に入り込む1つの途を与え
ている。

　このようなバナージーの認識は，著作刊行後の論文（2008年）から借用すれ
ば，彼自身によって，3点に集約されている。[17]CSRをめぐる議論は，第1に，
美辞麗句を駆使してビジネスの狭い利害にこだわり，結果としては，外部のス
テイクホルダーの利害を奪い，第2に，大企業のパワーを正当化し強固なもの
とするイデオロギー運動として機能し，第3に，ステイクホルダー・セオリー
を（ステイクホルダーズの利益を規制する）ステイクホルダー植民地主義の一形態
へと転化させている，と。

3-2-2　フレミング＆ジョーンズの「CSR＝プロパガンダ」論

　フレミング（Fleming, P.）＆ジョーンズ（Jones, M.）の研究成果も注目に値する
内容に満ちている。CSRは今日のビジネスにとってどのような意味を持って
いるのか（What CSR means for business today）？　フレミング＆ジョーンズは，
2013年刊行の著作の中で，この観点からCSR関連の文献（研究者）を次のよう
な3つの流れに分類している[18]（pp. 4-8）。

⑴　「何故にCSRをビジネスに適用すべきなのか」というパースペクティブ
　　からCSRにアプローチしている人々。

　CSRの必要性を指摘する（規範的な）流れには倫理的な立場と手段的な立場が
ある。倫理的な立場の人々は，宗教的原理，哲学的な枠組みあるいは一般的な
社会規範に依拠して，企業は社会的に責任あるマナーで行動せざるをえない，
と論じている。また手段的な議論では，こちらの方がより普通に見られるのだ
が，CSR活動は長い期間をかけて個々の企業に有利に作用するだろう，との
合理的な計算のもとで，社会的責任が支持されている。

⑵　「何故にCSRをビジネスに適用すべきではないのか」というパースペク
　　ティブからCSRにアプローチしている人々。

CSRの存在意義を認めずあるいはその存在を危険なものである，と考える
人々がこの立場に属する。彼らによれば，CSRは本来的には蔑視のタームで
あり，ビジネス・エシックスの発想そのものがある種の社会主義的陰謀と同一
視されている。代表的な論者は狂信的な自由市場主義者として知られるレヴィ
ット（Leavitt, T.）とフリードマン（Friedman, M.）であり，彼らは，機能と所有
権を論拠として，CSRに反対している。例えば，社会的責任を追求する適正
な媒体は，政府，労働組合，市民組織，宗教組織などの非コーポレート制度で
あり，ビジネスの経営者は公共政策を遂行するスキルも時間もないし，ビジネ
スに社会的責任の名のもとに権利を与えることは，行為などについて説明責任
がないものに権限を付与することに繋がり，危険である，とか，経営者には，
株主の価値を高めるやり方で行動する以外に，何かをすべき権利は与えられて
いない，と主張されている。

(3)　「何故に我々はCSRに対して批判的でなければならないのか（Why we
　　must be critical of CSR?）」というパースペクティブからCSRにアプローチ
　　している人々。

　倫理を現代のビジネス制度に組み込むコトは理論的には良いアイデアである
が，CSRは現実には間違った方向（imitation）に進んでいるのではないか，世
の中のネガティブな事象を修正することにほとんど貢献していないのではない
のか，それどころかそのネガティブな事象を十分に利用し利益を上げる（capi-
talize on）ことに資しているのではないか。このような問題意識が第3の立場
の根底に横たわっている。ロバーツ（Roberts, J.）[19]，バナージー，ハンロン（Han-
lon, G.）[20]などがその代表者であり，フレミング＆ジョーンズもこの流れに位置
している。

　フレミング＆ジョーンズは，その著作の冒頭で「CSRは実のところ決して
始まらなかった，と感じている（feel）」（p. 1），と述べている。彼らによれば
（pp. 8-16），CSRと呼ばれている実践の推進力（driver）は利潤追求行動である。
それ故に，企業内部でCSRの機運がいくら高まったとしてもそれが広義での
ネオ・リベラリズム的な合理性（成長，蓄積，株主への配当）を変えることは想像
もできないし，構造的および法的環境が許すのは道具的「変異」（variant）とし

終章　CSRと制度としての資本主義　　213

てのCSR実践のみである。これが「市場主導主義」と称せられている現実である。また、CSRがビジネス・エシックスを金融的に支える制度的な道具に転化している。彼らが念頭に置いているのは社会的責任投資である。

　さらには、「倫理的消費者」の出現も、多くの、特に、ブランド・レピュテーションや消費者ロイヤリティに関心を抱いた、企業のビジネスモデルを、基本的には、変えることはなかった。彼らによれば、企業の立場では、エコ製品は消費者の行動をラジカルに変革することはできず、個人の良心の痛みを一時的にしのぐ手段にすぎないものである。消費者の感じ方、態度、価値観と行動には必ずしも一貫性はなく、そのことが企業に費用便益分析の発想を捨てさせるまでに至っていないのである。結局は、一方で、企業の競争・差別化戦略はCSRの発想を益々取り込んでいるが、他方で、消費者に伝えられる情報の質は市場の機能に浸食されているのが実態であり、それが混乱を生み出し、冷めた態度を醸成し、出口のない状況をつくり出している。[21)]

　彼らは、このような現状を踏まえて、CSRは実態としては「プロパガンダ」(p. 87)に堕している、との危機感をあらわにしている。資本主義体制が社会的・経済的・環境的な重大局面にある現在、CSRを窮地からの脱出の途ではなくむしろ不都合な事実を避ける「言い訳」として捉えるべきであろう、と。

　「何故に我々はCSRに対して批判的でなければならないのか？」論は、日本で1970年代に提起された「手段的責任論」に繋がる立場である。その代表的な論者の1人である中谷哲郎は、「社会的責任」論を経営者の社会的責任として捉えた上で、経営者の社会的責任を論じた所説を、規範的責任論、目的的責任論、手段的責任論に類型化し、手段的責任論が自らの立場である、と表明していた。[22)]これは、「経営者は『職務責任を果たすために、その手段として《社会的責任》を考慮する』という論理」(傍点原文)に立つものであり、何故に経営者は社会的責任を果たさなければならなくなったのか、という問題意識のもとで、「企業目的達成との関連で社会的責任を配慮することの必要性」が生じたことを重要視している。外部からの企業批判(社会的責任を求める声)が「企業の存続を前提にしたもの」(傍点原文)として企業内で制度化されるということである。

中谷は，「理論的に意義を認められるのはこの型の理論〔手段的責任論〕のみである」と述べているが，本書の立場でも，原理的には，「手段的責任論」が最も妥当だと思われる。何故に中谷「手段説」が理論的に最も妥当なのか。それは「資本制」社会が目的と手段が転倒した社会であるからである。

　　資本制社会は「目的と手段の転倒」の上に成立している社会であり，株式会社はそれが具体化されている代表的な存在である。株式会社であれいかなる企業もその本来の目的は国民の欲求を満たす財貨並びにサービスの生産にあり，切磋琢磨して，競争を介して，したがって，結果的には，できるだけ多くの利潤を獲得して，事業を展開することは，それを効果的に実現する1つの手段であったはずである。

　　しかるに現実は逆転しており，利潤の獲得が企業活動の目的とされ（しかも，そのことは法制度的に保証され），財貨並びにサービスの提供は手段と化している。そのことを示す事例は幾つもあるが，例えば，マーケティングがそれを象徴している。広告は「欲望の仕掛け人」と言われ，儲ける（転倒した目的）ために（不必要と思われる）欲求をあえて創り出している（本来の目的が手段化している）のが現実である。ここでは完全に「目的と手段が転倒」している。

　　このような社会では，あらゆる施策が，基本的には，長期的であれ短期的であれ儲けるという目的のための手段となり，あるいは戦略として構想され，しかもそれが正当化される（宿命にある）。CSRもこの運命から完全に逃れることは「難しく」共生企業への途も「一進一退」となろうが，そのような「あり方の性質」を認識しているのと認識していないのでは，結果的に，大きな差が生まれる。

ただし今日では，1960-1970年代とは異なり，企業社会の価値観（企業を見る眼）が変化しつつある。功利主義的思想に支えられてきた企業社会のあり方が問われ，社会的存在としての企業の意味が問い直されている状況を考えると，今企業中心社会の「変革」を構想する画期の時点にあることが理解される。例えば，株主行動主義だけではなく，消費者行動主義，地域社会行動主義，環境行動主義などで形容されるように，ステイクホルダーが当事者としての自覚を

終章　CSRと制度としての資本主義　　215

持ち積極的に発言する流れが生まれている（ステイクホルダー行動主義）。もちろん，ステイクホルダーが企業に取り込まれ，その存在が内部化されることもある。前掲のバナージーやジョーンズたちの指摘はそのことをよく例示しているし，日本では，「共同態としての企業」がステイクホルダーを囲い込み（内部化し）今以上に外側に拡大することは充分に予想される。

　しかしながら，企業がCSRを推進せざるをえない状況に追い込まれている流れ（社会的存在としての企業の顕在化）も確実にある。

　　バナージーやジョーンズたちは，彼らが自らの立ち位置を「何故に我々はCSRに対して批判的でなければならないのか」と表現していることからも分かるように，現在のCSRの現状（理論および現実）に危機感を抱くとともに，その将来に「希望」を見出している。これが単なるCSR「否定論」と異なる点である。

このような現実を直視する時，そのような構想に止まることなく，CSRの理念の実現に向けた展望を語ることも必要になってきている。

4　CSRはユートピアなのか

　アメリカでも日本でもCSRが注目されるに至った直接の契機は企業不祥事である。例えば，アメリカでは，1970年代中頃に，企業倫理への関心が高まり，企業が自主的に行動を道徳的に高めていこうとする動き（通称，モラル改革運動）が展開され，その一環として倫理綱領を制定する企業が急速に増加した。日本では，経団連が1991年に「企業行動憲章」を制定し，これによって，日本企業にも倫理綱領への関心が拡がり，2002年に内閣府が企業に自主行動基準の策定を求めたために，倫理綱領を制定する企業の数が急速に増加した。そのために，倫理綱領の制定は不祥事を減少させるのか，という倫理綱領の有効性に関する疑問が早くから提起されてきたし，現実にも，倫理綱領の制定している企業が不祥事を起こすだけではなく繰り返している事例がある。

　倫理綱領を制定しただけでは倫理的な存在になることはできないのにはそれ

なりの原因がある。それは，倫理綱領の逆機能として知られている現象と結びついている。[23] ①自己満足に陥ること（倫理綱領を制定した我が社がすることは倫理的である，との意識），②不祥事を覆い隠す道具として使われること（倫理綱領を制定している我が社が非倫理的な無責任なことをしたことが世間に知られてはならない，という意識），③個人の問題に還元されること（不祥事は組織全体の問題ではなく個人の問題として切り捨てられる），④倫理綱領帝国主義（既存の倫理綱領が絶対的であるとの「錯覚」を生み出し，世間より自分たちの基準が正しいとの思い込みが生まれる，世論の読み違え）。これらによって結果的には，当初の危惧通り，倫理綱領は「ショー・ウィンドウの装飾」（window dressing）へと転化し，倫理綱領は「体裁づくり」である，との批判を受けることになる。

　それではどのようにすれば倫理綱領は有効に機能するのであろうか。そのような方向を目指して，倫理綱領に何を盛り込むのか，それをどこまで企業内で周知徹底できるか，そして有効なチェック体制を構築できるかなどを中心に，倫理綱領の形骸化を防ぐ試みが続けられている。しかし，それにも「限界」がある。

　企業にそのまま自由な経済活動を任せておけば，多くの企業は倫理的な存在（本書の文脈で言えば，共生企業）にはならないであろう。これが，市場経済のもとでは，ナチュラルな流れである。企業は，社会の厳しい眼（圧力）に常に晒されることによって倫理的存在（共生企業）として存続し続ける，という特殊な存在である。このことは，別の表現をすれば，現代の企業は，倫理を問われるという意味で，道徳的な主体である，ということを意味している。

　CSR推進と企業不祥事の多発の同時進行，言い換えれば，CSRの理念と現実の乖離を説明するだけではなく解消する鍵は「企業を道徳的主体と見なすこと」にある。

　筆者の理解によれば，現代企業は倫理（道徳）を問われる存在である。言い換えれば，現代企業は道徳的主体である。より正確に言い換えれば，現代企業は道徳的主体として見なされる存在である。何故に，自然人ではない企業が道徳的主体として見なされるのか？　このことを問題提起したのがビジネス・エシックスであり，1970年代以降それが学問的に市民権を確立する過程でいわ

ゆる「企業道徳的主体論争」が繰り広げられた。[24] 簡単に要約すれば，それは，「道徳的人格説」をめぐる「対立」から始まり，ドナルドソン（Donaldson, T.）が「道徳的主体になるための条件」を公式化し提起しさらにはワーヘイン（Werhane, P.）の「派生的な企業道徳的主体説」が提起されたことによって「終結」した（と思われていたが，1983年にベラスケス（Velasquez, M.）が「企業道徳的主体」説を否定しただけではなく，2000年代に入ってレンネガード（Rönnegard, D.）が，[25] 自律性をキーワードにして，企業自体は道徳的な責任を担える存在ではない，と問題提起を行い，「企業道徳的主体論争」が新たな段階に突入している）。

　資本制自由社会では，この社会が「目的と手段の転倒」を具現した社会であるために，法制度は，基本的には，企業の自由を保証する方向で制定されている。それ故に，その内容が実体から乖離しているとしても，それを変えることは困難であり，時間がかかる。そこに，社会全体の幸福を実現することを目指して，企業に，法規範を超えた，社会規範を遵守することが要請される現実的な基盤があるのであり，企業を道徳的主体と見なすことは，実践的にも，大きな意味を持っている。

　一連の論争の経緯は以下のようにまとめられる。

　現代の企業は，上記のドナルドソンの条件を満たしている（→企業内に意思決定プロセスが構造化され，意思決定の結果を事前に道徳的にイメージすることができる）ので，道徳的主体として見なされる存在である。あるいは，企業は，ワーヘインが喝破したように，あくまでも「派生的な」道徳的主体である。ただし，いずれにしても，企業は「倫理を問われる」存在である（したがって，道徳的主体としての企業とは常に倫理的な行動を取っている企業である，という意味ではない→現実には倫理的な行動を取っている企業だけではなく「非」倫理的な行動を取っている企業も存在しうるが，それらはともに道徳的主体としての企業である）。

　しかしながら，「大きな」問題が残されている。その問題は，「理性によって組織をコントロールできる」，という点に関わる事柄である。正確に表現すると，意思決定プロセスにおいて行動の結果をイメージできること（→「モラル・

図表終 -4　企業道徳的主体論争の流れ

企業は道徳的主体となりえるのであろうか？

(1) フレンチ (French, P.) (1979年) の「道徳的人格説」登場
- 「主体＝意図を持って行動する存在」という方程式を前提に，企業には意図がある，したがって，企業は主体であり，道徳的主体である，と主張。
- その根拠：すべての企業が企業内意思決定構造を有している＝企業の意思は組織フローチャートと政策手続きに具体的に表れている。

(2) ラッド (Ladd, J.) (1970年) の「ビジネス＝ゲーム」論がキーリィ (Kelley, M.) (1981年) によって再評価される
- 企業はその構造そのものによってコントロールされているために，道徳上の自由を行使することができない，と主張。
- その根拠：(1)企業はフォーマル組織の一種である，(2)フォーマル組織は特殊な目標（利潤）を最大限に達成するために行動しなければならない，(3)特殊な目標を最大限に達成することは道徳規範に従って行動することを認めないことである，(4)道徳規範に従って行動できることは道徳的に主体となるための必要条件である，(5)企業は道徳的主体となりえない。→その後，道徳的人格説は修正される。

(3) 企業道徳的主体（コーポレート・モラル・エージェンシー）説に対するベラスケス (Velasquez, M.) などの反論 (1983年)
- 企業は意図し行動する能力を有していない，ということを根拠に，コーポレート・モラル・エージェンシーは誤りである，と主張する。

企業道徳的主体についての現実的な解釈

(1) 道徳的主体となるための条件：ドナルドソン）の問題提起 (1980年)
- 「いかなる企業が道徳的主体であり，いかなる企業が道徳的主体ではないのか」が問われるべきことではないのか，という問題提起。
- 企業を道徳的主体として見なすために必要な条件：①道徳理性を持って意思決定を行えること，②企業行動の結果が具体的な形で現象する前に，その前提にある政策やルールの構造を意思決定プロセスにおいてコントロールできること。

(2) ワーヘインが「企業は派生的な道徳的主体である」と提唱 (1985年)

企業道徳的主体説に対する新たな反論

レンネガードの反論 (2013年)
　企業は自律的な意図的行為を遂行できない，という立場から，コーポレート・モラル・エージェンシーは誤りである，と主張する

イマジネーション」）と実際に事前にコントロールすること（→「モラル・イマジネーションの行使」）は異なっているのであり，この事実を認識することが重要である。[25]

終章　CSRと制度としての資本主義　　219

会社が，すなわち，企業を（繰り返すが，株主ではなく，企業自体を）代表する経営者が，政策やルールなどをコントロールできる（結果をイメージできる），ということは，企業は自律的に意図的な行為を遂行できる，ということであり，この点で，レンネガードの批判は当たらない。なぜならば，「イメージできること」と「イメージできたことを実行する（自分の行動をコントロールする）こと」は別の事柄であり，「実際にしない」のであれば，それは，企業として，その方向を自律的に選択し意図的に行動していることになるからである。

この「落差」がまさに社会（ステイクホルダー）に対する責任ある（共生企業としての）行動と企業不祥事という相対立する事象を同時に生み出している原因である。したがって，「何がコントロールを妨げているのか？」この解明が課題になってくる。経営者の個人的な資質に起因するのか，制度的な制約なのか，それとも，他に原因があるのか，と。本書では，その問題解決の重要なキーワードとして第8章において「モラル・イマジネーション」「自己保身意識」を指摘しその内容を試論的に展開してきた。

そして終章では，そのような問題意識のもとで，「共生企業への途」という視点を交えて，CSRをめぐる理論状況を概観してきた。今の段階で言えるこは以下の事柄である（**図表終−5**参照）[27]。

企業は倫理的になれるのか？　筆者は，このような問いを立て，それに対して，企業は自律的な道徳的主体であるが，現実には，すべてを企業の自主性に委ねたままでは多くの企業は倫理的な存在へと転化しないために，企業が倫理的な存在へと転化するためには，政府の社会的規制と市民の「眼」という「外圧」も必要である，と論じたことがある。これは，企業の自主規制と外的規制の「連動」論と評価されているが[28]，**図表終−5**は，そのような発想に，企業内からポジティブに道徳的な行動へと向かう可能性に働きかける経路（モラル・イマジネーションの発揮→自己保身意識の「非」顕在化（＝CSR教育の重要性））を組み込んだものである。

企業道徳的主体論争は単に企業に道徳的責任を問えるのかという問題提起を

220

図表終-5 共生企業への途

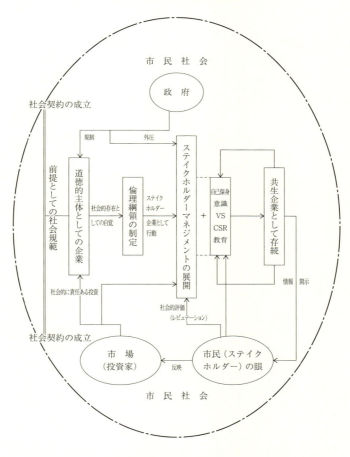

(出典) 宮坂純一『企業は倫理的になれるのか』晃洋書房,2003年,74頁ページを加筆修正。

行っただけではなく,「組織人」としての構成員の責任を問うことによって道徳的主体としての企業に道徳的責任を問うことが可能であることを示唆したのである。言い換えれば,会社自体に責任を問うことと経営者に代表されるヒトに責任を問うことは矛盾しないのである。このことは,既存の企業内部の意思

決定構造を組み替えることによって初めて組織行動が変革される（ただし，意思決定構造の変革を促すものとして「外圧」が必要である），ということを意味している（道徳的責任が問われる→意思決定構造を変革する→道徳的責任を果たす→共生企業であることが内外に示される）。いずれにしても企業が自覚して意思決定構造を再編成しなければ，不祥事は再び生まれ，それは絶えることなく続き，共生企業（ポジティブな意味で倫理的になること）として存在し続ける途は遠のくであろう。

注

1) ロシアでは2000年がCSR元年である。宮坂純一『ロシア経営学の新潮流』晃洋書房，2015年参照。

2) 例えば，Tench. R., Sun, W. & Jones, B. (eds.), *Corporate Social Irresponsibility: A Challenging Concept* (*Critical Studies on Corporate Responsibility, Governance and Sustainability*), Emerald Group Publishing, 2012参照。

3) 足立浩「CSRの矛盾構造——「CSR推進」と「企業不祥事続発」の同時並行・両立現象——」『日本福祉大学経済論集』第33号，2006年。また高岡伸行「企業責任とビジネスにおける目的達成をめぐる相克」『経済理論』第351号，2009年も興味深い。

4) Schwartz, M., *Corporate Social Responsibility: An Ethical Approach*, Broadview Press, 2011。「年代記」では，下記のように，1919年にミシガン州最高裁判所がドッジ兄弟とフォードの争いに下した，企業は株主の利益のために組織され経営されるべきであり，取締役のパワーはその目的のために行使されるべきである，との判決が最初に記載され，CSRに対して疑問を投げかけて批判的に検証した論文がシリーズで掲載された，"The Good Company: A Survey of Corporate Social Responsibility", *The Economist*, January 22, 2005 および "Just Good Business: A Special Report on Corporate Social Responsibility", *The Economist*, January 17, 2008 が最後に挙げられている。「年代記」の全体はページ数の関係で本書での掲載は省略したが，宮坂純一「共生企業への途を展望する：CSRと「制度としての」資本主義」『社会科学雑誌』第14巻に記載されているので関心ある方は参照願いたい。

5) Благов, Ю., *Корпоративная социальная ответственность. Эволюция концепции,* Высшая школа менеджмента, 2010.

6) 奥村宏にはこのような認識がなくいわば「同質」なものとして捉えられてい

る。奥村宏『株式会社に社会的責任はあるか』岩波書店，2006年。

7) 会議の名称コーはこの会議の開催地（スイスのジュネーブから車で1時間半のところに位置する村（コー：Caux））に由来する。コー円卓会議の内容に関しては，http://www.cauxroundtable.org/ そして http://www009.upp.so-net.ne.jp/juka/Caux-Priciplles.htm を参照。

8) Семененко, И.,"Корпоративное гражданство: западные модели и перспективы для России". (http://www.civisbook.ru/files/File/Semenenko-2005-5.pdf アクセス 2015/8/25)

9) Ryuzaburo Kaku, "The Path of Kyosei", *Harvard Business Review*, July, 1997.

10) ウェブによると，キヤノンの2014年末時点における従業員数は全世界で約19万2000人，日本での雇用は約7万人（全従業員の36.1％）であり，中途退職率は，2014年で0.9％と低く，高い定着率となっている，と記されている。同時に，2014年度の雇用契約別の従業員数は，社員2万3817人，嘱託社員16人，契約社員0人，パート・アルバイト25人である，という数字も公表されている。単純に計算して，約4万6142人の雇用形態が不明である（http://web.canon.jp/csr/workplace/employ.html アクセス 2015/08/2011）。

11) 2015年6月にアテネで開催された第31回EGOS（The European Group for Organizational Studies）会議のサブテーマは「CSRとステイクホルダー関係についての批判的パースペクティブ」であった（http://www.egosnet.org/jart/prj3/egos/main.jart?rel=de&reserve-mode=active&contentid=1392376003637&subtheme_id=1368705987297 アクセス 2015/08/25）。

12) 同上。

13) Mitchell, L., *Corporate Irresponsibility: America's Newest Export*, Yale University Press, 2001. ローレンス・E．ミッチェル／斎藤裕一訳『なぜ企業不祥事は起こるのか──会社の社会的責任』麗澤大学出版会，2005年。以下の引用の後に記された数字は訳本のページである。ただし，必ずしも同一訳文とは限らない。

14) Bakan, J., *The Corporation: The Pathological Pursuit of Profit and Power*, Free Press, 2004. ジョエル・ベイカン／酒井泰介訳『ザ・コーポレーション』早川書房，2004年。以下の引用の後に記された数字は訳本のページである。ただし，必ずしも同一訳文とは限らない。

15) 本書では，バナージーの次の著作に注目している。Banerjee, S., *Corporate Social Responsibility: The Good, the Bad and the Ugly*, Edward Elgar,

終章　CSRと制度としての資本主義　　223

2007; Banerjee, S., "Corporate Social Responsibility: The Good, the Bad and the Ugly", *Critical Sociology January*, 34-1, 2008.

16) Banerjee, *Corporate Social Responsibility: The Good, the Bad and the Ugly*, pp. 145-147.

17) Banerjee, "Corporate Social Responsibility: The Good, the Bad and the Ugly", pp. 51-79.

18) Fleming, P. & Jones, M., *The End of Corporate Social Responsibility: Crisis and Critique*, Sage, 2013. フレミングたちの立場は百田義治によって「CSR終焉論」として位置づけられている」(百田義治「CSR批判のパースペクティブ——研究の方法と課題——」日本大学商学部『商学集志』第86巻第2号)。

19) Roberts, J., "The Manufacture of Corporate Social Responsibility: Constructing Corporate Sensibility", *Organization*, 10-2, 2003.

20) Hanlon, G., "Rethinking Corporate Social Responsibility and the Role of the Firm — On the Denial of Politics", in Crane, A. *et al.* (eds.), *The Oxford Handbook of Corporate Social Responsibility*, Oxford University Press, 2007.

21) 他にも，NGO，例えば，GRIの「変質」も触れられている。

22) 中谷哲郎他『経営理念と企業責任』ミネルヴァ書房，1979年。「手段的責任論」に注目している研究者に足立浩がいる。

23) 倫理綱領の逆機能に関しては，例えば，加藤尚武責任編集／宮坂純一他編『応用倫理学事典』丸善，2007年の中に収められた「倫理綱領」を参照。倫理綱領を定めること自体に対して批判的な意見がある。以下の「反対」意見は工学倫理関係の文献に記載された事例である（大貫徹・坂下浩司・瀬口昌久編『工学倫理の条件』晃洋書房，2002年，74ページ）。

(a) 倫理規定によって事故を未然に防いだり，減らすことは不可能である。

(b) 事故の防止や安全性の確保は，技術や知識の進歩，制度を適正に運用することが問題であり，倫理とは関係がない。

(c) 事故や失敗についての科学的な原因の究明こそが重要であり，倫理の問題を優先させることは科学的学問的な態度とは言えない。

(d) 倫理観や価値観は個人によって多様であり，特定の価値観だけを押しつけることは，学問の自由に反する。

(e) 技術者に特別高い倫理規範を設けることは，技術者により大きな負担をかけることになり，技術の進歩を阻害する要因になる。

(f) 倫理規定を企業や学会で制定しても，取引先の企業や非学会員にまで倫理
規定を守らせることはできないので，たとえ制定しても有効には機能しない。

(g) 倫理規定の内容はしばしば抽象的で実質的な意味を持たない。逆に，倫理
規定を細かく規定すれば，煩瑣になって理解しづらく守りきれなくなる。

(h) 倫理規定に違反した場合の罰則がなければ，作成しても意味がない。

(i) 事故隠しや偽装工作などの不正を犯した企業も倫理規定を独自に制定して
いた場合が多い。倫理規定によっては，企業の不正行為を防ぐことはできな
い。

これらの倫理綱領制定への疑問は倫理綱領の存在意義を考える上で重要な資
料である。

ちなみに，ディジョージはビジネス・エシックスの歴史を論じたウエブ論文
においてビジネス・エシックスの意味を3つに分けてその流れを概観している。
①「ビジネスにおける倫理」という意味のビジネス・エシックス，②アカデミ
ックな分野としてのビジネス・エシックス，③運動としてのビジネス・エシッ
クス。上記のうちの③は，責任の明確化，倫理綱領，倫理トレーニングプログ
ラム，オンブズマンあるいは倫理担当役員，ホットラインなどを企業内に制度
化することである。この視点は倫理綱領がビジネス・エシックスおよびCSR
において占める意義の大きさを示すものとして示唆的である（DeGeorge, R.,
"A History of Business Ethics"（http://www.scu.edu/ethics/practicing/focu-
sareas/business/conference/presentations/business-ethics-history.html アク
セス 2015/09/01）。

24) 論争に関連した文献に関しては，宮坂純一『道徳的主体としての現代企業』
晃洋書房，2009年に詳しい紹介がある。

25) Rönnegard, D., "How Autonomy Alone Debunks Corporate Moral Agen-
cy", *Business and Professional Ethics Journal*, Volume 32-1/2, 2013. この論
文は著者の許可を得て『社会科学雑誌』第13巻に翻訳掲載されている。他に
も，ランパート（Lampert, M.）が，最近では，企業を道徳的主体として考え
る（扱う）ことは間違いであり，CSRが何もできないのは（impotence）はこの
間違いの直接の結果である，と主張している（Lampert, M., "Corporate social
responsibility and the supposed moral agency of corporations", *ephemera*,
16-1, 2016.（http://www.ephemerajournal.org/contribution/supposed-moral-
agency-corporations アクセス 2016/12/25）

26) モラル・イマジネーションの重要性については，宮坂純一「スウェットショ
ップは超えられたのか？」奈良産業大学『産業と経済』第21巻第2号，2006

終章 CSRと制度としての資本主義 225

年において詳しく論じたことがある。あえて言えば，企業もモラル・イマジネーションの能力を有し必要に応じてそれを発揮できる，したがって，企業は道徳的主体である，ということである。CSR経営と不祥事が併存しているのはこのためである。

27) 会社自体を人的に構成する経営者ならびに従業員の行動を決める重要な要因として，第8章で指摘したように，企業内で働いているヒトの自己保身意識の存在がある。このことを考えると，CSR教育の重要性が表面化してくる。以上を勘案して図解したのが**図表終−5**である。これは『道徳的主体としての現代企業』への田中一弘氏の書評（『組織科学』第43巻第4号，2010年）の一節（「保身意識を制御する当体は当該成員の個人人格の側面，より特定的に言えば個人人格が有する徳性である」）に対する1つの回答でもある。筆者（宮坂）にも，「組織内部の」ヒトは「組織人以前に，『ひと』として，責任を果た」さなければならない，という意識はある（拙稿「スウェットショップは超えられたのか？」118ページ参照）。

28) 河村厚「企業の環境対策とエコロジー」（田中朋弘・柘植尚則編『ビジネス倫理学』ナカニシヤ出版，2004年）134ページ。

人名索引

［ア　行］

アーウィン（Ewin, R.）　152
足立浩　222, 224
アーノルド（Arnold, D.）　188
有岡繁　37
アリストテレス（Aristotle）　135
伊勢田哲治　37
伊丹敬之　14, 22
井上兼生　37
井上達夫　30, 38
岩井克人　9, 21
ウェルビー（Welby, J.）　182
ウォルトン（Walton, C.）　138
大貫徹　224
奥村宏　222, 223
オザー（Ozar, D.）　25, 28, 29, 37, 56-58, 91,
　　99, 145, 172, 173

［カ　行］

カー（Carr, A.）　5, 6, 16, 30, 99, 120, 192
賀来龍三郎　204
片岡信之　22
カード（Card, R.）　192
加藤尚武　224
ガーレット（Garrett, J.）　153-155, 156,
　　164
河村厚　226
カント（Kant, I.）　147, 148, 164, 188, 189
キーリィ（Keely, M.）　30, 67, 91-101, 124,
　　140, 145, 152, 167, 170, 181, 219
グッドパスター（Goodpaster, K.）　37, 61,
　　62, 145, 183-185, 192
クルケ（Kurke, L.）　67
クロス（Cross, R.）　192
コリアー（Collier, J.）　170
コーレット（Corllet, J.）　152, 164, 178

［サ　行］

斎藤裕一　223
サイモン（Simon, H.）　31, 33, 131
酒井泰介　223
坂下浩司　224
佐高信　23
佐藤暁　37
シーブナイト（Seabnight, M.）　67
下川浩一　21
シュワルツ（Schwartz, M.）　200
ジョン（Jone.P.）　192
ジョーンズ（Jones, P.）　212, 213, 216
杉本俊介　37
スミス（Smith, J.）　67
瀬口昌久　224
セメニェンコ（Семененко, И.）　204
ソアレス（Soares, C.）　67

［タ　行］

高岡伸行　222
滝久雄　22
田中一弘　12, 22, 226
田中朋弘　226
ダビンク（Dubbink, W.）　67
ダンリー（Danley, J.）　41-54, 167, 179,
　　181, 182
中條秀治　16, 23
柘植尚則　226
ディジョージ（DeGeorge, R.）　103-106,
　　108-112, 114-117, 167, 175
ドナルドソン（Donaldson, T.）　36, 61, 62,
　　67, 119-141, 145, 160, 163, 164, 185, 187,
　　191, 218, 219
ドラッカー（Drucker, P.）　5, 6, 16, 99
トンプソン（Thompson, D.）　159

227

［ナ・ハ 行］

中谷哲郎　214, 215, 224
ハートマン（Hartman, L.）　188
バナージー（Banerjee, S.）　209, 210, 212,
　213, 216, 224
ハンロン（Hanlon, G.）　213
百田義治　224
広瀬幹好　12, 21, 22
ファインバーグ（Finberg, J.）　161
フィリップス　（Philips, M.）　153, 156
ブラゴフ（Благов, Ю.）　200
フリードマン（Friedman, M.）　42, 55, 56,
　65, 66, 77, 78, 104, 181, 213
フレミング（Fleming, P.）　212, 213, 224
フレンチ（French, P.）　25-29, 37, 38, 41-
　49, 51-53, 67, 73, 91, 92, 94-97, 99, 113-
　115, 122, 139, 150, 155, 160, 167, 168, 170-
　177, 179, 181, 184, 219
ベイカン（Bakan, J.）　208, 209, 223
ヘックマン（Heckman, P.）　30, 35
ベラスケス（Velasquez, M.）　145-154,
　156-158, 163, 174-179, 181-184, 218, 219
ボーウェン（Bowen, H.）　200

［マ・ヤ 行］

マクマホン（McMahon, C.）　178

マーシャル（Marshall, J.）　105, 106
マシューズ（Matthews, J.）　192
マニング（Manning, R.）　171, 173, 175
ミッチェル（Mitchell, L.）　207, 223
宮坂純一　21-23, 197, 198, 221, 222, 224,
　225
ムーア（Moore, G.）　164, 167, 168, 170-
　173, 176-181, 183-185, 192-198
山田経三　117, 165

［ラ・ワ 行］

ライザー（Risser, D.）　71, 159, 160, 162,
　164, 184
ラッド（Ladd, J.）　25, 28-33, 35, 36, 38, 58,
　59, 67, 92, 94, 95, 97, 99, 100, 125, 127, 140,
　167, 180, 181, 219
ランケン（Ranken, N.）　183
ランパート（Lampert, M.）　225
レヴィット（Leavitt, T.）　213
レンネガード（Rönnegard, D.）　67, 218-
　220
ロバーツ（Roberts, J.）　213
ワーヘイン（Werhane, P.）　55-90, 92, 99,
　100, 125, 140, 164, 185-187, 190-193, 197,
　198, 218, 219

事項索引

［ア 行］

意思薄弱　154
意図するシステムとしての企業　73, 88
意図性　73, 74, 92, 96, 100, 123, 184, 193
意図的な行為　46, 150, 220

［カ 行］

会社自体　4, 8, 13, 15, 17-21, 23, 158, 186, 191, 195, 200, 201, 221
会社それ自体　12, 16, 17, 22, 23
外部化マシン　208
価値前提　19, 20, 32
株主主権論　14
企業構成メンバーモデル　82
企業行動憲章　216
企業市民　200, 204
企業自由化運動　41
企業道徳的主体性　28, 29, 53, 56, 67, 74, 83, 88, 121, 135, 168, 176, 179-181, 184, 192-195
企業道徳的主体説　25, 67, 87, 154, 168, 183, 218
企業道徳的主体としての条件　119
企業道徳的主体論争　3, 4, 27, 30, 67, 87, 105, 143, 153, 156, 159, 163, 167, 168, 184, 186, 192, 195, 218-220
企業の社会化　11, 20
企業の社会的無責任　196, 199
企業の集合理論　69
企業の徳倫理　195
「企業は制度的に社会的責任を問われない」論　207
企業不祥事　19, 140, 191, 196, 199, 206, 208, 216, 217, 220, 222
機能制約条件　32, 33
規範哲学の復興　25

奇妙な外見を持つ人格　98
共生　38, 201-205
共生企業　201-205, 215, 217, 220-222
共同態としての企業　216
経営者主権論　12
経営の道徳性　11
経済的自由　55, 56, 64-66
ゲームの規則　31, 94, 95, 97, 124, 128, 132
言語ゲーム　30-34, 180
権利の章典　81-83
構成的規則アプローチ　28
構造制約説　36, 67, 87, 122, 125-134, 136, 138-140
功利主義　19, 34, 35, 149, 215
合理性　32, 58, 211, 213
コー円卓会議　201, 223
個別資本の運動としての存在　6, 7
コーポラティスト　42-44, 46, 47, 49, 50-52
コーポラティスト構想　42
コーポラティズム　52, 179
コーポレート・モラル・エージェンシー　28, 56, 120, 168, 219
コーポレート・モラル・エージェンシー・セオリー（道徳的人格としての企業論）　26

［サ 行］

再記述　44, 46, 68, 69, 73, 186
再配分されない企業"行動"　72
再配分できない企業道徳的責任　154
サステイナビリティ経営　200
参画的マネジメント　86, 192
CID構造　26, 27, 43, 45, 48, 52, 159, 160, 163, 174, 175
CSR　89, 117, 140, 191, 196, 199-201, 204, 206, 207, 209-217, 220, 222, 223, 225, 226

229

CSR3局面論　209
「CSR＝プロパガンダ」論　212
自己保身意識　191, 192, 220, 226
市場主導主義　214
自然人　3, 11, 12, 16, 18, 19, 27, 105-107,
　　109, 110, 114-116, 158, 162, 167, 168, 175,
　　176, 183, 184, 190, 208, 217
社会的決定　31-35
社会的人格説　99
社会的存在としての企業　4, 215, 216
従業員主権論　14
集合体以上のもの　120, 185, 186
集団責任　110, 161-163, 165, 166
集団的な第2次的行動　70, 72-74, 88
集団的な道徳的責任　105, 110, 194
手段の責任論　214, 215
処罰　48, 49, 52, 53, 120, 148, 149, 151, 152,
　　155, 176, 178, 179, 181, 182, 184, 193
自律性　31, 34, 56, 64, 66, 74, 76, 77, 80, 218
神話の崩壊　103, 104
ステイクホルダー企業　11, 13, 201, 202
ステイクホルダー行動主義　216
ステイクホルダー主権論　12
ステイクホルダー・セオリー　22, 192-
　　194, 200
ステイクホルダー・マネジメント　200
責任の擬人化　200
組織人　15, 18, 20, 33, 158, 160, 163, 184,
　　186, 191, 207, 221, 226
組織人格性　91, 92
「組織的な道徳的責任」論　159, 160, 184
組織の意図　92-95
組織の結果　93, 96, 97, 181
組織のための目的　93-95, 97, 98, 100, 181
組織の目的　31, 33, 64, 92-96, 98, 100, 107,
　　180, 181
組織論的見解　105-109, 115, 116

［タ　行］

第1次的な行動　70-73, 87
第2次的な行動　70, 72-74, 87, 88, 186, 187
第2次的な集団的行動　69, 88

第2次的な道徳的主体　67, 68, 75, 76, 87,
　　88
罪　19, 42, 45, 47-50, 53, 120, 149, 152, 154,
　　156, 158, 162, 175, 176, 179, 181, 182, 191,
　　193, 209
伝統主義者　42-44, 46-52, 179
道徳主義的見解　105, 109, 115, 116
道徳的権利　28, 29, 34, 76-78, 85, 160, 172,
　　180, 194
道徳的行為者　37, 103, 112-116, 175, 176
道徳的行為者としての企業　112
道徳的コミュニティ　41, 42
道徳的主体としての企業（会社）　4, 18,
　　25, 68, 138, 141, 161, 163, 165, 184, 196,
　　199, 218, 221
道徳的人格　25-29, 34, 41, 53, 83, 84, 91,
　　92, 99, 100, 107, 108, 112-116, 122-125,
　　135, 136, 138-140, 155, 160, 167, 168, 170-
　　173, 176, 178, 218, 219
道徳的人格アプローチ　91, 99
道徳的人格説　29, 92, 115, 122-125, 136,
　　138-140, 218, 219
道徳的ステイタス　42, 113, 119, 162
道徳的理性　3, 134, 135, 137, 140, 141, 163,
　　187, 219

［ナ・ハ　行］

人間の尊厳　201, 202
派生的な道徳的主体　55, 185, 190
犯意　52, 145, 147, 148, 150, 152, 174, 177,
　　178
ビジネス・エシックス　3, 4, 16, 17, 25,
　　145, 156, 192, 193, 195, 200, 213, 214, 217,
　　225
ビジネス＝ゲーム論　36
ビジネスの没道徳性神話　22, 103, 106,
　　167
非難　46, 47, 49, 51, 74, 109, 148, 149, 151,
　　161, 178, 183, 206
フォーマル組織　30-34, 36, 55, 58, 61-66,
　　84, 112, 125-128, 130-133, 140, 159, 180,
　　219

不法行為　145, 147, 150, 156, 174, 177, 178, 182
法人格　3, 11, 16, 45, 62, 92, 108, 136, 171
方法論的個人主義　52, 53, 152, 153, 157, 160, 164, 176, 178
方法論的集団主義　69, 88
没個人性　31

［マ・ラ 行］

マシン・モデル　50, 53
メタフィジカルな人格　92, 98, 124, 170, 171

儲け方　117, 181, 203
目的と手段の転倒　7, 215, 218
モラル・イマジネーション　3, 187-190, 192, 197, 219, 220, 225
理性　3, 32, 47, 58, 123, 128, 129, 134, 135, 137, 140, 141, 149, 163, 170, 171, 187, 189, 211, 213, 218, 219
倫理綱領　23, 81-83, 104, 191, 201, 203, 205, 216, 217, 224, 225
倫理綱領の逆機能　217, 224
倫理的消費者　214

初出一覧

　本書は，すでに公表した論文等に新たに書き下ろしたものを加え，全体として，下記のように，1つの意図のもとに体系的にまとめた産物である．本書に収められた既発表の論文は必要に応じて（時には大幅に）加筆・修正が行われている．最初に執筆の機会を与えてくださった諸機関，とりわけ転載を快諾していただいた株式会社晃洋書房に感謝し申し上げる．

序　章　「道徳的主体としての現代企業」の存在論的意味
　　　初出：「『道徳的主体としての現代企業』の存在論的意味：再論　道徳的主体としての現代企業」『奈良産業大学紀要』第28巻，2012年
第1章　フレンチ「道徳的人格」論vs.ラッド「ビジネス＝ゲーム」論
　　　書き下ろし
第2章　ダンリーのマシン・モデル論
　　　書き下ろし
第3章　ワーヘインの「企業は派生的な道徳的主体である」論
　　　初出：「Werhaneの『企業は派生的な道徳的主体である』論」『奈良経営学雑誌』第4巻，2016年
第4章　キーリィの「非人格としての組織」論
　　　初出：「Keeleyの『非人格としての組織』論」『奈良経営学雑誌』第3巻，2015年
第5章　ディジョージの「神話崩壊」論・「道徳的行為者」論
　　　書き下ろし
第6章　ドナルドソンの「企業道徳的主体としての条件」論
　　　初出：「Donaldsonの『企業道徳的主体としての条件』論を読む」『奈良経営学雑誌』第3巻，2015年
第7章　ベラスケスの「企業道徳的主体は誤りである」論
　　　初出：『道徳的主体としての現代企業』晃洋書房，2009年，第2章第2節
第8章　総括：企業道徳的主体論争
　　　書き下ろし
終　章　CSRと制度としての資本主義
　　　初出：「共生企業への途を展望する―― CSRと『制度としての』資本主義――」『社会科学雑誌』第14巻，2016年

■著者略歴

宮坂純一（みやさか じゅんいち）

1948年　新潟県上越市にて出生
1977年　神戸大学大学院経営学研究科博士課程単位取得
同　年　北海学園大学経済学部講師
1979年　同大学助教授
1983年　経営学博士（神戸大学）
1984年　奈良産業大学（現奈良学園大学）経済学部教授
1999年　同大学経営学部教授
2007年　同大学ビジネス学部教授
　　　　奈良学園大学名誉教授

主要著作

『現代企業のモラル行動──アメリカのモラル改革運動の批判的検討』（千倉書
　　房，1995年）
『ビジネス倫理学の展開』（晃洋書房，1999年）
『企業は倫理的になれるのか』（晃洋書房，2003年）
『ステイクホルダー行動主義と企業社会』（晃洋書房，2005年）
『ロシア経営学の新潮流── CSR教育・研究の動向』（晃洋書房，2015年）
『現代経営学』（宮坂純一・水野清文編）（五絃舎，2017年）他多数。

奈良学園大学社会科学学会研究叢書 2

なぜ企業に倫理を問えるのか
　　──企業道徳的主体論争を読み解く──

2018年2月26日　初版第1刷発行

著　者　宮 坂 純 一
発行者　白 石 徳 浩
発行所　有限会社 萌 書 房
　　　　〒630-1242　奈良市大柳生町3619-1
　　　　TEL（0742）93-2234 / FAX 93-2235
　　　　[URL] http://www3.kcn.ne.jp/~kizasu-s
　　　　振替　00940-7-53629
印刷・製本　共同印刷工業・藤沢製本

Ⓒ Jun'ichi MIYASAKA, 2018　　　　　　　Printed in Japan

ISBN 978-4-86065-115-2